江西省教育科学"十四五"规划2021年度学科带头人专项重点课题"融合式教与学双向发展教学实践研究"（编号：21ZXZD00(
"江西省高层次高技能领军人才培养工程"项目资助

刘克群 编著

数字赋能 课程育人迈向高质量
——小学数学课程育人信息化创新实践研究

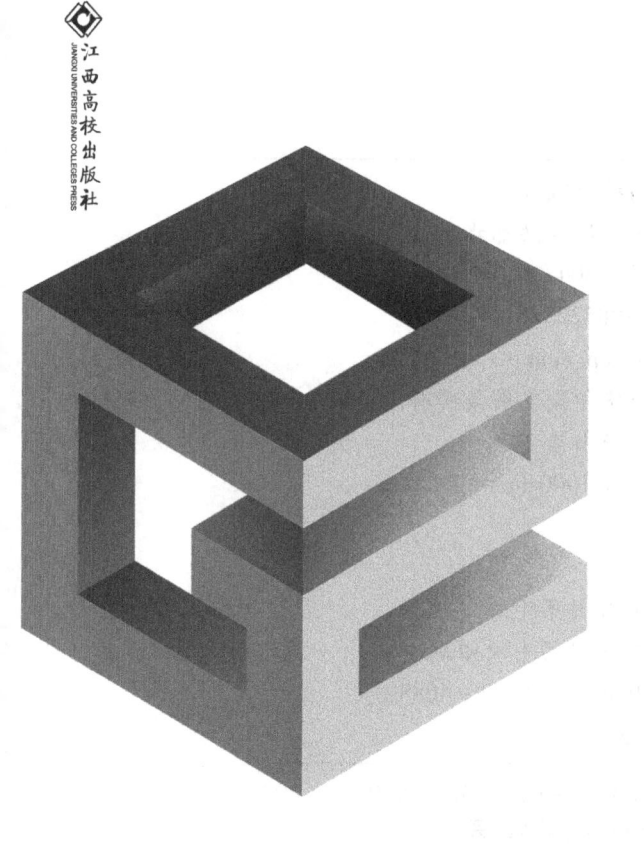

江西高校出版社

图书在版编目(CIP)数据

数字赋能 课程育人迈向高质量:小学数学课程育人信息化创新实践研究/刘克群编著. --南昌:江西高校出版社,2024.8

ISBN 978-7-5762-4688-9

Ⅰ.①数… Ⅱ.①刘… Ⅲ.①小学数学课—教学研究 Ⅳ.①G623.502

中国国家版本馆 CIP 数据核字(2023)第 255490 号

出版发行	江西高校出版社
社　　址	江西省南昌市洪都北大道96号
总编室电话	(0791)88504319
销售电话	(0791)88522516
网　　址	www.juacp.com
印　　刷	江西新华印刷发展集团有限公司
经　　销	全国新华书店
开　　本	700 mm×1000 mm 1/16
印　　张	15
字　　数	260 千字
版　　次	2024 年 8 月第 1 版 2024 年 8 月第 1 次印刷
书　　号	ISBN 978-7-5762-4688-9
定　　价	58.00 元

赣版权登字 -07-2023-999

版权所有 侵权必究

图书若有印装问题,请随时向本社印制部(0791-88513257)退换

编委会名单

编著: 刘克群

编委: (排名不分先后)

王霞芳	王 丽	史翠翠	付 珊	刘克群
刘 莎	宋显庆	况家涛	来 群	吴文静
吴艳萍	罗荣琴	赵 越	祝林炎	唐庆雯
徐云峰	徐功菲	夏雅婷	曹 晔	曹 健
蔡 丹				

目录
Contents

第一部分　理论篇

3　找准定位　激活动力　建立支撑

　　——促进教师线上线下融合提升资源应用能力的对策思考　刘克群

6　联通课内外　助推新发展

　　——促进学生线上线下融合提升学习能力的策略探究　刘克群

第二部分　实践篇

11　以计数单位统领数的认识

　　——《1000以内数的认识》　史翠翠

23　在说理中发展学生语言概括能力

　　——《100以内数的大小比较》　罗荣琴

37　先"分"再"数"　助数感发展

　　——《分数的意义》　史翠翠　刘克群

47 "悦"读数学绘本　经历乘法形成

　　——《乘法的初步认识》　刘　莎

59 结构关联　渗透运算一致

　　——《两位数乘两位数（笔算乘法）》　史翠翠　刘克群

69 把握知识内在联系，促进算理算法融通

　　——《小数加减法》教学设计　曹　健

79 聚焦运算本质　发展核心素养

　　——《异分母分数加、减法》　祝林炎

92 在课堂教学中发展学生的思维

　　——《植树问题》　徐功菲

101 有效分层　建立概念

　　——《角的初步认识》　付　珊

112 在触摸中理解概念，在操作中发展量感

　　——《面积》案例　王霞芳

125 唤醒一维长度度量经验　跨越二维面积度量障碍

　　——《面积单位知多少》教学设计　史翠翠　刘克群

137 在动态操作中感悟理解、应用创新

　　——《角的分类》　刘克群　史翠翠

145 用活动感悟度量，让量感自然生长

　　——《体积和体积单位》　史翠翠　刘克群　唐庆雯

154 自主学习引领生成创新火花

　　——《组合图形的面积》　刘克群

161 单元整体设计　"迁移"学习新知

　　——《圆柱和圆锥的认识》　曹　晔

173 读懂数据　发展意识　感受价值

　　——《平均数》教学设计　史翠翠　刘克群

184 从直观理解到理性分析　促进数据分析观念发展

　　——《折线统计图》教学案例与赏析　刘克群

193 经历过程　积累经验　感悟价值

　　——《身体上的"尺"》教学设计　史翠翠

204 尊重经验　鼓励质疑　自主建构

　　——《年、月、日》教学实践与思考　来　群　史翠翠

215 探秘"定位神器"北斗　实现数学学科育人

　　——《定位神器》　史翠翠　刘克群

225 阅读思考　学习运用　想象创造

　　——数学阅读《爱丽丝梦游仙境之寻找"智慧塔"钥匙》原创数学童话

　　　　　　　　　　　　　　　　　　　刘克群

第一部分

理论篇

第一部分

找准定位　激活动力　建立支撑
——促进教师线上线下融合提升资源应用能力的对策思考

刘克群

摘要：国家"双减"政策的出台，课后服务的落地，无不指出，要注重线上与线下资源的融合。笔者带领课题组，以线上线下融合为抓手，以促进学生与教师双向发展为目标，不断尝试，努力探究。笔者认为，就数学学科而言，线上线下融合式教学是为促进学生思维发展服务的。本文主要针对小学数学线上线下融合背景下助力教育质量提升的对策进行探究。

关键词：小学；数学；线上线下；融合教学

国家"双减"政策的出台，课后服务的落地，无不指出，要注重线上与线下资源的融合。笔者带领课题组，以线上线下融合为抓手，以促进学生与教师双向发展为目标，不断尝试，努力探究。笔者认为，就数学学科而言，线上线下融合式教学是为促进学生思维发展服务的，可以从以下几方面思考利用线上线下融合助力教育质量提升的对策。

一、找准定位，分析线上线下有效融合阻力成因

现阶段大多数小学数学教学主要运用线上平台进行几何图形、概念原理以及综合实践内容的讲授，由此使得教材的重点内容能够得到凸显，尤其在几何课堂教学的过程中，通过播放动画以及多媒体演示的方式能够更直观地让学生认知图形变化的过程，进而达到优化课堂教学效果的目标。尽管线上资源在小学数学中发挥着巨大的优势，但部分小学教师在整体的线上资源运用过程中仍缺乏专业的指导培训，使得数学课堂教学的节奏难以把控。

另外，在数学课堂上通过师生互动的方式能够更好地引导学生进行思考和探究，但当前许多小学数学教师在运用线上平台进行教学的过程中存在着照本宣科的现象，忽略了与学生的交流互动，这将对学生参与学习的积极性产生直接影响。除此之外，部分数学教师需要将注意力分配到教学内容质量、效率以及学生互动交

流中,由此将使整体的顾及因素变得更加繁杂,进而忽略了与学生的交流互动,这将对整体的教学效果产生不良影响。

当然,部分教师可能由于年龄较大,不适应教育技术的发展,无法体会到使用教育技术辅助教学的优势,进而有排斥心理。

因而,为有效借力线上线下融合助力教育质量提升,应在实施前对教师、学生等方面进行分析,找准定准,有的放矢。

二、激活动力,激发线上线下融合运用兴趣

美国学者布卢姆(B. S. Bloom)认为,决定学生学习效果与学习可持续性的因素有两类:一是学生的认知准备;二是学生的情感准备,即学生是否愿意学习新的知识。只有学生愿意学,会学与学会才具有可持续性。将这一观点延伸到运用教育技术实现线上线下双融合的教师群体中,我们同样可以得出:要积极发挥线上线下融合运用的最大价值,应使教师们在具有一定现代教育技术知识储备的基础上,愿意主动投入到合理运用的过程中来。

为激活教师线上线下融合运用的兴趣,笔者认为可以从以下几方面入手:多学科整合,寻找优质的可运用资源,可以在校本研修、沙龙研讨、示范展示课中获取资源,并在适当的环节中运用资源。在运用资源的同时,通过问卷、访谈等方式了解学生最真实的动态,对比以往手段,感受教育技术合理运用的优势。

例如,五年级学习《长方体和正方体》中《探索图形》内容,通过运用现代教育技术展示动态的大正方体分割成若干个大小相同的小正方体过程,并且呈现剥离后一面有颜色、两面有颜色、三面有颜色、无色等过程,这样探索图形让学生认识到三面有颜色的小正方体个数与顶点有关,两面有颜色的小正方体个数与棱长有关,一面有颜色的小正方体个数与面有关,从而有利于学生发现规律。这种过程的呈现优于以往教师的直白讲解,更加形象生动。这样的展示,也能让参与线上线下的教师感受到教育技术合理有效运用的优势。

同时,现有的线上资源又能让教师感受到利用资源的便捷,从而增加使用线上资源与线下融合的自信心。

三、重点培训,建立线上线下融合技术支撑

线上学习资源与线下融合,在具体的操作过程中还需要有一定的技术支撑。为促进线上资源与线下的有效融合,对教师的专业技术化培训应着力突出线上线下有效融合的技术手段、教学方法、实操等方面的重点培训。

例如,"线上教学的管理与实施""混合式教学的小组策略""教学资源的下载和管理""在线教育的本质与特征""微课的制作与开发"等专项专题培训,类似于从诊断入手,非常接地气,能够打破教师线上线下融合技术支撑的壁垒。

而充分将线上与线下融合,尤其是制作微课,还能帮助教师在教学中挖掘教材,理解教材编排意图。教师对教学的重点难点要做到熟记于心,更深入地把握教学内容,从而促进课堂实效的高质量发展。

当然,线上线下融合只有不断研究,发现问题,解决问题,才能真正助力"双减",提升学生的学习质量,真正推动学生核心素养的发展,让学生成为"会学习、会思考、能创造"的新时代学习者、建设者、创造者。

注:本文是江西省教育科学"十四五"规划2021年度学科带头人专项重点课题"线上线下融合式教与学双向发展教学实践研究"(课题编号:21ZXZD006)的重要成果。

参考文献

[1]于国海,孙国春.智慧融合:SPOC下教师教育课程深度教学研究——以职前小学数学教师课程为例[J].教育观察,2019,8(16):135-137.

联通课内外　助推新发展
——促进学生线上线下融合提升学习能力的策略探究

刘克群

摘要:大数据时代,人工智能的广泛应用推动着各行各业的发展。同样,在教育领域信息化的广泛应用,也催生着学生学习方式的变革。笔者带领课题组,以线上线下融合为抓手,以促进学生与教师双向发展为目标,不断尝试,努力探究。笔者认为,就数学学科而言,线上线下融合式教学是为促进学生思维发展服务的。本文主要针对促进学生线上线下融合提升学习能力的策略进行探究。

关键词:小学;数学;线上线下;学习变革

大数据时代,人工智能的广泛应用推动着各行各业的发展。同样,在教育领域信息化的广泛应用,也催生着学生学习方式的变革。笔者带领课题组,以线上线下融合为抓手,以促进学生与教师双向发展为目标,不断尝试,努力探究。笔者认为,就数学学科而言,线上线下融合式教学是为促进学生思维发展服务的,可以从以下几方面思考促进学生线上线下融合、提升学生学习能力的策略,即线上线下融合式教与学可以从课前、课中及课后分开布局,合理实施。

一、线上课前辅助引导预习,课堂线下学习助推深入理解

课前预习是提升后续数学学习质量的重要基础,因而教师可以通过利用线上优质教学资源,将链接或原视频提供给学生,让学生在自主查阅学习的过程中提升对新课程学习目标的认知,同时也能够在预习中建立起一个基本的知识架构,为后续的数学学习奠定基础。学生在预习中对所要讲授的课程知识进行基础学习,能够为后续的深入学习提供知识储备以及素材准备。

美国的布鲁巴克认为:"最精湛的教学艺术所遵循的最高的准则就是让学生自己提出问题。"教学二年级下册《有余数的除法》,初看与计算有关,让人觉得内容比较枯燥。教师课前把关于有余数除法的学习视频提供给学生提前学习。视频不仅生动有趣,更激起了学生一层又一层"思考的火花",创新的种子悄然埋下。课

堂上生生、师生互动交流时,教师这样询问孩子们:"观看视频后有什么问题?"孩子们一个接一个地说道:①"为什么商和余数中间要打六个点,不是三个或其他个?"②"是不是被除数是 1 和 2 的时候就没有余数,3 以上的就可能有余数?"③"是不是单数(被除数)就有余数,双数(被除数)就没有余数?"……如果说①问题让教师觉得意外的话,那么②③问题就让教师觉得吃惊了。对于一个二年级的孩子来说,刚刚认识有余数除法,就能联想余数与被除数的关系,这是多么了不起!

当然,课前的学习不仅仅是学习知识内容,还可以运用网络资源寻找新知所需要的学习素材。如在教学"生活与百分数"一课时,教师可以向小学生布置"收集生活中的百分数"任务,由此引导小学生对生活中存在的百分数进行列举。在小学生收集百分数的过程中,教师可以引导其理解百分数所表示的含义,进一步感受百分数的意义与价值,丰富对百分数的感性认识和理性认知。

二、线上课中辅助突破难点,课堂线下学习引领合作学习

线上资源在课中合理的运用,可以很好地激发学生的学习兴趣,为突出重点、突破难点服务。

《义务教育数学课程标准(2011 年版)》指出:"学生学习应当是一个生动活泼的、主动的和富有个性的过程。认真听讲、积极思考、动手实践、自主探索、合作交流等,都是学习数学的重要方式。学生应当有足够的时间和空间经历观察、实验、猜测、计算、推理、验证等活动过程。"在数学课程中,探究创新的意识和能力对于学生学习和发展的重要性不言而喻,尤其是在面向不确定的未来社会时,越来越多地强调学生的探究创造能力。

例如,在教学《多边形的面积》这一内容时,教师鼓励学生在自主学习的基础上,回到课堂中。为了充分展示平行四边形的面积转化过程、展示三角形面积及梯形面积的转化过程,这时候,教师又可以再次利用线上资源,形象地再现这几种图形之间的变换,从变化中寻找不变,从不变中发现本质与规律,从而让学生发现这三类图形面积计算过程中的联系,并且有利于学生推导延伸出多边形面积的计算。

线上线下融合式教学,学生因事先获悉学习内容,课堂上有较多的时间用于探究活动。基于特定的问题或任务,无论是同伴之间的交流研讨,还是小组合作完成,都是探究和创造的重要体现。

三、线上课后辅助梳理知识,课堂线下学习形成结构网络

数学本身就是一个知识系统,数与代数、图形与几何、统计与概率等不同内容

7

之间相互联系,同时同一部分内容不同知识点之间也有内在的逻辑关系。学生只有从宏观上整体把握教学内容,才能比较清晰地认识数学知识之间的逻辑链条,才能实现数学内部结构的条理化、网络化和系统化,这是学好数学的前提,也是提高数学核心素养的前提条件。

线上与线下的融合,还能在课后帮助学生很好地梳理所学习的内容,助力形成知识结构网络。众所周知,"元认知"即对认知的认知,而线上与线下的融合,能帮助学生促进对自身学习的认知。在元认知理论中,元认知监控是元认知的核心。已有研究表明,在一定的基础上,学生学习的自我监控水平已成为影响其学习成功的关键因素。元认知监控是在元认知体验基础上派生出来的,只有在认知活动中体验到学习情境的变化,敏感地理解导致变化的原因,才可能有效地对活动进行调节与控制。

在小学阶段,很多学生完成作业或测试时,老师一般会让他们检查,他们的确会从头到尾看一下,但大部分学生是检查不出错误的。有的即使找出了错误,但日常缺乏对自身错误原因的分析,所以下次仍会发生类似的错误。而线上与线下的有效融合,借助大数据的有效运用,能帮助学习者很好地找到自己存在的问题和努力的方向。江西"智慧作业"的有效运用,更是突出了这一点。错题的归类,名师的讲解、归纳都能很好地帮助学生弥补知识漏洞,真正意义上实现"精讲精练"。

综上所述,线上与线下的有效融合,是小学数学创新教育中的一次探索。当然,线上资源是把双刃剑,要很好地发挥其功能,有赖于教师依据学情因材施教。

总之,线上线下融合的最终目的是引领学生从学会走向会学,培养学生的学习能力,促进学生核心素养的发展,促进学生健全人格的形成。

注:本文是江西省教育科学"十四五"规划2021年度学科带头人专项重点课题"线上线下融合式教与学双向发展教学实践研究"(课题编号:21ZXZD006)的重要成果。

参考文献

[1]吕晔.网络课堂在小学数学教学中的运用创新[J].传播力研究,2020,4(19):185–186.

第二部分

实 践 篇

说明：本部分包含"走进数与代数，以本质建立结构""亲历图形与几何，以体验启发思维""贴近统计与概率，以数据感悟价值""探秘综合与实践，以活动激发创造"四大板块内容。其中，《1000以内数的认识》《100以内数的大小比较》《分数的意义》《乘法的初步认识》《两位数乘两位数（笔算乘法）》《小数加减法》《异分母分数加、减法》《植树问题》为数与代数领域内容；《角的初步认识》《面积》《面积单位知多少》《角的分类》《体积和体积单位》《组合图形的面积》《圆柱和圆锥的认识》为图形与几何领域内容；《平均数》《折线统计图》为统计与概率领域内容；《身体上的"尺"》《年、月、日》《定位神器》《爱丽丝梦游仙境之寻找"智慧塔"钥匙》为综合与实践活动领域内容。

以计数单位统领数的认识

——《1000以内数的认识》

史翠翠

【学习内容】

1000以内数的认识、意义、组成。

【知识定位】

新课标指出,数学素养是现代社会每一位公民应该具备的基本素养,因此突出素养本位、聚焦学科育人是我们一直以来对教学的价值追求。在信息技术与学科教学深度融合的大背景下,信息化教学能促进学生核心素养的提升,教师应让信息技术更好地服务于小学数学教学,提高教学效率。动静结合、声情并茂是多媒体的突出优势,但在学科融合的大趋势下,信息技术对小学数学教学所起的辅助作用远远不止于激发学生兴趣。这节课通过借助信息技术直观性强的特点,帮助学生完成从直观形象思维到抽象逻辑思维的转变过程,让学生经历从形象直观中抽象出数的过程,不仅可以降低学生理解数和计数单位的难度、成功突破教学重难点,还可以起到提高学生思维品质、发展学生数感的作用。

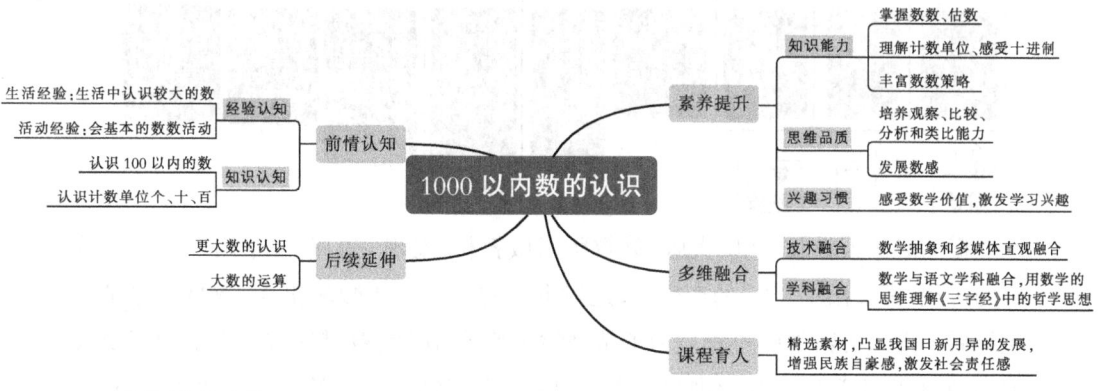

【设计理念】

本课属于小学阶段"数与运算"领域,该主题要求在理解整数、小数、分数意义的同时,理解整数、小数、分数基于计数单位表达的一致性。核心价值是发展学生数感。数感是一种主动地、自觉地或自动化地理解数和运用数的态度与意识,即能用数学的视角观察现实世界,能用数学的思维思考现实世界,能用数学的语言表达现实世界。它使人将数学与现实情境联系起来,令人眼中看到的世界有了量化的意味。本节课是小学阶段发展学生数感的一节关键课。前有 100 以内数的认识的基础,后承接更大数的认识和计算。其中十进制计数法是整数认识的核心内容,发展学生数感是重要目标。学生能在错综复杂的事物中抽象出数,辨认数之间的关系以及对数进行有效估计是学生必须掌握的基本技能,也是数学思维力之一。

【内容分析】

纵向分析教材,教材对整数内容的编排,数越来越大,计数单位不断扩充,将整数的教学分为四个阶段,每个阶段都围绕十进制,以计数单位为核心概念,以发展数感为核心目标,由浅入深、层层递进,充分遵循了学生的年龄特点和认知规律。本课内容是第三阶段《万以内数的认识》第 1 课时,知识内容包括认识新的计数单位"千",理解计数单位之间的关系,掌握 1000 以内数的组成,建构 1000 以内数的概念。

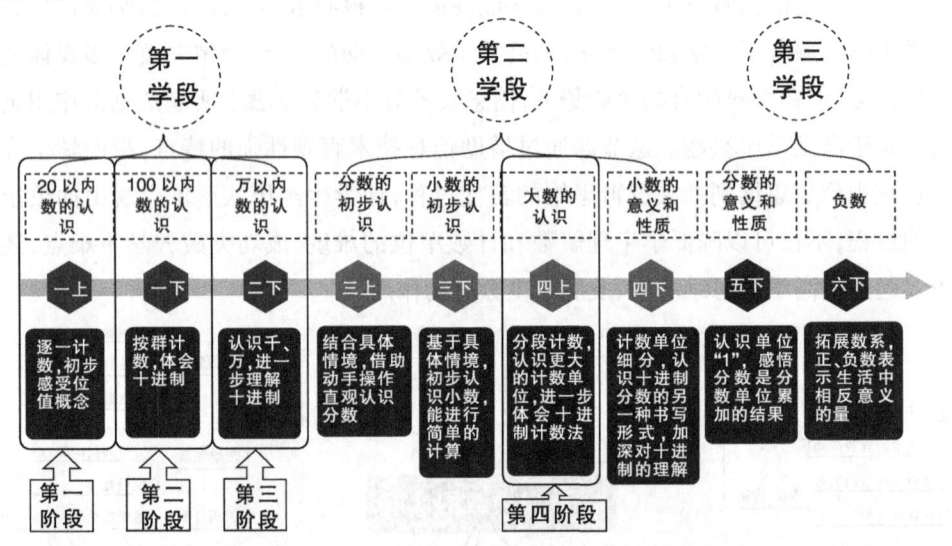

横向对比人教版、北师大版、苏教版三版教材,发现它们都注重用计数单位数数的过程,都突出了"千"的产生,增进对数的感悟。由于数域扩大,教材中这是学生最后一次亲历数数的过程。为了帮助学生数数、认数,教材提供了丰富的直观数数模型,有助于学生感受十进制。教材中还有逻辑结构化的学具——计数器,有助于学生体会位值制。

【学情分析】

学习本课之前,学生已认识100以内的数和计数单位个(一)、十、百,在生活中已经积累了一定的数数经验,会用数进行表达和思考;能用多种方式表示数,并能建立关系;在之前的认数学习中建立了自然数"序"的特性,对位值制、十进制已有感知和理解。课前通过调研了解学生是否掌握按群计数的方法,结果显示,少数学生不能主动以十为单位按群计数,多数学生能够以十为单位按群计数,还有一部分学生能够迁移到以百为单位按群计数。那么学生能迁移的就包括按群计数的能力以及对"十进关系"的理解。

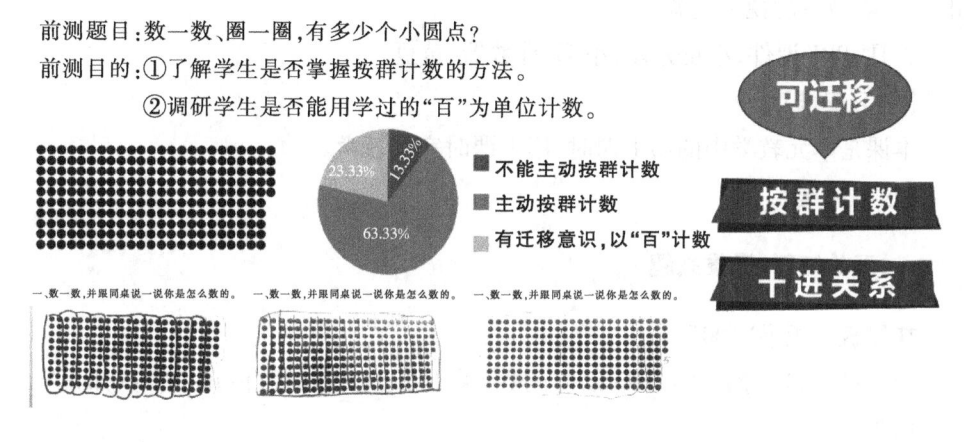

前测题目:数一数、圈一圈,有多少个小圆点?
前测目的:①了解学生是否掌握按群计数的方法。
②调研学生是否能用学过的"百"为单位计数。

【学习目标】

迁移目标:在数数活动中迁移以往数数经验,认识计数单位"千",以及掌握计数单位之间的关系,构建知识体系。

理解目标:理解各数位上数字表示的意义,理解1000以内的数在生活中的实际意义,发展数感。

知能目标:基于计数单位掌握数数、估数等能力,初步感受十进制。在自主探究的过程中,培养观察、比较、分析和类比能力,并运用工具数数,丰富数数策略。

情感目标:在解决实际问题、"生活中寻数"等活动中感受数学价值,通过精选素材,充分感受到祖国日新月异的变化,增强民族自豪感,激发社会责任感。

【学习重点】

1. 认识新的计数单位"千",会数1000以内的数,掌握十进制关系。
2. 掌握数的组成,能认识各数位上数字的意义,渗透"位值制"思想。

【认知难点】

练习整十、整百、整千数的计数方法,进一步巩固计数单位间的关系,培养数感。

【方法与策略】

根据数源于数,通过调动学生感官,以丰富的"数数"实践活动,让学生亲身体验各种方式的数数,内化十进制;利用认数工具,从直观数数至抽象"悟数",运用齐性、直观结构化的学具和逻辑结构化的学具进行数的多方式表征,凸显位值制;结合日常生活,引导学生"用数",在生活中寻找数、认识数、感受数,助力数感发展。

【资源与工具】

资源:生活中数1000以内的数的真实情境和真实素材,介绍中国土地广袤,山川、湖泊等数量的视频资源。

工具:PPT课件,小正方体,小棒,计数器,黄豆。

【学习安排】

本课是单元教学中的第1课时,用1课时完成教学。

【过程实施】

一、温故知新,激发兴趣

在黑板上板书"100"。

谈话:以前我们学习了100以内的数,关于100以内的数你知道哪些知识呢?学生回答。

提问、质疑:在生活中见过比100更大的数吗?在哪里见过?见过的这些数分别是什么意思?如果只认识100以内的数够用吗?

【环节点评:充分利用学生的生活经验和认识100以内数的前期学习经验,以此调动他们的已有经验,调取前情知识。认数思先行,通过提问"生活中只认识100以内的数够用吗?",引发现有知识和学习需求之间的冲突,使学生感受到学习更大数的必要性。】

二、自主探索,丰富认识

(一)数源于数,内化十进制

1. 数数活动:从一至千,感受十进制

引导语:数源于数,这节课我们就在数数的活动中来认数。

让学生由1开始一个一个地往后数,课件演示逐个添加小正方体,一直到10。

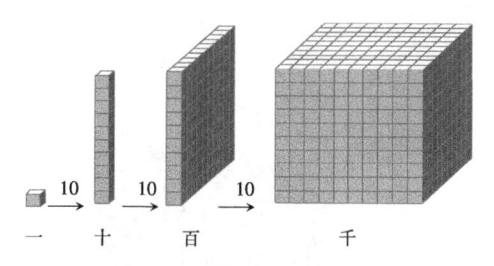

以计数单位统领数的认识
——《1000以内数的认识》

```
  □  →10  ▯  →10  ▦  →10  ▦
  一      十       百       千
```

讨论明确:一个一个地数,10个一就是1个十,10是两位数。

介绍:这一竖条的图形是由10个小正方体拼成的,我们把它看作一个整体,就是1个十。

让学生十个十个地数,课件演示逐条添加小正方体,一直添加到100。

讨论明确:十个十个地数,10个十就是1个百,100是三位数。

介绍:这一整板的小图形是由10条拼成的,我们把一整板小正方体看作一个整体,就是1个百。

【环节点评:在数100以内数的活动中激活"一个一个地数"与"十个十个地数"的数数经验,唤醒学生对计数单位"一""十""百"及它们之间关系的记忆,为接下来认识1000以内的数做好准备。】

【技术/学科融合:通过课件直观呈现小正方体从一至千的累加过程,将抽象难懂的数学知识演绎成动态化教学,更利于学生吸收并理解。数形结合更好地发展了学生的空间意识和数感,让学生自主在头脑中构建计数单位的模型,提高学习的兴趣。】

提问引发思考:想一想,如果有更多更大的数,还可以怎样数呢?

学生从表示一百的小正方体开始,一百一百地数到一千。在出示一千个小正方体合在一起之前,请学生想象一下,在头脑中建构出一千个小正方体的形象。随后出示一千个小正方体摆在一起组成的一个大正方体,板书并介绍计数单位"千"。

讨论明确:一百一百地数,10个一百就是一千,1000是四位数。

小结:一而十,十而百,百而千。每相邻两个计数单位之间的进率都是10。

【环节点评:对新的计数单位"千"的认识不是凭空而来的,而是以往经验个(一)、十、百的延伸。本环节设计了数数的活动,将抽象的数以直观有序的方式呈现出来。从一个一个数、一十一十数、一百一百数,学生对计数单位"千"的建构和十进制计数法的感受自然生成。】

2. 数数活动:从千至一,突破拐弯数

再次出示大正方体"千",描红其中的一个小正方体,这就是一,让学生思考一

15

千里有多少个一呢?

学生回答。

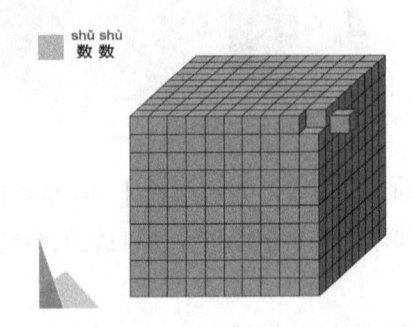

数数

课件演示去掉 1 个小正方体。

预设学生会出现两种回答,999 个和 990 个。请学生交流讨论、辨析。确定从一千中拿走一个,可以看作从其中的一百个中拿走了一,还剩下 99 个,和剩下的 900 个合在一起,所以是 999 个。

紧接着小正方体一个一个消失,学生从 999 一个一个倒数到 990。提醒学生这个时候去掉了 1 个十才是 990。接下来小正方体十个十个消失,学生从 990 一十一十倒数到 900。最后小正方体一百一百消失,学生从 900 一百一百倒数到 0。

【环节点评:学生认识了计数单位"千"之后,教学对十进制的内化并没有浅尝辄止,而是再次借助小正方体,从一千起一个一个、一十一十、一百一百去掉小正方体倒数。教师通过拆的过程,让学生逆向感受十进制,并巧妙地突破了数拐弯数的难点。】

【技术/学科融合:从千至一倒拆的过程,如果只靠学生的想象是很难突破数拐弯数这一难点的,借助信息技术将拆的过程直观呈现出来,及时地将抽象的知识转化为直观的画面,学生在动态演示中可以更好地掌握新知。】

(二)多方式表征,凸显位值制

1.认识数,先估再数,发展数感

帮黄伯伯数黄豆种子,提问:先估一估这有多少颗黄豆?学生第一次估,差距比较大。引导学生思考:如果想要估得准,可以怎么做呢?

学生通过交流讨论,尝试寻找一个合适的标准再来估。

小结:估数时我们可以先找到一个标准,再对照标准估一估,这样的方法我们在生活中也经常会用到。

【环节点评:数数估先行,数黄豆前先估一估,培养学生估测意识,使学生掌握在简单情境中进行合理估测,找出合理判断的方法,从而发展学生数感。】

2. 动手操作，突出计数单位

学习小组用数豆板数黄豆，并请学生上台介绍自己的数法，全班交流反馈。讨论：为什么刚才一下子数不出黄豆的数量，现在能马上说出黄豆的数量呢？

明确：运用数豆板把黄豆整齐地排列，数出了有几个百、几个十、几个一，就能一眼看出黄豆的数量了。

小结：这位同学不仅会数数，最可贵的是他还能表达出其中的道理，我们发现使用合适的计数单位可以让数数变得很简单。

3. 多种表示，显位值优势

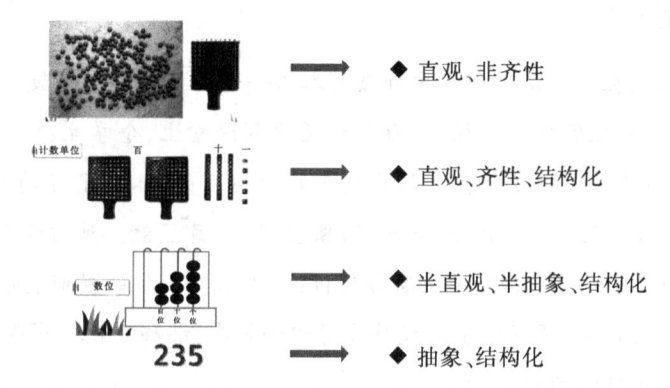

- ◆ 直观、非齐性
- ◆ 直观、齐性、结构化
- ◆ 半直观、半抽象、结构化
- ◆ 抽象、结构化

提问：这样表示黄豆的数量还是有些麻烦，能不能用一颗珠子表示这一个百呢？

预设1：不行，因为1颗珠子就是1，不能表示100。

预设2：只要在这颗珠子上写个100就行了。

预设3：用一颗大点的珠子表示百、小一点的珠子表示十、最小的表示一。

预设4：给这颗珠子一个特别的位置，也就是把它放在百位上即可。

出示计数器，把表示百的珠子放在百位上。

思考：其他部分也用珠子表示，这些珠子分别拨在哪？学生在计数器上拨一拨，并介绍拨法。

小结：有了数位，表示235还可以这么简洁。

4. 边拨边数，感受十进制

继续帮黄伯伯数黄豆，从235起先一个一个、再一十十十、最后一百一百地数到1000。同桌两人一人拨一人数，交流汇报环节，学生提出数数时的困难和疑问，并多次感受满十进一。

同学们！我一共需要1000颗黄豆种子。你们能从235起先一个一个、再一十一十、最后一百一百地数到1000吗？

【环节点评：在数数活动中突出计数的本质——用计数单位去数。数出黄豆的个数，让学生亲身经历数数过程，把数豆板运用到课堂上，令学生感到新鲜有趣的同时，凸显了用计数单位数数在生活中也是广泛运用的，体现了劳动人民的智慧。用数豆板数出几个百、几个十、几个一，形象直观，一目了然。通过设计关键问题：用一个珠子能不能表示100？学生思考辨析，逐步凸显数位的功能，最后读写235。从直观逐步走向抽象，帮助学生形成符号意识和数感，潜移默化中感受计数方式的演变和位值制记数法的优势。】

【技术/学科融合：在解决"一颗珠子能不能表示一个百？""999再添一个是多少？"这样的关键问题时，把抽象的、难以理解的内容通过课件动态演示后以有声、可视、动感的方式呈现给学生，为课堂创设"新""趣""奇"的教学氛围，丰富课堂体验，增加学习互动，优化课堂教学，从而让学生喜欢上数学。】

三、巩固练习，发展数感

（一）在真实情境中捕捉数

播放两段录音，请学生记录录音中听到的数。

■ 听录音记录数

中国高铁每小时行驶 250 公里以上，中国铁路迈入高铁时代。

2023 年 3 月 10 日，中国空间技术研究院宣布：中国自主研制并成功发射的航天器达到了 400 颗。中国航天经历了从无到有，从弱到强，从航天大国迈向航天强国的光辉历程。

记录出这些数后，让学生观察这些数并谈一谈感受，学生从这些数能看出中国高铁的速度很快、我国的航天器很多。这说明了我国的科学技术越来越发达，从而激励孩子们好好学习，将来发明创造出更先进的科学技术。

小结：生活中的数不仅可以帮助我们准确地表达，还可以带给我们丰富的感受。

【环节点评：通过听录音记录数的方式，培养学生对数的敏感性，发展数感。精心选择素材，注重情境素材的育人功能，帮助学生了解我国科技的高速发展情况，增强民族自豪感，激发责任感。】

【技术/学科融合：通过播放音频的方式使学生多感官参与课堂，灵活多变的课堂形式，帮助学生集中注意力，养成良好的学习习惯，并培养学生在日常新闻或广播等渠道中提取数学信息的能力。】

（二）生活中寻数，助数感发展

1. 看数联想

课件出示一些数：550、183、365、150、1000 等，请学生猜一猜这些数在生活中可能表示什么？

2. 感受一千

①结合班级人数，想象 1000 个人有多少。

②提问：如果老师带来了 1000 颗黄豆，你用什么带回家？

明确：虽然都是 1000，但是 1000 个人在一起需要占很大的空间，因为 1 颗黄豆比较小，所以即使是 1000 颗，占的空间也不大。

③感受不同面值的 1000 元。

老师带来了 3 个红包，1 号最薄，2 号比较厚，3 号超级厚。你猜一猜哪个红包正好装的是1000元？

学生猜测并说出理由后，依次拆开3个红包。

提问：原来3个红包里装的都是1000元，为什么它们的厚度不一样？

学生交流并明确：每个红包里的面额不同，其实就是计数单位不同，那么计数单位的个数也不同。

提问：如果让你带其中的一个红包去买正好价值1000元的东西，你会选择带哪个？为什么？

小结：遇到更大的数时，选择合适的计数单位，不仅能方便我们数数，更能方便我们的生活。

介绍："一而十、十而百、百而千"形容一个人要完成一件事，或求取更高的学问，都要脚踏实地，循序渐进地积累。如果一个坏习惯坚持1000次会怎么样呢？如果一个好习惯坚持1000次又会怎样呢？

【环节点评：数是对数量的抽象，数的认识教学离不开学生熟悉的情境，学生体会到生活中常常用数来表达和交流，感受到数学与生活的密切联系。《义务教育数学课程标准（2022年版）》第一学段目标中提出："对身边与数学有关的事物有好奇心，能参与数学学习活动。在他人帮助下，尝试克服困难，感受数学活动中的成功。了解数学可以描述生活中的一些现象，感受数学与生活有密切联系，感受数学美。"出示550、183、365、150、1000这些数，让学生猜想它们在生活中可能表示什么。学生们发散思维，大胆猜测联想，思考的角度都不相同。更多不同视角的现实情境源自学生的生活，学生在课堂上相互交流，感受到数学在生活中使用非常广泛，感受数学表达的简洁和精准，体会数学的价值。同时，渗透数学文化，进行情感价值观教育，培养学生良好的学习习惯。】

四、回顾整理，拓展延伸

提问：回忆一下，今天我们一起认识了哪些数？通过哪些方法、用了哪些工具来认识的？你有哪些收获？学无止境，你还想去探究哪些知识呢？

引导：出示一段视频，让学生感受生活中还有比1000更大的数！

这个数你们认识吗？这可是比1000还要大的数呢？你们怎么就认识了呢？看来同学们这节课的收获远远不止1000以内的数呀！同学们站得高看得远，有没有信心去认识更多更大的数呢！

【技术/学科融合：利用信息技术与数学内容相结合，为学生创设生活化、形象化的教学情境，以激发学生的学习兴趣。在认识了1000以内的数之后，通过视频的方式呈现了比1000还要大的数,将未来要学的内容生活化、情境化,激发学生继续积极思考、在生活中主动探究,并能举一反三、迁移自学。信息技术在数学课堂中的恰当融合和创新运用有助于发展学生的核心素养,助推数学学科育人。】

【板书设计】

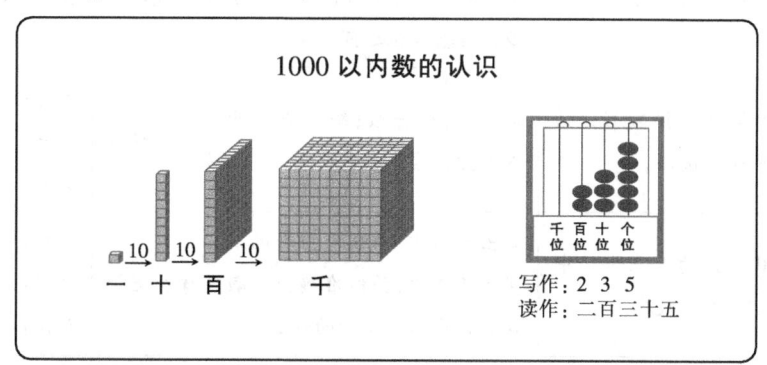

1000以内数的认识

一 十 百 千

写作:2 3 5
读作:二百三十五

【作业设计】

1.巩固性作业

给三百六十八个小方格涂上颜色。

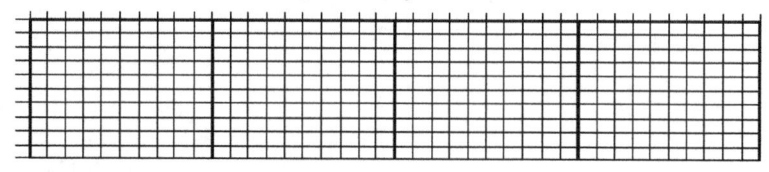

2.应用性作业

(1)4张100元、3张10元、2张1元的人民币合起来是(　　)元。

(2)一盒铅笔有10支,12盒铅笔有(　　)支。

3.实践性作业

数学阅读《古罗马人的数字》。

8 8 8 8
八千八百八十八
V̄MMMDCCCLXXXVIII

【学习评价】

学习目标	评价任务	评价方法	评价标准
认识计数单位"千",掌握计数单位之间的关系,构建知识体系。	用自己喜欢的方式表示出计数单位"千",并用思维导图呈现出计数单位之间的关系。	自我评价	优秀:★★★ 良好:★★ 加油:★
基于计数单位掌握数数、估数,初步感受十进制。	估一估、数一数;给三百六十八个方格涂上颜色。	教师评价	优秀:★★★ 良好:★★ 加油:★
理解1000以内的数在生活中的实际意义,发展数感。	举出生活中1000以内数的真实生活情境,并能准确说出数在具体生活中表示的意义。	学生互评	优秀:★★★ 良好:★★ 加油:★

在说理中发展学生语言概括能力
——《100以内数的大小比较》

罗荣琴

【学习内容】

100以内数的大小比较。

【知识定位】

本节课围绕新课标,以核心素养为导向,在问题情境中探究,充分利用信息技术的可视性、直观性,设计教学课件、教学环节,丰富教学场景;利用信息技术赋能学科教学,借助小棒图、计数器图、百数表、数轴图进行说理比较,弄清缘由,并动态演示本节课探究学习数的大小过程,帮助学生梳理回顾知识;练习中利用信息技术,把卡片中被遮挡的数字一一呈现,这一过程引发学生进一步思考,进而提升学生的思维。在抢答游戏中,通过课件逐一呈现的数和70进行大小比较,学生参与度高,进一步激发了学生的学习积极性。本节课从位数不同的两个数开始比较,进而比较位数相同的两位数的大小,符合学生的认知规律,在选取比较方法的过程中,总结归纳出比较数的大小的一般方法,从而培养学生的核心素养,落实立德树人的根本任务。

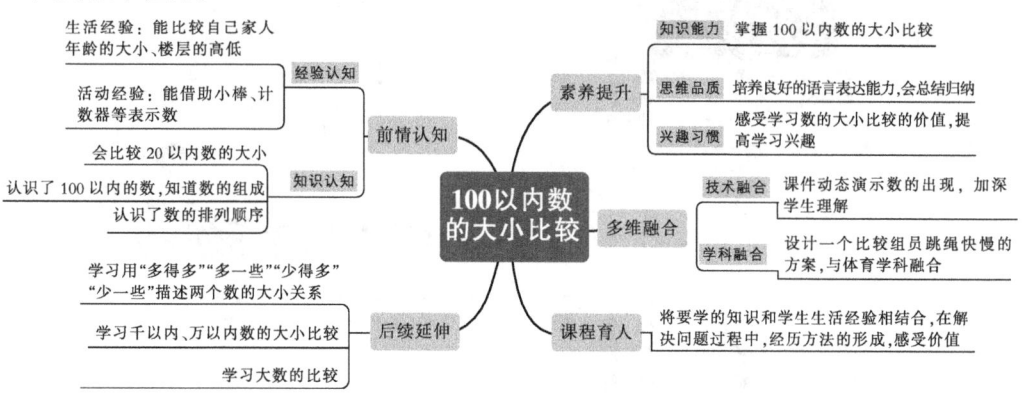

```
生活经验:能比较自己家人
年龄的大小、楼层的高低      经验认知                      知识能力   掌握100以内数的大小比较
活动经验:能借助小棒、计                         素养提升
数器等表示数                                              思维品质   培养良好的语言表达能力,会总结归纳
                                                          兴趣习惯   感受学习数的大小比较的价值,提
会比较20以内数的大小         知识认知                                  高学习兴趣
认识了100以内的数,知道数的组成                100以内数            技术融合   课件动态演示数的出现,加深
认识了数的排列顺序                             的大小比较   多维融合              学生理解
                                                          学科融合   设计一个比较组员跳绳快慢的
学习用"多得多""多一些""少得多"                                        方案,与体育学科融合
"少一些"描述两个数的大小关系
                                              课程育人   将要学的知识和学生生活经验相结合,在解
学习千以内、万以内数的大小比较   后续延伸             决问题过程中,经历方法的形成,感受价值
学习大数的比较
```

【设计理念】

说,是人思维的外在表现形式。学生数学课上的说,是用口语形式反映和表达他们对数学知识的认识和理解。教学中要让学生自己解决100以内数的大小比

23

较，提倡比较策略的多样化。无论是教学新知识时，还是练习时，都要注重尊重学生的想法，让学生说说是怎样比较大小的，进而引导学生用语言总结概括比较100以内数的大小的方法。教学中安排了不同层次的练习，让学生形成一些新的认识。

【内容分析】

《100以内数的大小比较》是现行人教版一年级下册第4单元的内容。这部分内容属于小学数学"数与代数"领域中的"数的认识"。

本节课是在学生已经掌握了100以内数数、读数、写数，20以内数的大小比较基础上进行学习的。数的最基本的关系是大小关系，而相等和不相等是两个基本关系。数的大小比较可以分为两个层次：一是比较"十位不同"的两个两位数的大小；二是比较"十位相同、个位不同"的两个两位数的大小。本节内容重点探究比较数的大小的方法，经历选择方法的过程，借助小棒、计数器、百数表中数的前后顺序，让数的大小关系直观化，便于学生概括归纳出比较数的大小的方法，为今后学习千以内、万以内及大数的大小比较奠定基础，所以说100以内数的大小比较是小学阶段整数大小比较的基础和重点内容。

1. 纵向分析：在人教版小学数学教材中，"数与代数"领域包括"数与运算"和"数量关系"两个主题。数的认识与数的运算具有密切的联系，数的认识是数的运算的基础，通过数的运算有助于学生更好地认识数。"数的认识"整个认知的主线沿着"数数、数的组成—读数、写数—比大小"展开，学习的顺序是从较小的数的认识到大数的认识，由浅入深，层层递进，螺旋上升。如下图：

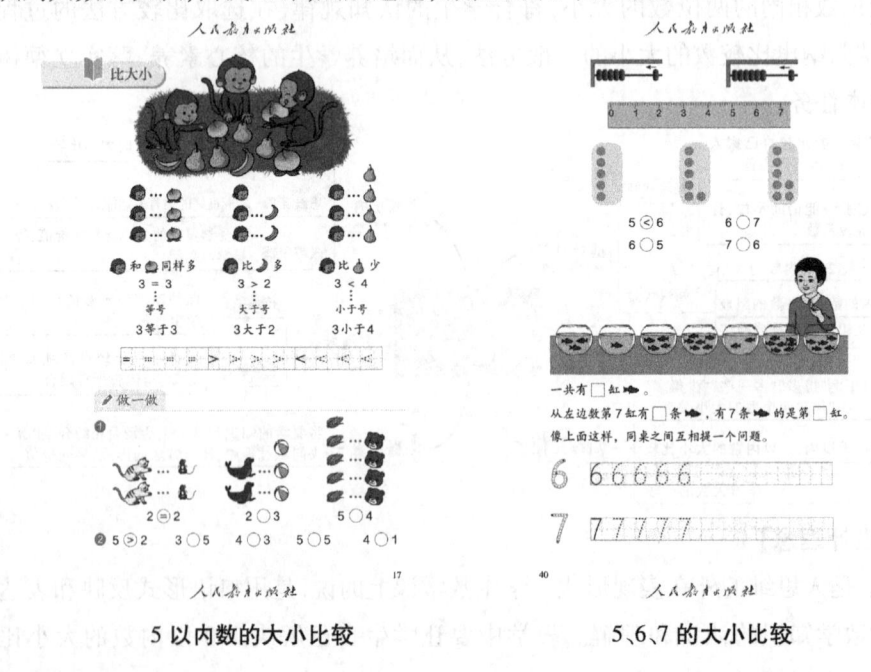

5以内数的大小比较　　　　　5、6、7的大小比较

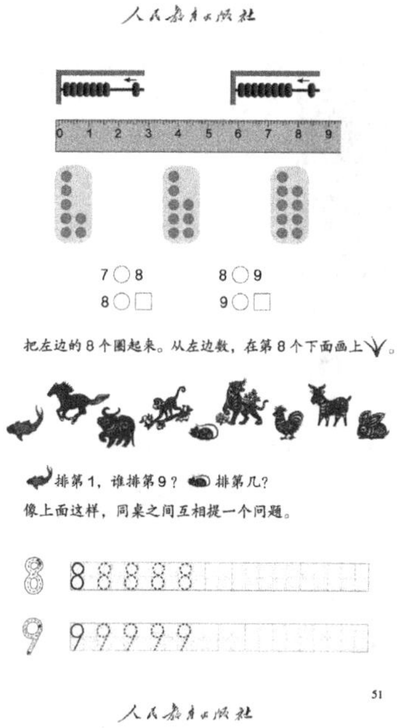

在说理中发展学生语言概括能力
——《100以内数的大小比较》

7、8、9 的大小比较

9 和 10 的大小比较

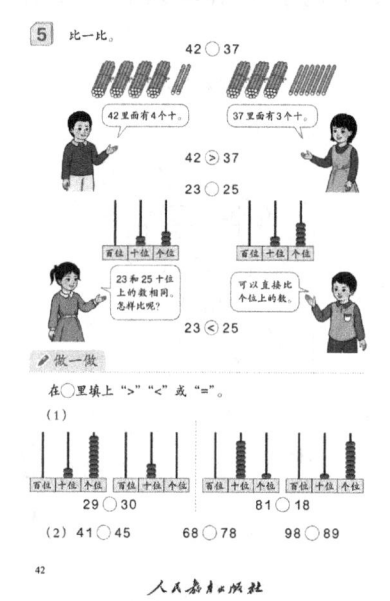

100 以内数的大小比较

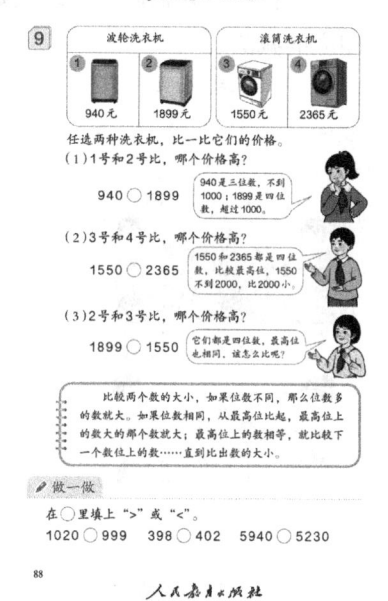

万以内数的大小比较

比较两个数的大小,如果位数不同,那么位数多的数就大。如果位数相同,从最高位比起,最高位上的数大的那个数就大;最高位上的数相等,就比较下一个数位上的数……直到比出数的大小。

25

大数的比较

2. 横向分析：整个单元的结构整体安排

本单元包括3个知识内容：数数、数的组成，数的顺序、比较大小，整十数加一位数及相应的减法。

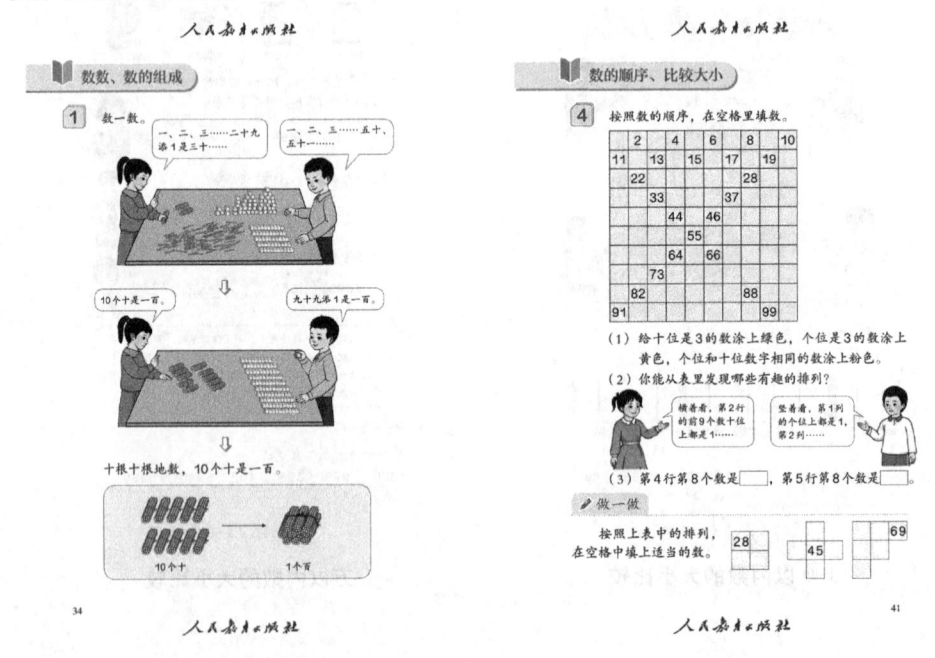

在说理中发展学生语言概括能力
——《100 以内数的大小比较》

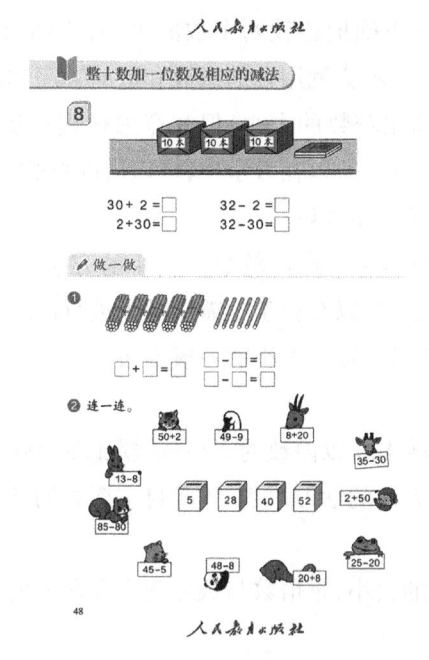

（本单元 3 个知识点的部分内容）

从本单元内容看,先从数的认识进行教学,学生学会了数数、数的组成,接着学习了数的顺序,有了这些知识的经验,在此基础上再研究数的大小比较,学生就可以借助数的组成、数的顺序的知识来研究比较数的大小的方法。这样就很好地做到了知识的正迁移,最后再利用数的组成知识进行整十数加一位数及相应减法的计算。这样的安排符合学生认知规律,学生学习知识就水到渠成。

【学情分析】

比较数的大小,学生是有经验的。一方面,他们已经学习了 20 以内的数,会比较数的大小;另一方面,在日常的生活中,他们多次接触甚至亲自解决过这样的问题。但是,究竟怎样比较 100 以内数的大小,不少学生还是似懂非懂。为了更好地进行教学,提高课堂效果,我课前进行了问卷调查。此次的调查对象是一年级的 120 名学生。学情调研结果如下：

（1）能正确比较 100 以内两个数的大小的学生有 96 人,占调查总人数的 80%。

（2）能用语言表述进行说理的学生有 47 人,占调查总人数的 39.2%。

（3）能正确总结概括比较 100 以内数的大小的方法的学生有 12 人,占调查总人数的 10%。

根据以上的数据分析如下：

27

（1）大部分学生能够正确地比较两个数的大小，仍然有少部分学生不会比较十位不同的两位数的大小，不会利用数的组成和数的顺序知识进行大小比较。

（2）学生大都能正确比较数的大小，但究竟怎样进行比较，并描述出来，对很多学生来说，都是一个难点。所以在教学中，可以借助百数表、小棒、计数器等进行说理，这样直观形象，便于学生理解。

（3）仅有一小部分的学生知道比较数的大小的方法，而本节课重点要让学生探究比较数的大小的方法，所以在教学中需让学生进行说理比较，然后再通过举例进行验证，寻求比较100以内数的大小的一般方法。

【学习目标】

1. 会用数的组成比较100以内数的大小；掌握比较100以内数的大小的方法。

2. 经历比较两个数大小的学习过程，体验自主探索的学习方法，提高语言表达能力和归纳总结能力。

3. 通过对比两个数的大小，感悟数与数之间内在联系的逻辑美。

【学习重点】

探究比较数的大小的方法并会比较100以内数的大小。会进行说理。

【认知难点】

发现并总结出比较数的大小的方法。

【方法与策略】

教学时引导学生将具体的活动抽象为相应的比较大小的策略。学生可用小棒比，用计数器比，用数轴比，用抽象的数比，获得比较的基本经验后再概括出比较数的大小的基本方法。在教学中组织学生独立思考，积极探究，大胆表达，合作交流。

【资源与工具】

资源：新课标、课本。

工具：课件、小棒、计数器、作业纸、百数表、数字卡片等。

【学习安排】

本课是单元教学中的第5课时，用1课时完成教学。

【过程实施】

一、温故知新，激发兴趣

（一）借助百数表复习学过的100以内的数，会用数的组成、数的前后排列顺序等相关的知识介绍学生喜欢的数，唤醒学生对已有知识的回忆，达到温故知新的效果，又激发学习兴趣

在说理中发展学生语言概括能力
——《100以内数的大小比较》

1	2	3	4	5	6	7	8	9	10
11	12	13	14	15	16	17	18	19	20
21	22	23	24	25	26	27	28	29	30
31	32	33	34	35	36	37	38	39	40
41	42	43	44	45	46	47	48	49	50
51	52	53	54	55	56	57	58	59	60
61	62	63	64	65	66	67	68	69	70
71	72	73	74	75	76	77	78	79	80
81	82	83	84	85	86	87	88	89	90
91	92	93	94	95	96	97	98	99	100

课件出示百数表

提问:在百数表中你最喜欢哪个数?请你用学过的知识介绍一下。

预设1:我今年7岁了,我最喜欢"7"这个数,它是1个一位数,是由7个一组成的。

预设2:我最喜欢"100"这个数,它是由10个十组成的,也是百数表中最大的数。

预设3:我也喜欢"100"这个数,它比99还多了1呢。

预设4:我喜欢"36"这个数,因为我爸爸妈妈今年都是36岁。它是由3个十和6个一组成的。

评价:同学们用不同的方式表达出了自己最喜欢的数,有的同学从数的组成的角度来描述,有的同学从数所在位置的角度来描述,还有的同学能借助百数表清楚地描述它和其他数之间的关系。同学们都很棒!

(二)创设情境,引出课题

课件出示小动物们喜欢的两组数。

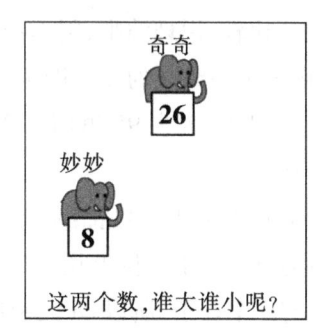

奇奇 26
妙妙 8
这两个数,谁大谁小呢?

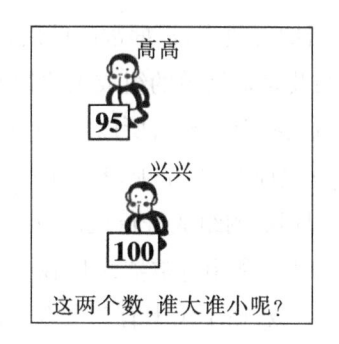

高高 95
兴兴 100
这两个数,谁大谁小呢?

提问:小象奇奇、妙妙,小猴高高、兴兴碰到了什么难题呢?你们能帮帮它们吗?

明确问题:要解决"这两个数,谁大谁小呢?"的问题就是比较这两个数的大小。

29

引出课题:今天我们就一起来学习探究100以内数的大小比较。(板书课题:100以内数的大小比较)

【环节点评:这一环节的学习,充分利用学生已有的知识经验,巩固已学旧知,为学习新知做好铺垫。教学开始,借助百数表让学生回顾已学过的100以内的数,通过教学,发现学生大都会利用数的组成、数的顺序等相关知识"重新认识"这些数,为今天比较两个数的大小做好了铺垫。通过设置两组动物喜欢的数,帮助动物们解决"这两个数,谁大谁小呢?"的问题,激发了学生的学习兴趣,引发了学生思考,从而引导学生运用已有知识解决问题。】

【技术/学科融合:采用多媒体课件形式呈现百数表,用不同的色条对位数不同的数进行区分,引发了学生思考,激发了学生的学习兴趣。】

二、自主探究,明确方法

(一)比较位数不同的两个数的大小

1. 动手操作,初步感知

提问:怎样比较26和8、95和100这两组数的大小呢?

师同时板书:26○8　95○100

提出要求:先独立思考,可以借助百数表、计数器、小棒等学具比较这两组数的大小,再和小组的同学交流想法。

学生汇报预设:

预设1:26大于8,我是这样想的,我借助百数表发现26在8的后面,因为百数表中的数是按照从小到大排列的,越往后数越大;同样的道理,100在95的后面,所以95小于100。

评价:借助百数表,根据数的前后顺序来进行比较,说理清晰,很不错。

预设2:我是根据数的组成来比较的,8是由8个一组成的,26里面有2个十和6个一,也就是有26个一,所以26大于8;95小于100,因为95里面有9个十和5个一,而100里面有10个十,9个十小于10个十。

评价:根据数的组成进行说理,也能比较出它们的大小,表达很完整。

预设3:我是利用计数器来比较的,你看8这个数,在个位上用8个珠子来表示,而26这个数,在十位上有2个珠子,个位上有6个珠子,所以26大于8;95这个数在十位上有9个珠子,个位上有5个珠子,100这个数在百位上有一个珠子,10个十是100,所以95小于100。

预设4:我是借助小棒来比较的,这是8根小棒,26是2捆还多了6根,一共有

26根,所以26大于8;95是9捆多了5根,100正好是10捆,所以95小于100。

评价:两位同学借助了学具来说理,直观形象,也顺利地比较出了它们的大小。

预设5:26大于8,因为8是一个一位数,26是一个两位数,通过百数表知道两位数在一位数的后面;95是一个两位数,100是一个三位数,100是百数表中的最后一个数,所以95小于100。

师小结:比较两个数的大小,借助百数表中数的排列顺序、计数器各数位上的珠子的颗数、小棒的捆数及根数、数的组成都能进行比较,同时能把怎样比较的方法说出来,这点特别重要。

2. 提炼归纳,小结方法

提问:刚才有同学提到,从位数的角度来比较两个数的大小,这个想法很不错,我们来看百数表,一位数有哪些数呢?两位数、三位数呢?

预设:1—9是一位数,10—99是两位数,100是三位数。

追问:8是一个一位数,26是一个两位数,根据我们刚才比较得出的结论——26大于8,我们是不是可以说两位数都大于一位数?那两位数和三位数的大小关系又是怎样的呢?

小组同学之间互相交流,师巡视。

预设1:从百数表中可以看出,两位数都在一位数的后面,就算是最大的一位数9也比最小的两位数10要小,所以两位数都大于一位数。

预设2:同样的道理,两位数都在三位数的前面,就算是最大的两位数99,也比最小的三位数100小,100大于99,所以三位数都要比两位数大。

引导:你还能举出像这样的例子吗?教师把学生的举例写出来,并进行验证。

师生共同小结:看来要比较位数不同的数,只要看位数的多少,位数越多的数,这个数就越大。

师板书:位数不同,比位数。

设疑:在百数表中,除了位数不同的数,还有哪种类型的数?

预设:位数相同的数。

(二)比较数位相同的两位数的大小

1. 比较十位不同的两位数的大小

①自主探究,说理比较

提问:当两个数位数相同时,又该怎样比较它们的大小关系呢?出示课件:

> 小组讨论:怎样比较42和37的大小?
>
> 42　○　37
>
> 提示:可以借助小棒、计数器、百数表、数轴等进行说理。

组织学生操作、比较、说理。

学生汇报预设:

预设1:我们是借助小棒来比较的,我们来看,42 是由 4 个十和 2 个一组成的,所以我摆了 4 捆小棒和 2 根小棒;37 是由 3 个十和 7 个一组成的,所以摆了 3 捆小棒和 7 根小棒。因为 4 个十比 3 个十多,所以 42 大于 37。

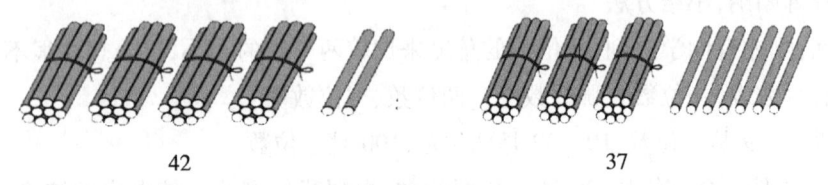

同时课件呈现小棒图,方便学生观察。

预设2:我是借助数轴来比较的,37 在 40 的前面 3 格的地方,而 42 在 40 的后面 2 格的地方,后面的数大于前面的数,所以 42 大于 37。

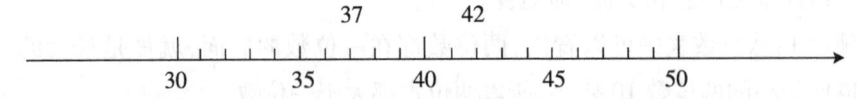

学生汇报,教师同步呈现课件。

追问:42 十位上的数字是 4,比 37 十位上的数字 3 要大,但是 42 个位上的数字 2 却比 37 个位上的数字 7 要小,为什么可以说 42 大于 37 呢?(引发学生思考。)

学生小组讨论并进行说理。

预设学生回答:42 比 37 十位上多 1 就是多了 10,而 37 比 42 个位上多了 5,42 还是比 37 多了 10 - 5 = 5,所以 42 大于 37。(师同步呈现小棒图,让学生借助小棒图说理,更加清晰。)

教师及时对学生进行表扬,不光会比较,还知道进一步思考其中的道理,有理有据,值得同学们学习。

②发现规律,总结方法

引导:举出几组十位不同的两位数的例子,教师进行板书,并请学生进行观察。

得出结论:对十位不同的两位数的大小进行比较,只要比较十位上的数字的大小。

师生总结归纳:十位不同的两位数,十位上的数字大的那个数就大,反之,十位上的数字小的那个数就小。师同时板书:位数相同,比十位。

2. 比较十位相同的两位数的大小

提问:两位数,除了十位上的数字不同的情况外,还有什么情况呢?(十位相同、个位不同的两位数。)

课件出示:23 和 25

提问:这两个数我们怎么比较大小呢?

预设1:十位上的数字相同,那么可以比较个位上的数字。

预设2:通过计数器拨珠,发现十位上的数字都是2,而23的个位是3,25的个位是5,3比5小,所以23<25。

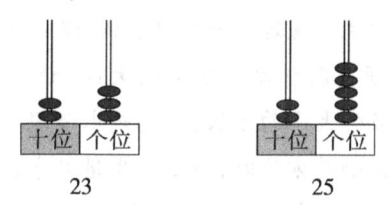

课件同步呈现计数器拨珠过程,引导学生十位相同时只需关注个位上的不同珠子数。

举例其他十位相同、个位不同的两位数,通过观察发现其中的大小关系,并总结比较方法。

小结方法:十位上的数字相同的两位数,只要比较个位上的数字,个位上的数字大的这个数就大。师同时板书:十位相同,比个位。

(三)回顾发现,提炼方法

回顾我们刚才学习的过程,我们先研究了位数不同的数的比较方法,接着又研究了位数相同的数的比较方法,一种情况是"十位不同"的两位数的大小比较,另一种情况是"十位相同,个位不同"的两位数的大小比较。

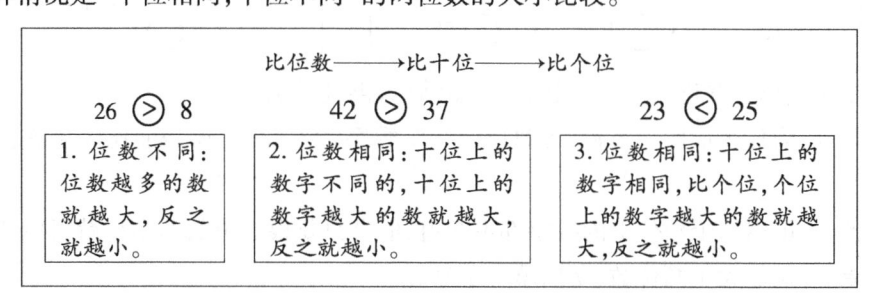

比位数 ——→ 比十位 ——→ 比个位		
26 > 8	42 > 37	23 < 25
1. 位数不同:位数越多的数就越大,反之就越小。	2. 位数相同:十位上的数字不同的,十位上的数字越大的数就越大,反之就越小。	3. 位数相同:十位上的数字相同,比个位,个位上的数字越大的数就越大,反之就越小。

33

总结方法：

1. 归纳小结100以内数的大小比较的方法。

先看位数，位数越多的数就越大；都是两位数时，先比十位上的数字，十位上的数字相同时，再比较个位上的数字。

2. 小结研究方法策略：借助百数表、小棒、计数器、数轴等进行操作、比较、说理。

迁移发展：其实100以内数的大小比较的方法，也适用于三位数和四位数、三位数和三位数之间数的大小比较，还有其他大数之间的大小比较。

【环节点评：本环节设置了3个活动，学生通过自主探究，小组之间的合作交流，最后寻求到了比较数的大小的一般方法。在此环节中，充分发挥了学生的主体作用，把课堂真正还给了学生。通过调研发现，100以内数的大小比较对学生们来说并不难，但是要进行说理。怎样比较它们的大小，让学生学会用语言来描述过程，从而提炼总结出比较数的大小的方法，这也是本节课的一个难点。为了解决这个难点，在自主探究比较大小的方法时，我让学生借助学具和对数的认识的相关知识经验来进行说理，学生能比较轻松地用语言描述，且说理清晰，这样既直观形象又便于学生理解，达到了良好的效果。】

【技术/学科融合：采用多媒体技术，让学生可以借助课件回顾整个学习的过程，层次清晰，便于学生梳理知识。】

三、拓展练习，深化提高

通过刚才的学习，我们一起研究了100以内数的大小比较的方法，现在来检测一下同学们的学习效果，请看。

课件呈现下面练习，学生独立完成，请学生汇报，并进行评价交流。

1. 看看谁比得又对又快。

37 ○ 70　　23 ○ 9　　67 ○ 58　　□□□ ○ □□

学生先思考并进行一一回答，先说出结果，再进行说理。

设疑：为什么最后一组数，各数位上一个数字也不知道，还是能比较出它们的大小呢？

预设：虽然每个数位上的数字都不知道，但是只要根据位数的多少就可以比较出结果，三位数大于两位数，所以填大于号。

说明：课件接着出示 □□ ○ □□，现在能比较它们的大小吗？（不能。)为什么?

追问:要比较它们的大小得需要知道什么呢?(十位上的数字。)这时课件呈现 5☐ ◯ 5☐,现在能比较出来吗?为什么?(还是不能。)请学生猜一猜这两个数的大小,最后课件呈现 54 ◯ 59,学生比较出结果。

2.按要求把各数填在横线上。

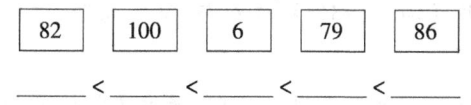

| 82 | 100 | 6 | 79 | 86 |

＿＿＿ < ＿＿＿ < ＿＿＿ < ＿＿＿ < ＿＿＿

说明:对一组数进行大小排序,学生需要注意审题,分清是从大到小还是从小到大比较。学生先独立完成,再汇报比较的顺序及方法,教师及时进行评价。在教学过程中,让一位学生上台边讲边移动卡片(教师课前做好了这些数的卡片)到合适的位置上。

3.抢数游戏。

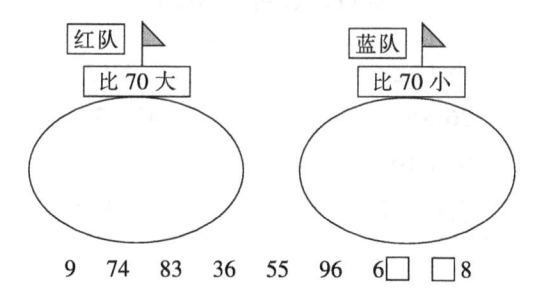

红队 比70大

蓝队 比70小

9　74　83　36　55　96　6☐　☐8

说明:女生是红队,男生是蓝队,依次用课件呈现下面的8个数,每出现一个数时,根据数的大小进行抢答。看看哪个队获胜。

追问:

(1)呈现数"6☐"时,提问:你能判断它属于哪一队中的数吗?为什么?

(2)呈现数"☐8"时,提问:你能判断它属于哪一队中的数吗?为什么?再用课件呈现出78,学生进行抢答。

(3)抽卡片,比大小。

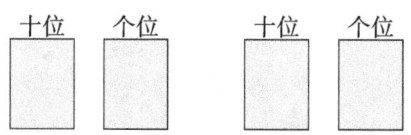

十位　个位　　十位　个位

第一轮:先抽个位上的数字,再抽十位上的数字,组成两位数,最后比较大小。

第二轮:抽数字卡片,自行决定放置数位,组成两位数,再比较大小。

说明:教师准备好2套数字卡片,用信封装好放在2个文件袋子中,各组各派一位学生上台来抽取数字,并和组员商议如何摆放,摆放好以后再比较两个数的大小,摆放的两位数大的就是获胜小组。(全班学生分成2组)

【环节点评】:学生经历不同层次的练习,在说一说、填一填、抢答和抽卡片活动中,经历了选择方法的过程,积累了经验,巩固了学习的新知识,深化了对这一知识的理解,从而能够熟练应用新知解决实际问题,提升了能力。另外,本环节还注重了知识性和趣味性,学生在抢答和抽卡片活动中,都能积极参与,氛围高涨,这样既巩固了新知,又培养了浓厚的学习兴趣。】

【技术/学科融合】:运用信息技术对所呈现的题目进行处理,通过不断地变换其中的数字,达到直观的效果,更便于理解;借助课件依次呈现数,增加了趣味性,让学生更乐于参与其中。】

【板书设计】

100 以内数的大小比较	
比位数	比十位
26 > 8	42 > 37
95 < 100	
位数不同	位数相同

【作业设计】

1. 巩固性作业:人教版课本第42页做一做第1、2题。

2. 应用性作业:生活中有很多数的大小比较的例子,比如年龄大小的问题,你可以收集自己家人的年龄,然后给它们排排序。请你用心观察,认真思考,做一个生活的有心人,找一找生活中数的大小比较的例子吧。

3. 实践性作业:四人为一小组合作,设计一个方案,如何比较组员跳绳的快慢,同时把跳绳的好方法分享给大家。(提示:可以记录每个组员一分钟跳绳的数量来进行比较。)

先"分"再"数" 助数感发展
——《分数的意义》

史翠翠　刘克群

【学习内容】

分数的意义(分数的再认识)。

【知识定位】

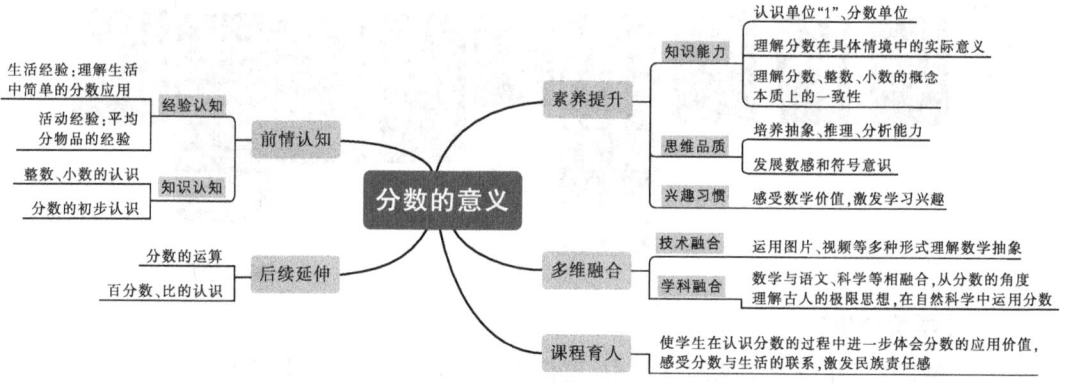

【设计理念】

《义务教育数学课程标准(2022年版)》明确指出,要让学生"初步体会数是对数量的抽象,感悟数的概念本质上的一致性,形成数感和符号意识"。这里所说的"一致性"主要有两层含义:一是分数与整数、小数一样,都是对数量进行抽象的结果;二是无论是整数、小数还是分数,都是若干个计数单位累加的结果。紧扣数是"先平均分——分出新的计数单位,再数出新的计数单位的个数"这一基本思路,强调两点:一是分数和整数具有内在的一致性,即它们都是数出来的;二是联结分数和整数概念的关键就是"1",因为分数的单位都是这个"1"分出来的。

【内容分析】

本课内容是现行人教版小学数学五年级下册第4单元《分数的意义和性质》第1课时,从整数到分数是数概念的一次扩展,也是学生在"数与代数"领域中对数的认识的一次质的飞跃。分数知识的学习有一定的困难,因此,人教版教材将分数的教学分为两个阶段:第一个阶段的教学主要侧重结合具体情境、借助动手操作直观

37

地从部分与整体的角度认识分数,初步理解几分之一、几分之几的分数的含义;第二个阶段的教学则在此基础上有所提升,从感性认识上升到理性认识,由理解分数的概念延伸到探索分数的基本性质,不断深化对分数的认识。由此可见,教材对分数内容的编排由浅入深、层层递进,充分遵循了学生的年龄特点和认知规律。

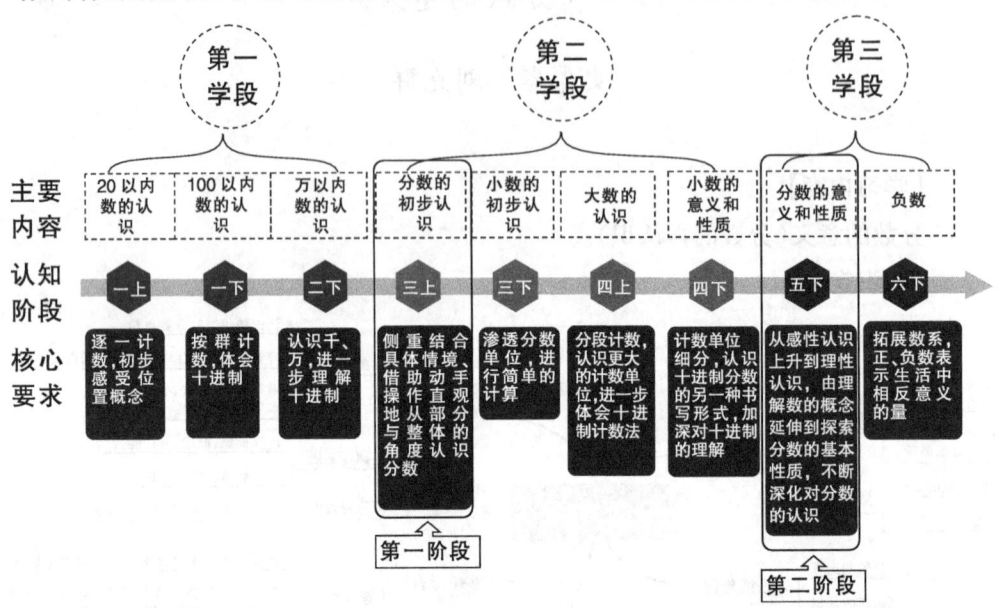

```
                    第一学段                     第二学段                          第三学段

主要内容:  20以内数的认识 | 100以内数的认识 | 万以内数的认识 | 分数的初步认识 | 小数的初步认识 | 大数的认识 | 小数的意义和性质 | 分数的意义和性质 | 负数

认知阶段:     一上          一下          二下          三上          三下         四上         四下            五下           六下

核心要求:  逐一计数,初步感受位置概念 | 按群计数,体会十进制 | 认识千、万,进一步理解十进制 | 侧重结合具体情境、借助动手操作直观地从部分与整体的角度认识分数 | 渗透分数单位,进行简单的计数 | 分段计数,认识更大的计数单位,进一步体会十进制计数法 | 计数单位细分,认识十进制分数的另一种书写形式,加深对十进制的理解 | 从感性认识上升到理性认识,由理解数的概念延伸到探索分数的基本性质,不断深化对分数的认识 | 拓展数系,正、负数表示生活中相反意义的量

                                            ↑                                                    ↑
                                          第一阶段                                              第二阶段
```

【学情分析】

学生在三年级上学期的学习中,已借助直观的图形初步认识了分数(一个物体或一个图形的几分之一、几分之几),在生活中也有相关经验。通过前测调研的方式了解学情,前测的内容包括两个方面:一是考查学生对已学过的知识"一个物体或一个图形的几分之一、几分之几"的掌握情况;二是考查学生对新知识"一些物体的几分之一、几分之几"的感知情况。通过对前测数据的统计分析可知,学生对"一个物体或一个图形的几分之一、几分之几"的含义是理解的,建立了较为清晰准确的表象。但用语言准确描述分数的含义对于大部分学生来说还有困难,即由形象的图形感知到抽象的语言表述,学生还需要经历一定的过程。对前测的分析让我们认识到,学生在学习本单元之前对分数意义的认知是内隐的、无意识的,可迁移的是对分数的直观感知。

问题一:下面各图中的涂色部分能用分数表示吗?如果能,请写出相应的分数。

前测目的:对分数的直观感知是否准确。

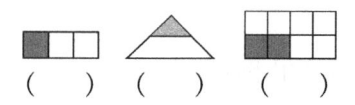

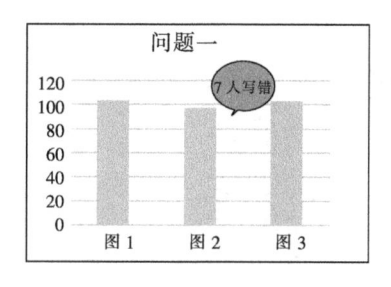

( ) ( ) ( )

问题二:下图中涂色部分可以用 $\frac{5}{6}$ 表示吗?说一说它表示的意思。

前测目的:是否能够清楚地用语言表达分数的含义?

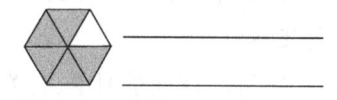

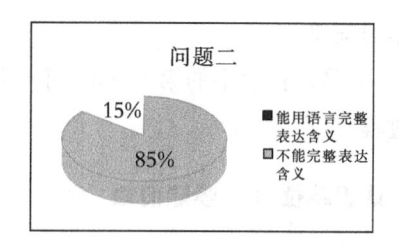

问题一

7人写错

问题二

15%
85%

能用语言完整表达含义
不能完整表达含义

【学习目标】

迁移目标:迁移整数、小数的计数单位,探究分数的计数单位,感悟不同数计数方式的一致性。

理解目标:经历用直观方式表示分数、抽象概括分数意义的过程,理解数的概念在本质上的一致性,积累数学活动经验,发展数感和符号意识。

知能目标:结合具体实例理解单位"1"和分数单位的含义,进一步理解分数的意义,会用分数描述一些生活现象,解决一些实际问题。

情感目标:在认识分数的过程中进一步体会分数的应用价值,感受分数与生活的联系,增强学好数学的自信心。

【学习重点】

理解分数的意义。

【认知难点】

理解单位"1"和分数单位的含义。

【方法与策略】

整体教学要求教师能整体把握教学内容,重视对教学内容的整体分析,了解数学知识的产生与来源、结构与关联、价值与意义,了解教学内容的安排意图。本节课教学的关键是引导学生抽象概括出单位"1"和分数单位这两个概念。学生理解了单位"1",便理解了分数的意义;理解了分数单位,便认识了分数是一个"数"的

39

本质。这是学生对概念的理解从感性认识到理性认识的逐步抽象过程。基于单位"1"和分数单位两个主要概念,本课设计了4条指向核心概念的主要路径:认识单位"1",唤醒旧知→丰富单位"1",再认分数→凸显一致性,先分再数→巩固拓展,渗透文化。教师通过整体设计、分步实施、任务驱动、问题引领,引导学生独立思考、自主探究、操作体验、合作交流。

【资源与工具】

资源:《一字诗》、课前学习单、有关近视的新闻资料、冰山图片。

工具:PPT课件、若干糖果。

【学习安排】

本课是单元教学中的第1课时,用1课时完成教学。

【过程实施】

一、认识单位"1",唤醒旧知

(一)认识单位"1"

课件配乐出示《一字诗》,教师朗读:一帆一桨一渔舟,一个渔翁一钓钩,一俯一仰一场笑,一江明月一江秋。引导学生发现:每句古诗里都有"1"。

提问:用"1"描述身边的事物,这些糖果能用"1"表示吗?可以怎么做呢?

预设:可以把这些糖果装在一个袋子里、可以抓成一把……请学生举例交流,生活中还有什么也可以看作一个整体。

小结:在数学中我们把这样的一个整体叫作单位"1"。

(二)复习旧知

课件出示一个月饼被分掉了一部分和古人结绳计数时多出的部分不足一段的图片。

提问:当不够单位"1"时可不可以用数来表示呢?明确:当不够单位"1"或几个单位"1"多一部分时可以用小数或分数来表示。

提问:我们在三年级初步认识了分数,谁能向大家介绍一下你所认识的分数?

全班交流发言,根据学生的发言帮助学生回顾有关分数的已有知识经验。

【环节点评:新知导入从一首古诗开始,直接从建构单位"1"的意义入手,由自然数 1 引入,继而过渡到可以表示一些物体组成的整体"1","1"的内涵获得了一次重要的拓展和提升,为接下来单位"1"概念的建立奠定重要的基础。这样的教学方法直击本课的教学难点单位"1"。通过关键问题"不够单位'1',可以用什么数表示?",唤醒学生的生活经验——分数是由于得不到整数而产生的,接着回顾和复习关于分数的已学知识,为新知探究提供知识生长点。】

二、丰富单位"1",再认分数

(一)初步感知分数的意义

出示学生课前自己表示的 $\frac{3}{4}$。

提问:课前,同学们用不同的方法表示出了 $\frac{3}{4}$。现在,带上单位"1"的新视角,再来看看你的作品,你把什么看作单位"1"?又是怎样表示出 $\frac{3}{4}$ 这个数的呢?

学生组内交流,随后全班汇报。学生代表性作品如下。

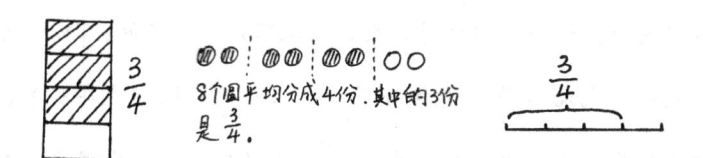

交流过程中,注意纠正错误的表示。

预设 1:我把一个长方形看作单位"1",把它平均分成 4 份,涂了其中的 3 份,就是 $\frac{3}{4}$。

预设 2:我把 8 个圆看作单位"1",把它平均分成 4 份,涂了其中的 3 份,就是 $\frac{3}{4}$。

预设 3:我把 1 条线段看作单位"1",把它平均分成 4 份,取其中的 3 份,就是 $\frac{3}{4}$。

提问:单位"1"各不相同,为什么都能用 $\frac{3}{4}$ 来表示?

学生独立思考,发现关联。因为它们都是把单位"1"平均分成 4 份,表示了其中的 3 份。

(二)创造不同的分数,深入研究

提问:除了 $\frac{3}{4}$,你还知道其他分数吗?创造一个你喜欢的分数,并用合适的方式表示出这个分数的意义,完成后与同桌交流。

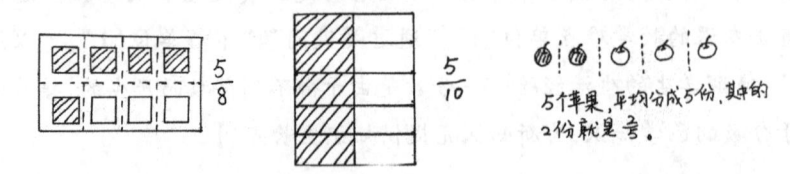

学生一一汇报介绍这些分数,教师同时板书。学生完成汇报之后,教师引导学生观察这些分数。

提问:你们创造了这么多的分数,哪位同学能概括说一说什么是分数?

学生回答后板书:把一个单位"1"平均分成若干份,这样的1份或几份都可以用分数来表示。

(三)寻找生活中的分数

活动要求:寻找生活中的一个分数,和同桌说一说这些分数的含义。

【环节点评:本环节注重落实数学抽象这一核心素养,让学生经历借助数学活动和生活经验进行数学抽象的过程和从特殊到一般的认识过程。分数概念的学习,是数量到数的抽象过程。学生对分数的认识不是零起点的,可以从已有经验出发,用自己喜欢的方式表示 $\frac{3}{4}$。借助不同素材表征 $\frac{3}{4}$ 时,学生在观察、比较、分析的过程中,自觉剥离出分数的非本质属性,在大量的实例当中发现平均分的对象都不一样,平均分的整体可以是一个物体、一些物体、一个计量单位,然后水到渠成地丰富单位"1"的概念。这样的活动设计,可以让学生体会到不同分数之间的结构性相似,帮助学生最终抽象出分数的意义。】

三、凸显一致性,先分再数

(一)迁移整数计数单位和小数计数单位,探究分数单位

在数轴上出示整数1、2、3……请学生回顾整数的计数单位有哪些?再把"1"平均分成10份,用小数表示,并回顾小数的计数单位有哪些?

交流讨论计数单位的作用,思考:分数有计数单位吗?如果有,你觉得分数的计数单位是什么呢?

预设1:分数也有计数单位,根据整数和小数的计数单位,猜测分数的计数单

位是$\frac{1}{10}$、$\frac{1}{100}$、$\frac{1}{1000}$……

预设2:我同意这位同学的想法,但是我还有一个疑问,整数和小数都可以看作由几个计数单位组成,但$\frac{3}{4}$这样的分数该怎么办呢?

(二)先分后数,理解分数单位。

提问:分数的计数单位到底是多少呢?

课件演示:把一个长方形看作单位"1"平均分成5份,涂色部分共占单位"1"的多少? 这个$\frac{3}{5}$和$\frac{1}{5}$到底有什么关系呢?

学生回答,明确:$\frac{3}{5}$可以看作3个$\frac{1}{5}$相加。

提问:是不是这样呢? 我们一起数一数。数了3个$\frac{1}{5}$。那$\frac{1}{5}$有什么作用呢? 别着急,再体会一下。(出示14个圆形,再深入体会)

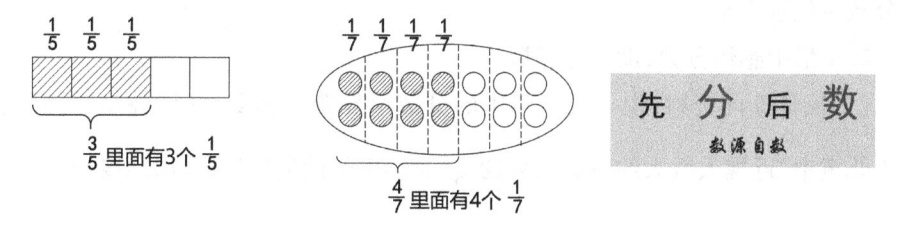

师小结:这样的几分之一就是分数的计数单位,叫作分数单位。分数分数,先分后数,我们先分一分,然后再用分数单位数一数,数着数着就把分数数出来了,数起源于数。跟整数和小数一样,分数也是数,是可以数出来的。

【环节点评:认识分数单位之前,先回顾整数和小数的计数单位,然后让学生联系分数的产生与意义;从"1"出发,建构不同的分数单位,使学生感悟整数、分数、小数这三种数的概念在本质上的一致性,培养学生的数感和符号意识,促进学生核心素养的形成和发展。】

(三)在数轴上表示分数单位

在数轴上你能找到分数单位$\frac{1}{4}$吗? 1个$\frac{1}{4}$是$\frac{1}{4}$,2个$\frac{1}{4}$是$\frac{2}{4}$,3个$\frac{1}{4}$是$\frac{3}{4}$,4个$\frac{1}{4}$就是1。还能再添一个$\frac{1}{4}$吗? 再添1个$\frac{1}{4}$是多少? 明确:再添一个就是5个$\frac{1}{4}$,也就是$\frac{5}{4}$,原来分子也可以比分母大。有了$\frac{1}{4}$这个分数单位我们就可以数出

所有的分母是 4 的分数。其他的分数单位呢?

学生汇报交流,得出结论:分母越大分数单位就越接近 0,所以没有最小的分数单位,最大的分数单位是 $\frac{1}{2}$。

【环节点评:本环节借助数轴这个载体,建构分数的数线模型。教师通过让学生在数轴上找 $\frac{1}{4}$、$\frac{2}{4}$……$\frac{5}{4}$ 等分数和分数单位,在渗透极限思想的同时,使学生直观地认识到分数和自然数一样,同样可以在数轴上找到相应的位置。将分数的集合模型上升到数线模型,在抽象层面上建构起分数的意义。】

四、巩固拓展,渗透文化

1.在应用中凸显分数单位。小扇形的面积是圆的 $\frac{1}{16}$,求涂色部分是圆的几分之几?学生独立完成,并交流汇报想法。得出结论:分数和整数、小数一样,也可以用分数单位数出来。

2.生活中感悟分数,助数感发展。

(1)阅读新闻资料,说一说材料中的分数给你哪些感受。(课件出示:我国青少年儿童中,近视人数大约占总人数的 $\frac{1}{2}$。学生阅读资料后,发出感慨。)

新闻资料:在人民网主办的"第三届国民视觉健康高峰论坛"上获悉,据国家卫健委最新数据,2020 年我国儿童和青少年近视人数约占总人数的 $\frac{1}{2}$。

幼儿园(数据仅覆盖大班)近视人数约占大班总人数的 $\frac{14}{100}$,小学阶段近视人数约占全国小学生总人数的 $\frac{35}{100}$,初中阶段近视人数约占全国初中生总人数的 $\frac{71}{100}$,而高中阶段近视人数约占全国高中生总人数的 $\frac{80}{100}$。

先出示我国儿童和青少年中近视人数大约占总人数的 $\frac{1}{2}$。学生看到数据后感到不可置信。

预设 1:我认为这个数据不准确,因为我们班近视人数只有 6 人,根本没有达到

总人数的 $\frac{1}{2}$。

预设2:我觉得是有可能的,我们班同学都有健康用眼的好习惯,所以近视人数少,但可能其他班或者其他学校的近视人数比较多。

教师出示不同学段近视人数占对应总人数的几分之几,请学生观察这些数据,说一说有什么发现。

预设3:我发现年龄越大近视的人数越多,初中和高中的近视人数都占总人数的大部分,现在我明白了为什么我们班近视人数少,但全国儿童和青少年近视人数约占总人数的 $\frac{1}{2}$ 了。

结论:看来爱护眼睛要从小开始,我们要争取等我们长大了,全国儿童和青少年近视人数占比越来越少。

(2)猜一猜冰山露出水面的部分占整座冰山的几分之几?你还能想到其他分数吗?

出示水下图片后,谈话交流:善于观察、善于联想,分数的确就在我们身边。除了冰能浮在水面上,还有什么东西也能浮在水面上?(学生:塑料、泡沫、木板。)

这些东西如果浮在水面上,露出水面的部分还会占整体的 $\frac{1}{10}$ 吗?如果不会,它们又分别占整体的几分之几呢?回去查查资料,甚至亲自动手做个小实验,相信你一定会有新发现。

(3)播放一段每个人都是不同分母的一个分数单位的介绍视频,升华情感。

结束语:作为一名中国人,虽然我们都是普通的 $\frac{1}{1400000000}$,只要我们精益求精地做好每一件小事,便能成就一个伟大的中国。

【环节点评:数是对数量的抽象,分数的认识教学离不开学生熟悉的情境。学生能体会到生活中常用数来表达和交流,感受到数学与生活的密切联系。《义务教育数学课程标准(2022年版)》在第一学段目标中提出:"对身边与数学有关的事物有好奇心,能参与数学学习活动。在他人帮助下,尝试克服困难,感受数学活动中的成功。了解数学可以描述生活中的一些现象,感受数学与生活有密切联系,感受数学美。"更多不同视角的现实情境,使学生感受到了数学表达的简洁和意义,体会分数的价值。】

【板书设计】

```
                    分数的意义
    把单位"1"平均分成若干份,这样的一份或几份都可以用分数来表示。
            ⊕ —— 一个物体
            ⊞ —— 一些物体  ←— 3/4 —→ 3个 1/4    分数单位
            3/4米 —— 一个计量单位
```

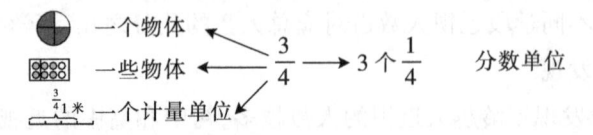

【作业设计】

实践性作业:数学实验。

数学实验名称:物体都像冰山一样漂浮吗?

为什么做这个实验:冰山漂浮在水中时露出部分约占整座冰山的 $\frac{1}{6}$,那其他材料的物体浮在水面上时,露出水面的部分分别占整体的几分之几呢?

准备材料:塑料、泡沫、木板、刻度尺、木盆、水。

科学思考:物体露出水面的部分分别占整体的多少?与物体的什么有关?

【学习评价】

学习目标	评价任务	评价方法	评价标准
理解单位"1"和分数单位的含义,理解分数的意义。	寻找并记录生活中的分数,并说出这个分数表示什么,以什么为单位"1"。分数单位是多少,有几个这样的分数单位。	自我评价	优秀:★★★ 良好:★★ 加油:★
会用分数描述一些生活现象,解决一些实际问题。	用分数表示一些生活现象。	学生互评	优秀:★★★ 良好:★★ 加油:★
感悟数的概念本质上的一致性,发展数感和符号意识。	观察分数墙,回答分数墙中有哪些分数单位、能数出哪些分数等相关问题,并尝试用数轴的方式改造分数墙。	教师评价	优秀:★★★ 良好:★★ 加油:★

"悦"读数学绘本　经历乘法形成
——《乘法的初步认识》

刘　莎

【学习内容】

乘法的初步认识。

【知识定位】

《义务教育数学课程标准(2022年版)》指出,小学阶段要"感悟数的运算以及运算之间的关系,体会数的运算本质上的一致性"。减法、乘法、除法运算都可追根溯源到加法,而加法运算可追根溯源到数数。数数是学习乘法意义的起点,本节课让学生经历数数的过程,认识到乘法与加法是同构的。教学时让学生结合图式、相同加数连加算式等进行群数,表示出数的结果"几个几相加",并在此基础上凸显用乘法表示的必要性。教师通过"多个相同加数相加"、"另一种简便相加"和"加法变乘法"这三个环节,让学生经历乘法的形成过程,并对乘法的认识从一般含义延伸到特殊含义,以完善对乘法的认识,让学生在充分的加与乘运算经历中,体会加法与乘法意义的一致性,领悟运算与数数的一致性。

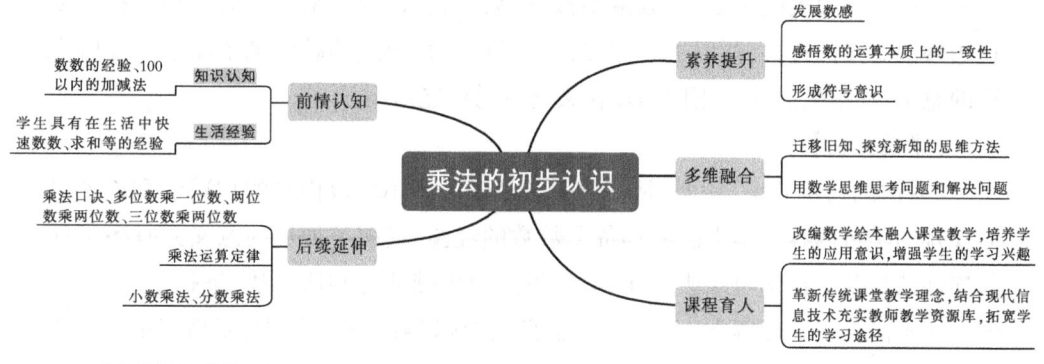

【设计理念】

在传统教育向新型教育转型的过程中,绘本教学是一种有效的实践和大胆的探索,其中数学绘本蕴含着具有吸引力和感染力的趣味故事,在新颖的色彩和生动的画面背后,隐藏着丰富的数学知识和数学思想。本课程把数学绘本与现代信息技术相结合,将本来充满趣味的绘本故事制作成动画的形式融入课堂教学,不仅提高了学生学习的积极性,还提高了教师的教学效率。

【内容分析】

通过研读人教版教学用书的教材编排特点,可以明确编者对"乘法的初步认识"一课的编写意图是要突出乘法意义的本质。一是把数数活动作为本节课知识的生长点,唤醒几个几个地数的活动经验;二是通过具体的情境列出相同加数连加的算式,进而介绍乘法的运算,感受乘法运算的简洁性,并初步体会乘法运算的意义;三是通过抽象概括地用"几个几"的方式表达同数连加的算式,构架加法算式与乘法算式之间的桥梁,帮助学生体会数数经验—加法运算—乘法运算之间的一致性,深度理解乘法算式的意义。

通过对比三个版本的教材,可以发现苏教版和人教版相似度比较高。北师大版有独创的地方,特别之处在于:①它不急于揭示乘法这个概念,而是花更多的时间(一节课)让学生反复在观察、操作的过程当中去深入地体会几个相同的加数相加的活动经验。当这样的活动经验积累到一定程度时,第二堂课让学生自然引出,像这样相同加数的加法也可以用乘法来表示。②点子图很好地帮助学生从不同的角度理解同样的乘法算式所表示的不同含义,数形结合的数学方法和思想在这个过程当中得到了很好的体现。

纵向梳理人教版教材,"乘法的初步认识"一课作为乘法的起始课,对学生理解乘法算理具有开启的意义和迁移的作用,乘法的意义在四则运算中起着承上启下的作用,它承接着学生之前所学习的"加法",也为后续的"除法"学习做铺垫。学生在后续学习表内乘法、整数乘整数、小数乘整数、分数乘整数的算理时都需要运用乘法意义的迁移,所以本节课教师要采用多种形式的教学来帮助学生理解乘法的意义,让学生能够真正做到知含义、会计算、能运用。

【学情分析】

"乘法的初步认识"一课,是在学生已经学习了100以内数的加减法和连加之后安排的学习内容。学生已经具备了数数的经验,理解了加法的意义并具备了同数连加的经验。在学习乘法之前,学生虽然会机械地背乘法口诀,进行乘法计算,但是并不能真正地理解乘法的含义。因此,在认识乘法的教学中,要高度重视乘法算理的教学,让学生"知其然,知其所以然",为后续的数学学习奠定基础。

【学习目标】

1. 在具体的情境中理解乘法运算的意义,认识乘号,会读、会写乘法算式。

2. 能够理解求几个相同加数的和与乘法的关系,感受用乘法表示同数连加的简洁性。

3.能够通过听、看、想、说等学习活动,培养善于倾听、乐于表达的数学学习习惯,提升数学学习力,体会数学来源于生活、用于生活,发展数感。

【学习重点】

初步理解乘法的含义,能把相同加数连加改写成乘法算式。

【认知难点】

能够理解乘法的意义以及乘法与加法的关系,知道乘法中每个数所代表的含义。

【方法与策略】

本课的特点是将数学绘本《买卖国的乘法队长》作为教学素材引入课堂当中,基于学习目标、学习任务和学生的已有经验以及知识的延伸对绘本进行改编,兼顾了教学任务和绘本的趣味性。本节课在教学活动中尊重学生的已有经验,把学生的已有经验作为本节课知识的生长点,在具体情境中使学生感受到加法、乘法运算与数数的一致性,帮助学生感悟数的运算本质是同构的,同时培养学生的符号意识,发展数感。本节课教师通过整体设计、分步实施、任务驱动、引发思考,引导学生独立思考、直观想象、操作体验、合作探究。

【资源与工具】

资源:数学绘本。

工具:课件、圆片、三角形学具。

【学习安排】

本课是单元教学中的第1课时,用1课时完成教学。

【过程实施】

一、绘本趣事,唤醒经验

课件播放绘本故事:

在遥远的大海的另一边,有一个买卖国。在那里,港口上装载着货物的船来来往往,街道里堆满了各种各样的商品,商贩们叫卖的声音此起彼伏。还有一个任你走到哪都能看到的景象,绝对让你大吃一惊。那就是满大街的人都在数数！只有数数,才能知道买了多少卖了多少,不是吗？可是,每天要数的东西堆得像小山一样高呢。人们每天都忙着掰着手指头数数,从太阳升起数到月亮落下。不仅仅是买卖国的百姓,皇帝和大臣们也忙着数数。"要是所有的人整天都忙着数数的话,早晚会出乱子的。"皇帝琢磨着有没有好的办法。

提问:买卖国的人们现在面临怎样的困境？

生:买卖国的人们都是一个一个数数的,这样很麻烦,而且会浪费大量的时间。

追问:那你能想出办法解决买卖国数数的困难吗？

生1:数数不一定要一个一个地数,还可以2个2个数、5个5个数……

生2:如果数量比较多的话,还可以10个10个地数……

播放第二段绘本故事(皇帝的办法):

"现在开始,所有的东西不要一个一个卖了。把两个、三个、四个,或者更多捆在一起卖!"皇帝下达了把东西捆在一起来卖的命令。于是人们就把九个鸭蛋放成一盒,两个西瓜装成一袋,五条秋刀鱼穿成一串来卖。

师小结:同学们,你们真了不起,皇帝也是这样想的。我们在一年级的时候已经学会了数数的方法,2个、5个、10个地数能大大提高数数的效率。

【环节点评:教学伊始,通过富有趣味的绘本故事,激发学生学习数学的兴趣。创设"买卖国人们的生活困境"这一情境,引发学生思考并帮助学生唤醒数数的经验。数数是学生学习乘法意义的起点,加法运算追根溯源就是数数,让学生经历数数的过程,认识到乘法与加法是同构的,感受数数与加法的一致性。同时,数数又是培养数感的有效方式,还可以发展学生的数学抽象与数学推理能力。】

【技术/学科融合:"乘法的初步认识"一课中,教材以游乐园为主题向学生展示了同数连加的生活情境,主题图很直观,但是趣味性不够,延展性不强。本节课把数学绘本应用到课堂教学中来,丰富了学生对数学的感知,让数学变得更有魅力!】

二、续读绘本,初识乘法

(一)感受数数与加法的一致性

师:买卖国的人们用了皇帝的方法后发现果然方便多了,可是记账的时候老板娘犯难了,高帽子客人买了多少个西瓜?你发现了哪些数学信息?你能用学过的数学知识解决问题吗?

生:一袋有 2 个西瓜,有 3 袋,可以用算式 2+2+2=6(个)来计算。

提问:你能帮助香蕉商贩整理账本吗?

生:一捆香蕉有 4 根,买了 5 捆,可以用 4+4+4+4+4=20(根)来计算。

追问:这两个加法算式有什么相同的地方吗?

生:都是相同加数连加,"2+2+2"中是 3 个 2 相加,"4+4+4+4+4"中是 5 个 4 相加。

师小结:这两个算式中的加数都是相同的,都是求几个几的和是多少。

师:生活中还有哪些问题也可以用相同加数连加来解决?

生1:一盒鸭蛋有 9 个,4 盒鸭蛋可以用 9+9+9+9=36(个)来计算。

生2:一组有 6 个同学,7 组同学可以用 6+6+6+6+6+6+6=42(人)来计算。

师提问:秋刀鱼商贩也想让同学们帮忙整理账本,他把 5 条穿成一串卖,卖 8 串有多少条秋刀鱼?卖 10 串呢?你能用连加算式表示吗?写出连加算式后,你有什么感觉?

生:写起来太多了,需要很多时间才能写完,写的时候要非常细心,不然容易漏掉一个加数,计算的时候还要再数一遍。

(二)发现简便的"另一种加法"

师:能不能找到简单一点的表示方法?一袋有 2 个西瓜,有 3 袋,除了用算式 2+2+2 表示,还可以怎样表示?

小组合作:现在一个圆片表示一个西瓜,拿出圆片来摆一摆,你有几种摆法？说一说你有什么发现。

生1:我是横着摆的,先摆两个,接着摆两个,再摆两个,就是3个2。

生2:我是竖着摆的,先摆两个,在两个圆下面再摆两个,接着又摆两个。

师引导:两个同学的画法不一样,但都能表示3个2。再看一看第2位同学摆的,你还有什么发现？

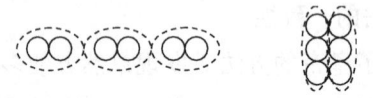

生:横着看是3个2(课件演示:两个圈一圈),竖着看是2个3(课件演示:三个圈一圈)。

师:也就是说,2+2+2也可以写成——(学生回答:3+3)按照这样的思路,主题图中的一捆香蕉有4个,买了5捆,也可以写成什么算式？学生用三角形摆一摆并写一写。

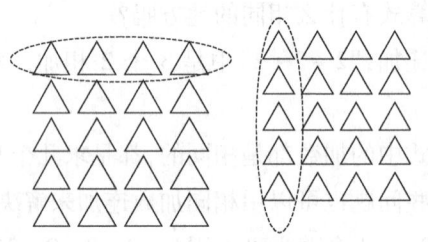

生:(出示图片)用1个三角形表示一根香蕉,5个4可以这样摆。横着看是5个4,算式4+4+4+4+4=20(根)。竖着看是4个5,算式是5+5+5+5=20(根)。

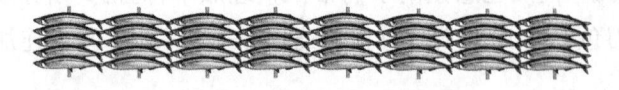

师引导:8串秋刀鱼可以怎样列式？怎么列式更简单？

生:可以竖着看,用8个5相加:5+5+5+5+5+5+5+5=40(条)。也可以横着看,用5个8相加:8+8+8+8+8=40(条)。

追问:你觉得10个8连加的算式怎么写更简单？

【环节点评】:想让学生直接从"若干个相同数连加"顿悟出"乘法"难度很大,因此我们需要对加法进行"改造",进一步简化。先引导学生发现加法算式也能进行简化,再过渡到乘法是加法的简便运算这一数学概念,让学生充分体会数学中"求简"的数学思维。通过引导学生将"3个2"相加改写成"2个3相加",将"5个4相加"改写成"4个5相加",将"10个8相加"改写成"8个10相加"等,可以考查学生灵活转化的能力,为学生之后理解乘法算式中每个乘数的意义做好铺垫。】

(三)将乘法纳入相同加数连加的框架

买卖国的人们说,好像是简单了一些,但是有没有更加简便的方法呢?

这时迎面走来了一位乘法队长,乘法队长说:"哎,像这样重复地相加相同的数,有一种简单的记法。只要写下一袋西瓜里含有的数量和它的袋数,中间再用'×'这个符号来记。2个西瓜一袋,一共有3袋,那就写作2×3=6(个),读作2乘3等于6。"

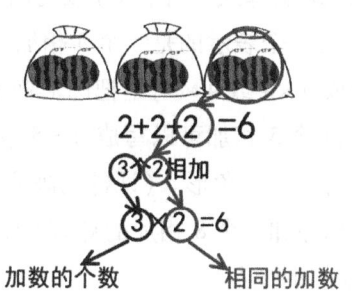

提问:"2×3=6",这里的2表示什么?加法算式里没有3,乘法算式里的"3"从哪里来的?又表示什么呢?

生1:2表示一袋里有两个西瓜,3表示有3袋西瓜。

生2:2表示的是一袋里有两个西瓜,也就是加法算式里相同的加数;3表示的是有3袋西瓜,也就是有3个相同的加数2。

师小结:像"2+2+2=6"这样加数相同的加法算式,除了可以用加法计算,还可以用乘法"3×2"计算,它们表达的含义都是3个2相加,而且用乘法计算更加简便。

引导:"2+2+2"既可以写成"3×2",也可以写成"2×3",虽然乘法算式不同,但都表示"3个2相加"。那"3+3"可以写成怎样的乘法算式呢?这里的3和2又指什么呢?

师小结:不管是"2+2+2"还是"3+3"都可以用乘法"2×3"或者"3×2"来表示,虽然算式是同一个,但是它们表示的含义不一样。

(四)认识乘法算式以及各部分的名称

师引导:上面算式"2×3=6"和"3×2=6"中的"×"叫作乘号,乘号先写"/",

再写"\"。乘号"×"是 300 多年前英国数学家奥特雷德最早使用的,观察一下乘号跟加号,它们之间有什么联系吗?

生:把加号斜过来一点就是乘号。

师引导:因为乘法是加法的简便计算,乘法和加法之间存在着紧密的联系,所以数学家把加号"+"斜过来写,用"×"表示乘号。书写乘号"×"时注意不要写成加号"+"。

教师介绍乘法算式的读写以及乘法算式各部分的名称。

师:(出示 5 个 4 相加和 4 个 5 相加的算式以及图形)怎么把它们变得更简单一些呢?两个算式中出现的 4 和 5 又分别代表什么?

生:5 个 4 相加可以写成 5×4 或 4×5,4 个 5 相加也可以写成 4×5 或 5×4。虽然两个加法算式改写成的乘法算式一样,但在改写时,乘数表达的意思不一样,一个表示的是 5 个 4 相加,另一个表示的是 4 个 5 相加。

生:5 个 4 相加可以写成 5×4 或 4×5,是把图形横着看:4 是指一行有 4 个三角形,5 是指有 5 行三角形;4 个 5 相加可以写成 4×5 或 5×4,是把图形竖着看:5 指一列有 5 个三角形,4 指有 4 列三角形。(课件动画演示)

师追问:(出示 8 个 5 相加和 5 个 8 相加的算式)怎么把它们变得更简单一些呢?10 个 8 相加和 8 个 10 相加呢?

师小结:像上面这些式子都是求几个相同加数的和,用乘法计算比较简便,乘法就是加法的简便运算。

(五)制造冲突,强化认知

1+2+3+4

师:我这里有一个加法算式"1+2+3+4",你们能帮我写成乘法算式吗?

生:不行,因为这个算式中每个加数都是不同的,只有相同加数连加才能写成乘法算式。

追问:那你们有什么办法能让它变成相同加数连加的算式吗?

小组合作:一个瓶子用一个圆片代替,通过"移一移""摆一摆""写一写",再和小组成员相互说一说你的想法。

生 1:5+5　5×2

生 2:2+2+2+2　2×5

师小结：原来有些加法算式虽然不是同数连加，但是通过移多补少也可以写成乘法算式。（课件动画演示）

（六）介绍九九乘法表，铺垫教学

视频播放绘本：买卖国的人们听了乘法队长的方法太开心了，乘法的确比加法要便利很多，以后就能省下更多的时间来干活儿了。可是，这时秋刀鱼商贩有个疑问：2乘3或者3乘2我还能通过加法计算知道等于6，像其他的乘法，我虽然知道是乘法算式，但是要怎么样才能知道它们的答案是多少呢？

生：可以背诵九九乘法表。

师：九九乘法表是我们下节课的内容，我们一起来期待下节课的学习吧。

【环节点评："乘法的初步认识"作为一节概念课，必须让学生明确乘法算式中每个数所表示的含义，理解一个加法算式表示一种数法却可以写成两种乘法算式，反过来一个乘法算式对应两个加法算式，即两种数法（加数与加数的个数相同的情况除外）。例如，数2个3相加，可以写成2×3，也可以写成3×2，两个乘法算式虽然不同，但是2指的都是"相同加数的个数"，3指的都是"相同的加数都是3"。再如，"2×3"既可以表示2个3相加，也可以表示3个2相加，数法不同，但算式是同一个。本环节教学十分缓慢、细致，目的就是让学生在表达与观察的过程中，理解一个加法算式可以写成两个乘法算式，一个乘法算式对应两个加法算式。整个环节中学生通过多说、多练，真正把乘法纳入相同数连加的框架，从而真正理解"乘法是加法的简便计算"。将乘法纳入加法的框架后，用"1+2+3+4"这样一道题制造认知冲突，让学生对乘法模型的认识越来越清晰，对乘法意义的理解也越来越深刻。】

三、分层练习，巩固新知

1. 先用小棒摆一摆，再填写加法算式。

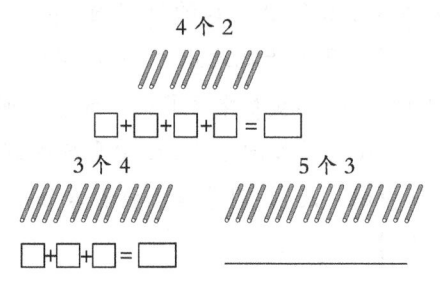

4个2

□+□+□+□=□

3个4   5个3

□+□+□=□   _____

2.

     （ ）个（ ）

  加法算式：_____

  乘法算式：_____ 或 _____

3. 先按照要求画 ●，再写算式。

     每组画 2 个，画 3 组。

  加法算式：_____

  乘法算式：_____ 或 _____

4. 师：《三字经》会背吗？每句有几个字？

生：3 个字。人之初，性本善。性相近，习相远……（课件出示）

师：这里的省略号是什么意思？

生：(学生猜测)还有很多句。

追问：6 句一共有多少个字？你会怎么列式？

生：6×3 或 3×6。

师：如果这里总共有 100 句，那么 100×3，你会计算吗？

生："100×3"表示 100 个 3 相加，不好算，但是我们可以用 100 来数，数出 3 个 100 相加，所以一共是 300 个字。

【环节点评：学生经历"多个相同加数相加"、"另一种简便相加"和"加法变乘法"的探索过程，将乘法纳入了相同数连加的框架内，初步理解了"乘法是加法的简便计算"的含义，但我们的教学不能就此止步，所以课堂练习中让乘法再次退回到加法中去，帮助学生巩固新知，感受数学运算的一致性。通过利用学生非常熟悉的《三字经》，将语文学科融入数学教学中来，让学生感受到中华文化之美的同时也体会到数学知识在生活中的广泛性，引导学生将数学知识应用到生活实践当中，培养学生解决问题的能力。】

四、归纳总结,拓展延学

师:这节课,我们经历了什么?你有什么收获?

乘法在我们的生活中随处可见,你还在哪里见到过乘法算式?我们只要善于观察,做一个生活中的有心人,就会发现生活中处处都是数学知识。

【环节点评:数学来源于生活,又应用于生活。用课堂练习巩固基础知识以后,教学并不是止步了,我们更需要做的是打通学知识和用知识之间的壁垒,让学生学会学以致用。所以设计一道贴近学生生活的拓展延伸题就非常有必要,能大大提高学生的学习热情,拓宽学生的数学眼界,真正地让学生走出课本,通过生活情境加深对数学知识的理解,体会数学知识的应用价值。】

【板书设计】

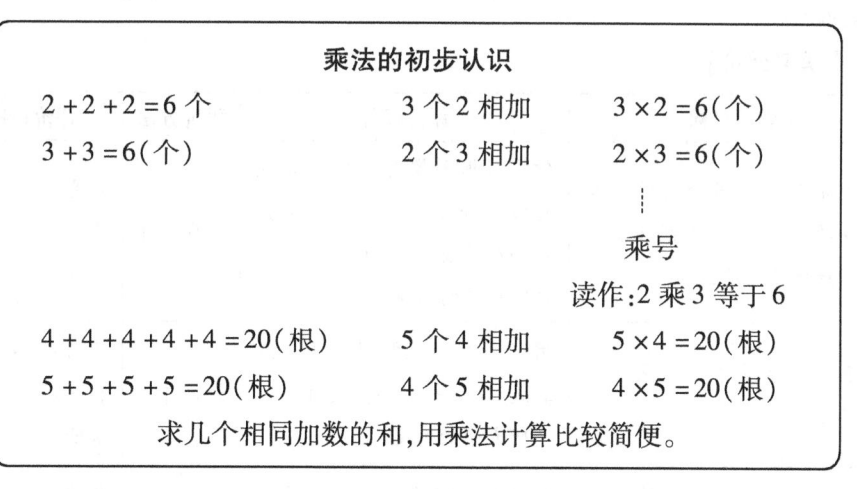

```
              乘法的初步认识
    2+2+2=6个          3个2相加        3×2=6(个)
    3+3=6(个)          2个3相加        2×3=6(个)
                                            ⋮
                                          乘号
                                     读作:2乘3等于6
    4+4+4+4+4=20(根)   5个4相加       5×4=20(根)
    5+5+5+5=20(根)     4个5相加       4×5=20(根)
    求几个相同加数的和,用乘法计算比较简便。
```

【作业设计】

1.巩固性作业

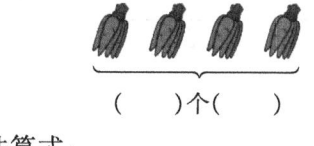

(　　)个(　　)　　　　　　　　(　　)个(　　)

加法算式:_____　　加法算式:_____

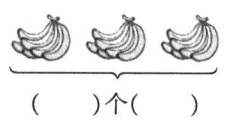

乘法算式:_____或_____　乘法算式:_____或_____

2. 应用性作业

把 12 个○分成几个几相加的形式，并画下来，再根据所画的列出加法算式和乘法算式。

加法算式：_____

乘法算式：_____ 或 _____

（　　）个（　　）

3. 实践性作业

你在生活中还见过哪些地方有乘法算式？你能说一说这个乘法算式所表示的意义吗？

【学习评价】

学习目标	评价任务	评价方法	评价标准
理解求几个相同加数的和与乘法的关系，感受用乘法表示同数连加的简洁性。	你能根据图像写出加法算式再由加法算式转化成乘法算式吗？并说一说这两个算式之间存在的联系。	学生互评	优秀：★★★ 良好：★★ 加油：★
在具体的情境中理解乘法运算的意义。	用圆片画一幅图，并列出乘法算式，再说出乘法算式每个乘数所表示的意义。	教师评价	优秀：★★★ 良好：★★ 加油：★
通过听、看、想、说等学习活动，体会数学来源于生活、用于生活，发展数感。	你在生活中见到过乘法算式吗？结合生活情境说一说这个算式的含义吧。	学生自评	优秀：★★★ 良好：★★ 加油：★

结构关联　渗透运算一致
——《两位数乘两位数(笔算乘法)》

史翠翠　刘克群

【学习内容】

两位数乘两位数笔算乘法,乘法运算一致性。

【知识定位】

运算教学是小学数学教学中的主要内容,它贯穿小学数学学习的每一个阶段。运算能力是学生核心素养的主要表现之一。本单元属于数学小学阶段"数与运算"领域,《义务教育数学课程标准(2022年版)》提出:"感悟数的运算以及运算之间的关系,体会数的运算本质上的一致性。"纵观小学阶段所有乘法运算的思维结构,无论乘数的数域如何扩展其实都是在探讨一个问题,即如何确定计数单位和计数单位的个数,这也是乘法运算一致性的根本所在,体现运算本质的一致性。本单元的核心价值是通过算理、算法发展学生的运算能力和推理意识,学生在探索算法的过程中可以凭借经验和直觉,通过类比推理的方式把新知识转化为旧知识。

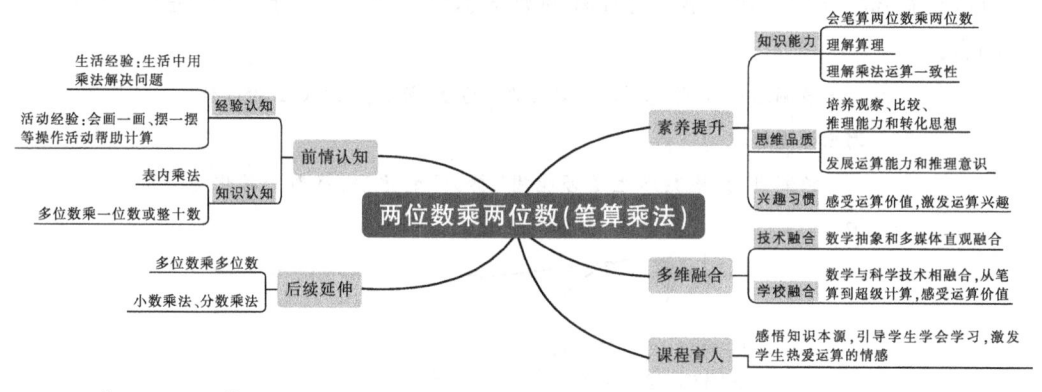

【设计理念】

本节课是小学阶段整数乘法系列中的一节关键课,在此之前学生已经有了表内乘法、多位数乘一位数的学习经验,这节课的教学应该怎么教?除了计算还可以带给孩子们一些什么呢?课程标准指导我们在算理和算法之外还要培养学生的高阶思维,用数学的思维来思考问题,在这节课中高阶思维就是让他们学会自主迁移的学习方法,感悟知识之间的联系,体现运算的一致性。本节课的两个核心路径是:通过自主迁移,理解算理、归纳算法,发展迁移能力;通过感悟联系,建构知识体系,将知识结构化。结合这一节课是整数乘法系列的关键课,后面承接着多位数乘多位数的学习,它应该起着衔接整个乘法运算知识体系的关键作用。

【内容分析】

教材首先创设情境呈现实际问题,由学生列出算式,并想办法算出结果,旨在培养解决问题的探索精神和推理意识,体会将新知识转化为旧知识的思想方法,理解两位数乘两位数的基本算理,也为竖式计算积累感性认识。然后启发学生联系例题中的具体数量关系,结合算理中的分步计算方法,有序思考,建构竖式计算的过程和方法。在此基础上,探究竖式的一般写法,通过省略第二步乘得的得数个位上的"0",让学生体会竖式的结构和计算方法。教材结合实际情境,引导学生进行直观、可视化的算法探索,帮助学生将未知转化为已知,并注意沟通横式推算过程与竖式记录方法的关联,为学生理解算理、掌握算法提供了典型的学习材料。

【学情分析】

《两位数乘两位数(笔算乘法)》在整数乘法系列内容中起着承上启下的作用,是学生学习多位数乘法的关键课时。学生在此之前已经学习过表内乘法、两位数乘一位数、三位数乘一位数、两位数乘整十数(口算),具备了学习本节课内容的基础。前期调研结果显示,学生对"拆分"的原理已经有了较好的理解,能够运用此方法将新知转化成旧知。学生可迁移的数学思想方法有"拆分"的方法和"转化"的意识。

前测题目:用你想到的或者喜欢的方法,计算出 14×12 的得数,写出必要过程。

前测目的:检测学生是否能用"拆分"的方法,将新知转化为旧知。

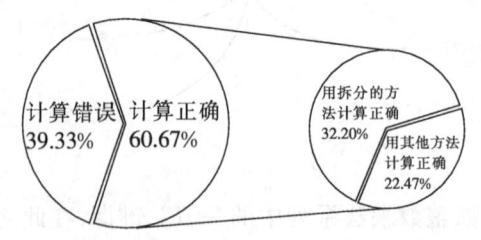

计算错误 39.33%　计算正确 60.67%　用拆分的方法计算正确 32.20%　用其他方法计算正确 22.47%

【学习目标】

迁移目标:在多位数乘一位数的乘法基础上探索两位数乘两位数,能运用转化思想,渗透分与合的思想意识,体会计算的一致性。

结构关联 渗透运算一致
——《两位数乘两位数(笔算乘法)》

理解目标:理解两位数的结构以及乘法算式的意义;有自己的计算方法并说明理由;理解不同的方法,并且能够比较不同的方法;在表征、比较的基础上理解算理、提炼算法。

知能目标:感受情境意义、计算过程与竖式记录的关联,知道竖式中每一步的意思,建立算法模型,发展运算能力和推理意识。

情感目标:感悟知识的本源,通过运算价值的感受和体验,引导学生学会学习,激发学生热爱运算的情感,在心里种下学好数学的种子。

【学习重点】

1. 增进对两位数乘两位数计算中相同计数单位累加的理解和体验。
2. 能在表征、比较的基础上理解算理、提炼算法,建立竖式算法模型。

【认知难点】

打通知识壁垒,体会乘法计算之间的联系,感受计算的一致性。

【方法与策略】

整体教学要求教师能整体把握教学内容,重视对教学内容的整体分析,了解数学知识的产生与来源、结构与关联、价值与意义,了解教学内容的安排意图。本节课的两个核心目标:探索两位数乘两位数的计算方法,理解算理;掌握两位数乘两位数的竖式计算方法,并能正确地进行计算。教师通过整体设计、分步实施、任务驱动、问题引领,引导学生独立思考、自主探究、操作体验、合作交流。

【资源与工具】

资源:真实的情境、自制介绍运算发展的教学视频等。

工具:PPT课件、点子图、方格图等。

【学习安排】

本课是单元教学中的第2课时,用1课时完成教学。

【过程实施】

一、链接旧知,激活经验

提问:看到"两位数乘两位数"这个课题你想到了哪些以前学过的知识?

学生交流汇报后,课件呈现如下图所示的多位数乘一位数,让学生尝试计算,并说明算理和算法。

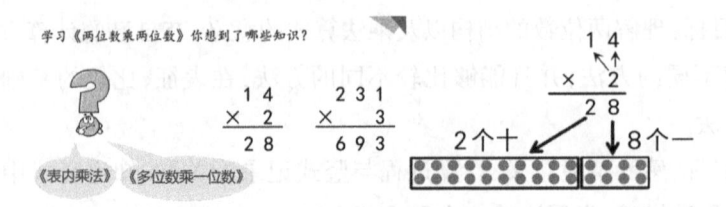

学习《两位数乘两位数》你想到了哪些知识?

$$\begin{array}{r}14\\\times\ 2\\\hline 28\end{array}$$ $$\begin{array}{r}231\\\times\ \ 3\\\hline 693\end{array}$$ $$\begin{array}{r}1\ 4\\\times\ \ 2\\\hline 2\ 8\end{array}$$

2个十　　8个一

《表内乘法》　《多位数乘一位数》

小结：这是我们以前学习过的两位数乘一位数。这个知识和今天的学习有怎样的联系？带着这样的思考我们开始本节课的学习吧！

【环节点评：上课开始通过开放式问题——看到课题你想到了哪些知识，激发学生从头脑的知识库里自觉筛选和调取学习本节课内容所需的前情经验。随后让学生回顾利用点子图进行拆分和口算的经历，唤醒学生关于两位数乘一位数的算理和算法的已有认知，并在交流中渗透"先分后合"的计算思路，懂得"个位与十位相乘得到几个十"，为新知学习打好基础。】

【技术/学科融合：通过信息技术引导学生回顾所学知识，为新知内容做铺垫。】

二、自主探究，理解算理

（一）提出问题

巧设情境引入新问题：大课间时同学们在操场上表演篮球操，每行14人，有12行。参加篮球操表演的共有多少人？

学生列出算式，并说说这个算式的实际意义。

（二）尝试计算

课件出示下面的"学习单"，让学生独立探索算法，并在小组内交流。

■自主探究

学 习 单

(1)想一想：结合以前学过的知识思考怎样计算。
(2)圈一圈：把自己的想法在点子图上表示出来。
(3)写一写：用算式记录自己的思考过程。

14×12=

交流汇报，展示学生可能出现的方法，并让学生借助点子图加以说明。

预设1：我把12行平均分成2份，每份6行，算式是：$14\times6=84$，$84\times2=168$。

预设2：我把12行平均分成了4份，每份3行，先算$12\times3=36$，$36\times4=168$。

预设3：我把12行分成了10行和2行，先算$14\times2=28$，再算$14\times10=140$，

最后算 28 + 140 = 168。

【环节点评:以学生亲身经历的篮球操表演为情境,使学生感受到数学就在身边。在理解题意、列出算式后,引导学生借助学习单独立探索计算方法,并在自主探究的基础上组织交流。这样设计,意在让学生主动利用点子图,迁移已有经验,独立进行算法探索,从而在图与式的联结中得到多样化的算法,并在这一过程中充分运用"数形结合"的思考方法,培养几何直观、推理意识等数学素养。】

(三)比较分类,归纳通法

提问:请观察这几组算式,计算的方法不同,思路上有什么相同的地方呢?

交流讨论,并明确:这几种方法都是把12行分开,分别算,再把算得的得数合起来,先分后合。不同的是第一种和第二种都是把12行平均分,但并不是所有的数都可以被平均分,例如13。第三种算法是分成整十数和一位数,这样的分法更具普遍性,适合所有的两位数乘两位数。

小结:这些方法都通过拆分把两位数乘两位数的新问题转化成了以前学过的旧知识,再把结果合起来,就解决了新问题。像这样把新问题和旧知识相互关联的数学方法不仅能帮助我们解决新问题,还能掌握新知识。

【环节点评:提供可操作、可圈画的素材,促使学生有意识地审视自己的思考过程,生成多样化的方法。虽然学生的计算方法不尽相同,却都在点子图上留下了清晰可见的痕迹。学生用"圈一圈"的形式表达思维,自觉地把操作过程中所获得的认知进行提升,提炼出先分后合的转化思想,这为后续的算理总结与提炼提供了丰富的素材。】

【技术/学科融合:通过信息技术动态呈现学生的作品,引导学生迁移知识,为后续进一步理解新知做铺垫。】

三、以理立式,掌握算法

(一)横竖对应,式理互通

呈现学生自主尝试列出的竖式计算,并请学生交流想法。

预设:有的竖式没有写出计算过程,直接写得数;有的竖式计算错误;有的竖式计算完整正确。

提问:竖式中的28、140、168分别表示什么呢?是怎么算出来的?竖式的计算和其他计算方法之间有怎样的关联呢?学生以四人为一个学习小组交流讨论。

明确:第一步都是先算 14 × 2 等于 28,再算 14 × 10 等于 140,最后相加。28 表示的是 2 行的支数,140 表示的是 10 行的支数。通过对比发现竖式的计算和横式的第三种算法是一样的。

提问：第二步算得的结果个位上的 0 为什么可以不写呢？

明确：用 10 去乘第一个乘数 14 表示 14 个十，也就是 140，4 要写在十位上，1 要写在百位上，为了更简洁，这个 0 可以不写。

小结：看来竖式和这个横式的计算道理是相通的，只不过写法不同。

【环节点评："竖式计算就是让横式推算过程竖立起来"。本环节教学，强调每一步计算的具体含义，帮助学生理解算理。要引导学生对比横式和竖式计算的道理，理解"先分后合"的算理在竖式计算过程中也是统一的。】

（二）剖析竖式，游戏明理

思考：竖式是怎样一步一步算出来的？为什么要这样算呢？

介绍游戏：你算我圈。同桌两人合作，一人按步骤写出竖式的计算过程，另一人与同桌配合，圈出对应的部分。

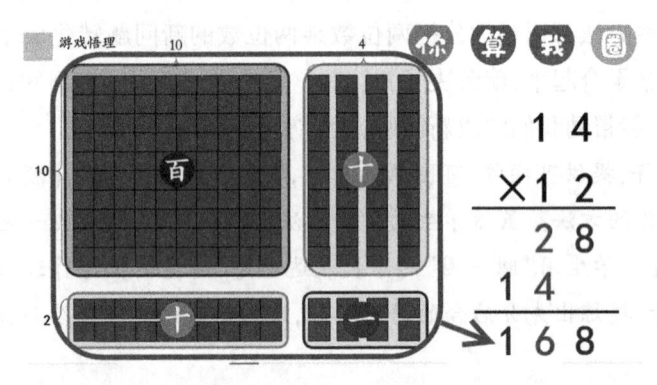

游戏环节之后，请学生思考竖式的每一步在算什么，并明确只有相同的计算单位的个数才能直接相加，所以第二个因数十位上的数乘第一个因数个位上的数要写在十位上，表示几个十。（十位上的 1 表示的是什么呢？）

提问：结合刚才的计算过程和方格图，现在你能说一说两位数乘两位数竖式计算的道理吗？

预设 1：笔算乘法其实就是运用表内乘法按照从个位算起的顺序分别相乘。

预设 2：再根据不同数位对应的计数单位，算出有几个一、几个十、几个百，最后相加，就算出得数了。

预设 3：我要提醒大家，用表内乘法算出来的数表示不同的计数单位，所以得写在对应的数位上，可不能写错位置了。

小结：两位数乘两位数就是用其中一个两位数的个位和十位分别去乘另一个两位数的每一位，算出有几个一、几个十、几个百，最后相加，就是得数。

思考:在这个竖式中你能找到以前学过的两位数乘一位数吗？它们之间有什么相同之处和不同之处呢？以前学过的笔算乘法对今天的学习有什么帮助呢？

明确:两位数乘两位数和以前学过的两位数乘一位数的计算方法是相同的,只不过两位数乘两位数多了一个十位上的数乘两位数,十位上的数去乘第一个乘数,得到的结果就是多少个十。

小结:以前的知识对我们解决新问题、掌握新知识有很大的作用。

【环节点评:理解两位数乘两位数笔算的算理是建构相应乘法竖式的前提条件,尤其是第二步积的处理方法,对于学生来说有一定的难度。为此,借助之前自主探究时建构起来的直观图示,通过你算我圈的数学游戏,启发学生结合几何直观理解每一步乘的具体含义,将抽象的"数"与直观的"图"相对应,让内隐的思维过程有了外显的路径。】

【技术/学科融合:借助信息技术,呈现直观图。在直观图示的辅助下,学生通过比较交流,不仅解决了第二步乘得的积的书写问题,更明确了乘法运算本质上就是在算计数单位,计数单位乘计数单位得到新的计数单位、计数单位的个数乘计数单位的个数得到新的计数单位的个数,突破了认知难点,发展了数学思维。】

四、练习运用,巩固新知

1. 练一练

$$43 \times 21 = \quad \begin{array}{r} 43 \\ \times\ 21 \\ \hline 43 \\ 86\ \\ \hline 903 \end{array} \qquad 31 \times 22 = \quad \begin{array}{r} 31 \\ \times\ 22 \\ \hline 62 \\ 62\ \\ \hline 682 \end{array}$$

第二个竖式中这里的两个 62 表示的意义相同吗？分别表示什么呢？请独立思考,全班交流汇报。

2. 辨一辨

$$\begin{array}{r} 23 \\ \times\ 13 \\ \hline 69 \\ 23\ \\ \hline 299 \end{array} \qquad \begin{array}{r} 22 \\ \times\ 43 \\ \hline 66 \\ 88\ \\ \hline 946 \end{array} \qquad \begin{array}{r} 31 \\ \times\ 15 \\ \hline 93 \\ 31\ \\ \hline 403 \end{array}$$

✓ ✓ ✗

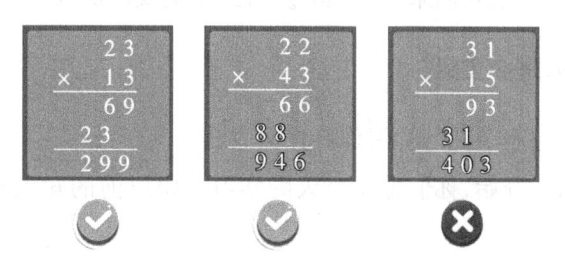

分组 PK:这有几位同学写的竖式,请你当小老师帮忙判对错。请代表上来比一比,下面的同学用对、错的手势进行判断。

65

3. 比一比

①31乘任意的两位数,你会算吗?

生:先用个位上的数乘31,再用十位上的数乘31,注意后一个数要对齐十位,最后把两部分的得数加起来。

②狮子代表第二个数,老虎代表第一个数,如果比第一个数和第二个数谁更大,作为狮子队你们在圆中填几呢?作为老虎队你们在三角形中填几呢?下面的同学当裁判,比比哪个数更大。为什么呢?

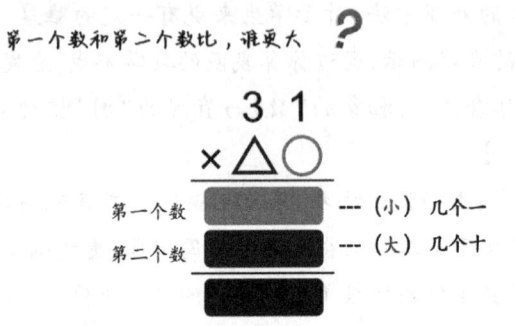

小结:个位上的数乘两位数得到的是几个一、十位上的数乘两位数得到的是几个十,所以第二个数比第一个数大。

③如果是多位数乘两位数你会算吗?乘三位数呢?先算什么?再算什么?

【环节点评:有效的练习是巩固新知、形成技能的必要手段。这里抓住教学的重点和难点设计不同层次的练习,让学生通过不同的方式,加深对两位数乘两位数笔算算理的理解,促进对算法的掌握。】

小结:我们学习的这些整数乘法,以后还会延伸到小数乘法、分数乘法,学习知识,只有抓住本质、把握联系,才能更轻松。你们知道吗?运算发展到今天已经远远超过了人脑的计算,信息科技的发展离不开运算,而这一切都要追溯到最古老的运算。通过一段视频我们来了解运算从古至今的发展历程。

五、拓展延伸,融会贯通

回顾反思:通过本节课的学习你有什么收获?

引发思考:课一开始,你们感觉今天的学习会跟以前的知识有联系,现在你能具体说一说吗?

预设1:以前学的知识是为今天的学习服务的,因为我们可以用转化的思想方法把新问题转化成旧知识来解决。

结构关联　渗透运算一致
——《两位数乘两位数（笔算乘法）》

预设2：无论是几位数乘几位数，追根溯源都离不开表内乘法。

结束语：孩子们，"不积跬步，无以至千里"，我们只有扎扎实实地打好今天的基础，才有明日的创新和飞跃。

【环节点评：将古代的数学文化成就和现代科学技术进行有效对接，借助多种教学资源引领学生的思维穿越古今中外，了解计算的发展历程，认识数学发展的伟大成就，感受传统文化既浅显易懂又博大精深，渗透"一以贯之""万变不离其宗"的思想。】

【技术/学科融合：课件动态直观地呈现计算的发展历程，对学生渗透爱国主义教育，帮助学生树立文化自信，激发学生的民族自豪感。】

【板书设计】

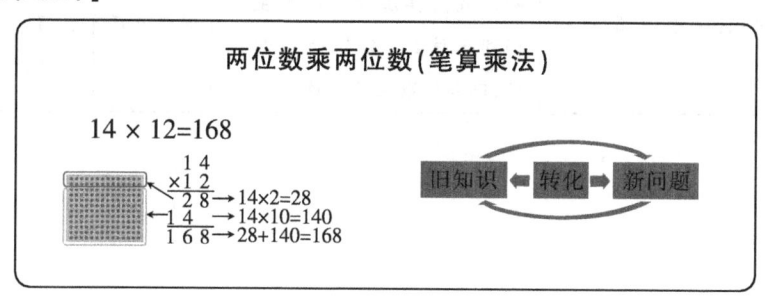

两位数乘两位数（笔算乘法）

$14 \times 12 = 168$

$$\begin{array}{r} 14 \\ \times\ 12 \\ \hline 28 \\ 14\ \\ \hline 168 \end{array}$$

→ $14 \times 2 = 28$
→ $14 \times 10 = 140$
→ $28 + 140 = 168$

旧知识 ← 转化 → 新问题

【作业设计】

1. 巩固性作业：人教版课本 P44 第 1 题。

2. 应用性作业：人教版课本 P45 第 5 题。

3. 实践性作业：数学阅读。

每个国家的古老文明都孕育着灿烂的数学文化，比如我们熟悉的乘法竖式，其实古人早就研究了。"格子乘法"是 15 世纪中叶意大利数学家帕乔利在《算术、几何及比例性质摘要》一书中介绍的一种两个数相乘的计算方法。格子算法介于画线和算式之间。相传，这种方法最早记载在 1150 年印度数学家婆什迦罗的《丽罗娃提》一书中，12 世纪以后广泛流传于阿拉伯地区，后来通过阿拉伯人传入欧洲，并很快在欧洲流行。这种方法后来传入我国，我国明朝数学家程大位在《算法统宗》一书中把它称为"铺地锦"。

"格子乘法"你能看懂吗？你能用"格子乘法"计算出 23×13 吗？

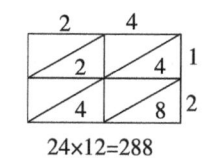

$24 \times 12 = 288$

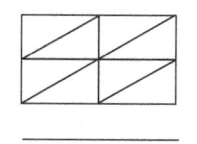

【学习评价】

学习目标	评价任务	评价方法	评价标准
探索两位数乘两位数的计算方法，理解算理。	说一说 14×12 怎么计算？说出不同计算方法有什么共同之处？	自我评价	优秀：★★★ 良好：★★ 加油：★
掌握两位数乘两位数的竖式计算方法，并能正确地进行计算。	辨析"14×12"乘法竖式的合理性，理解竖式每一步的意义，并能正确规范书写竖式。	教师评价	优秀：★★★ 良好：★★ 加油：★
能运用转化思想，渗透分与合的思想意识，体会计算的一致性。	探索格子算法，并将两位数乘两位数的算法和算理自主迁移到三位数、四位数乘两位数，或多位数乘多位数。	学生互评	优秀：★★★ 良好：★★ 加油：★

把握知识内在联系，促进算理算法融通

——《小数加减法》教学设计

曹 健

【学习内容】

小数的加减法（不局限于一位小数加减法）。

【知识定位】

本节课是数的运算教学，要重视核心素养指向下算理与算法之间的关系，追求算理和算法的一致性，实现算理和算法的深度融合，进而提升学生的运算能力。教学中要围绕新课标，以核心素养为导向，强调真实问题情境，充分利用信息技术的可视性、直观性，设计教学课件、教学环节，帮助学生理解抽象的知识；关注学生的个体差异，帮助学生建立自信，激发学生学习的兴趣；利用智慧平台检测学生对知识的掌握情况，及时反馈，评价学习效果，调节教学进度；利用信息技术赋能学科教学，提高教学效率。要遵循学生身心发展规律，以生活经验和具体事实引导学生从数学的视角认识社会，培养学生的核心素养，落实立德树人的根本任务。

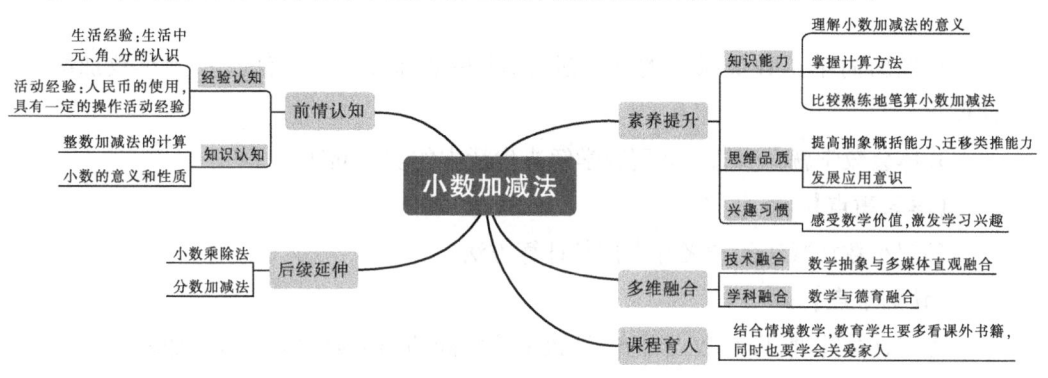

【设计理念】

新课标指出，教学内容的选择要贴近学生的实际，有利于学生体验与理解、思考与探索。根据学生的实际生活经验，我对教材进行了适当的处理和加工。选择学生身边熟知的、喜闻乐见的情境，激起了他们的学习兴趣，同时完成了从"教教材"到"用教材教"的转变。在解决问题过程中引入小数加减法，从学生的生活经验和已有知识出发，大胆放手，重视学生的自主探究，遵循学生的认知规律，让学生在尝试、迁移、对比、概括等活动中,主动探究小数加减法的笔算方法和算理。通过与整数加减法计算方法的比较,引导学生沟通知识间的联系,加深理解小数点对齐就是相同数位对齐这一小数加减法的算理,从而突出重点,突破难点。渗透转化思想,培养学生的迁移类推和抽象概括能力。通过总结提升,为后续学习做好铺垫。

【内容分析】

本节课的重点是处理小数点对齐的问题和小数加减法如何运用于生活的问题,同时也培养学生解决问题的能力。

【学情分析】

在学习小数加减法之前,学生就已经掌握了整数加减法的计算方法,理解了整数加减法的算理,并且已积累了大量关于元、角、分的知识。在本册教材中学生还掌握了小数的意义和性质,这些都为学生理解小数加减法的算理打下了扎实有效的知识基础。小数加减法与整数加减法在算理上是相通的,因此可以通过积极有效的活动,引导学生充分利用已掌握的旧知识,尝试解决小数加减法这一新知识。在教学小数位数不同的加减法时,由于新知与学生已有的认识存在矛盾冲突,学生容易出现将小数的末位对齐等错误,这也是本课教学的难点所在。

【学习目标】

1. 理解小数加减法的意义,并掌握计算方法,能够比较熟练地笔算小数加减法。

2. 经历简单小数加减法的计算过程,将整数加减计算方法迁移到小数加减计算。

3. 体会数学就在身边,运用数学解决生活中的实际问题。

【学习重点】

理解小数加减法的意义并掌握其计算方法。

【认知难点】

理解计算算理,即小数点对齐,计数单位相同的两个数才能直接相加减。

【方法与策略】

创设生活情境,加强数学知识与日常生活的联系,通过质疑引导,设置数学问题,组织学生自主探究、发现新知,体验获取知识的快乐。小数加减法计算法则由整数加减法计算法则类推出来,要让学生自己去实践、去探索、去发现、去总结,形成自己的认识和经验。小组内同学互帮互助,团结协作,探索新知识、解决新问题,感受学数学、用数学的乐趣。

【资源与工具】

PPT。

【学习安排】

本单元需 5 课时完成,本课时为单元第 1 课时。

【过程实施】

一、温故知新,激发兴趣

出示整数加减法计算习题,要求列竖式笔算。(两名学生上台板演,其余学生在稿纸上完成。)

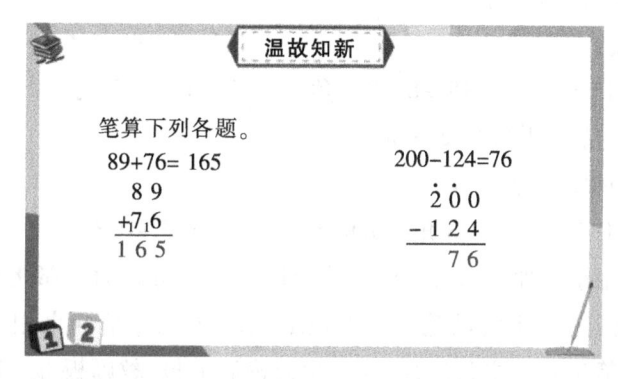

```
温故知新

笔算下列各题。
 89+76=165              200-124=76
   8 9                    2̇ 0̇ 0
  +7̇ 6                   -1 2 4
  ─────                  ─────
  1 6 5                      7 6
```

1. 完成后集体讲评。

2. 询问学生:这是我们学过的什么内容?(整数加减法。)在笔算时我们应注意什么?(相同数位要对齐;从低位算起;哪一位相加满十,就向前一位进1;哪一位不够减,就向前一位借一作十再减。)为什么相同数位要对齐,相同数位上的数字有什么联系?(它们的计数单位相同。)对了,非常好,其实加减法的本质就是相同的计数单位个数的运算,所以我们笔算时就要把相同数位对齐。

【环节点评:通过温故练习让学生回忆整数加减法的计算法则,为迁移学习小数加减法做铺垫。】

【技术/学科融合:利用信息技术帮助学生回顾整数加减法的计算法则,为后续学习小数加减法做好有效铺垫。】

二、自主探究,丰富认知

创设情境,出示主题图。

周末,小红来到家附近的文体超市选购学习用品。她先来到学具区选购了一支水笔和一块橡皮,这两样物品一共需要多少元钱?

71

请学生快速列式解答。

请学生汇报。

1元5角=15角　　　15+8=23(角)　　　23角=2.3元

答:这两样物品一共需要2.3元钱。

还有不同的想法吗?

1元5角=1.5元　　　8角=0.8元　　　1.5+0.8

很好,我们用小数加法算式来解答这个问题也是可以的。那能不能用笔算的形式来算一算呢?(学生尝试笔算并汇报结果,2.3元。)请同桌相互讨论交流一下,在小数加法笔算时要注意什么?(学生讨论后汇报,教师板书。1.相同数位对齐;2.从低位算起,按整数加法计算法则计算;3.得数的小数点要和横式上的小数点对齐。)

非常棒,同学们一下就给出来几条建议,这说明我们同学的学习能力是非常强的。

【环节点评:通过创设情境解决问题,让学生明白小数加法和整数加法之间的联系,同桌互相交流,结合应用已有方法,初步归纳小数加法的计算方法。】

【技术/学科融合:信息技术的恰当使用,真实地再现了熟悉的生活情境,让学生感受到数学的生活化,更乐于参与其中。】

买完学具后,小红又来到了她最爱的图书区,我们的小红非常爱看课外书籍,同学们,多看课外书不仅能丰富我们的知识面,还能拓宽我们的视野,所以在这里老师也要呼吁同学们多看课外书籍。转了一会儿,小红就选购了两本她感兴趣的书,《数学家的故事》和《神奇的大自然》,请你帮她算一算这两本书一共需要多少钱?

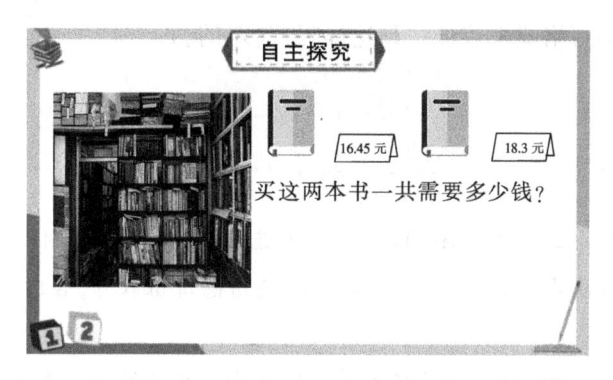

把握知识内在联系，促进算理算法融通
——《小数加减法》教学设计

[自主探究：买这两本书一共需要多少钱？16.45元，18.3元]

学生独立完成，教师巡视。（从中找到错误的笔算，拍下来投屏到大屏幕上集体讲评。）

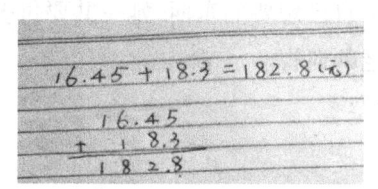

$$16.45+18.3=182.8(元)$$

$$\begin{array}{r}16.45\\+18.3\\\hline 182.8\end{array}$$

这样笔算对不对？（不对。）问题出在哪？（没有把相同数位对齐。）这两个小数位数不同，计算时不仔细很容易把数位对错，有没有什么好的方法能保证它们准确地把相同数位对齐呢？（把小数点对齐。）是吗？把小数点对齐，相同数位就对齐了吗？（小数点是整数部分和小数部分的分界点，它左右两边的数位是相同的，所以小数点对齐了，相同数位就对齐了。）说得非常好，道理讲得很清楚了。小数点对齐了，什么就对齐了？（相同数位。）可是新的问题又来了，两个小数的位数不同，那又该如何计算呢？（可在位数少的末尾用0补齐。）依据是什么？（小数的基本性质。）

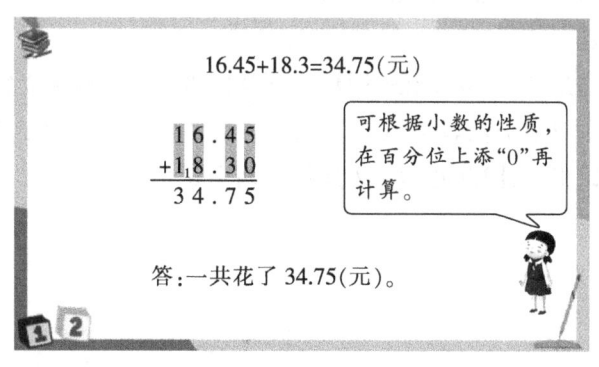

$$16.45+18.3=34.75(元)$$

$$\begin{array}{r}16.45\\+18.30\\\hline 34.75\end{array}$$

可根据小数的性质，在百分位上添"0"再计算。

答：一共花了34.75(元)。

我看见有些同学笔算时没有在末尾补"0"就直接计算了，这样行吗？（可以，计算时只要把位数少的数末尾看作0，直接算就可以了，这样书写起来更简便。）老

73

师展示正确的书写格式来佐证。是这样吗？（对的。）

```
16.45+18.3=34.75(元)
  16.45
 +18.3
  34.75
```

【环节点评：通过解决情境问题，让学生进一步理解小数加法的算理，并能优化小数加法的计算法则，同时在情境问题中渗透情感价值教育，告诉学生应多阅读课外书籍。】

【技术/学科融合：利用信息技术展示学生小数加法的不同算法，让学生能够直观地感受对比，帮助学生更好地理解小数加法的算理和算法。】

出示课件：小红买到了自己想要的东西，她一共要付多少钱？

学生快速独立完成，老师巡视。

请学生汇报，集体讲评。

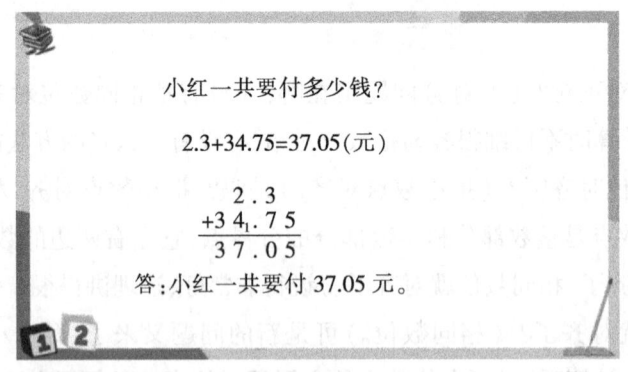

```
小红一共要付多少钱？

2.3+34.75=37.05(元)

    2.3
 +34.75
  37.05
```

答：小红一共要付 37.05 元。

出示课件：小红带了 40 元钱，她付完钱后，还剩下多少钱？

请学生尝试独立列式解答，老师巡视。

请学生汇报。

非常不错，这是一道小数减法的算式，同学们也能很快地独立完成，为什么呀？（依据整数减法的计算方法就可以了。）那么在计算时要注意什么呢？（小数点对齐，小数部分可以根据计算的需要，末尾补上两个0。）

把握知识内在联系，促进算理算法融通
——《小数加减法》教学设计

> 小红带了40元钱，她付完钱后，还剩下多少钱？
>
> 40-37.05=2.95(元)
>
> $$\begin{array}{r}4\overset{3}{\cancel{0}}.\overset{9}{\cancel{0}}\overset{10}{\cancel{0}}\\-3\ 7.0\ 5\\\hline 2.9\ 5\end{array}$$
>
> 答：还剩下 2.95 元。

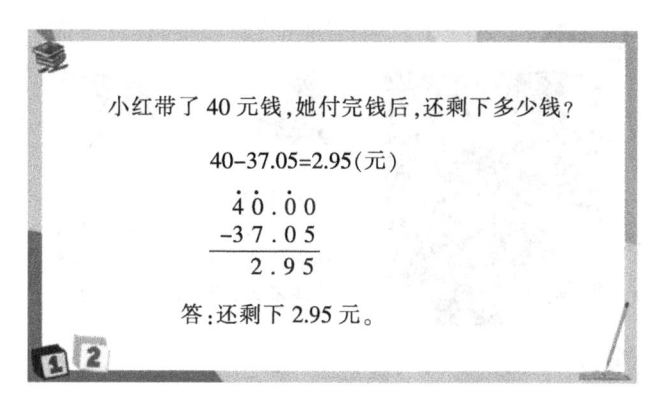

【环节点评：利用已学的整数减法和小数加法的计算方法，让学生类推迁移到小数减法，归纳完善小数加减法的计算法则，提升学生的学习能力。】

【技术/学科融合：这部分内容以学生探索提升为主，信息技术的合理使用，更有利于学生归纳完善方法，提升学习能力。】

小数加减法的计算方法都掌握了吗？（都掌握了。）好的，接下来我们就来练练手吧。

三、巩固练习，学以致用

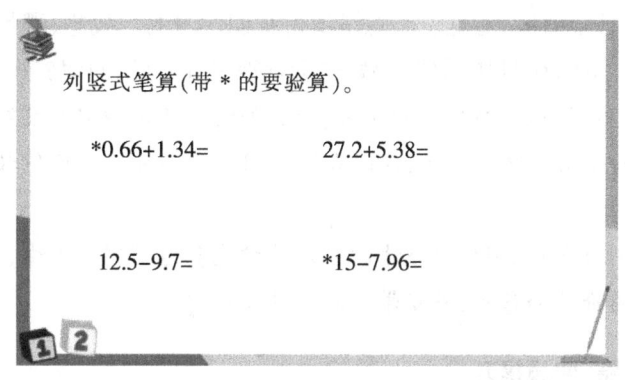

> 列竖式笔算（带 * 的要验算）。
>
> *0.66+1.34=   27.2+5.38=
>
> 12.5-9.7=   *15-7.96=

请同学在草稿本上快速完成，另请4名同学上黑板板演。

老师巡视。

集体讲评。（讲评时引导同学回顾验算的方法。）

不错，同学们都很棒，看样子小数加减法的计算方法都掌握得不错。这时，在小红回家的路上又出现了一个新情况，我们一起来看看吧。

小红回家时路过一个花店，想起明天是妈妈的生日，而且妈妈最喜欢玫瑰花和康乃馨，小红想用她剩下的钱给妈妈买花做生日礼物，她可以怎样买？

75

1.7元1枝　　1.25元1枝

明天是妈妈的生日,妈妈最喜欢玫瑰花和康乃馨,用剩下的钱来买,我可以怎样买?

学生独立完成后,请学生汇报。

1.25 + 1.25 = 2.5 元

2.5 元 < 2.95 元

答:可以买2枝康乃馨。

1.25 + 1.7 = 2.95 元

2.95 元 = 2.95 元

答:可以买1枝康乃馨和1枝玫瑰花。

小红是一个很有心的好孩子,知道妈妈过生日,就想用自己的零花钱给妈妈买礼物,虽说花不是很值钱,但这份心意是值得我们学习的。我想,哪怕没买礼物,只有一句祝福语"妈妈,生日快乐!",妈妈也会觉得很开心的,对吗?(对。)

【环节点评:设置这个情境应用练习,使我们的生活情境完整贯穿课堂,让学生充分感受数学与生活的紧密联系,同时在情境问题中渗透情感价值教育,告诉学生应多关爱家人。】

【技术/学科融合:利用信息技术把生活情境完整地贯穿于课堂,让学生感受到学习数学真正的价值和意义,激发学生的学习兴趣。】

四、课堂总结,回顾提升

通过今天这节课的学习,你有什么收获和感想要和大家一起来分享吗?

(学生能整理回顾小数加减法的计算方法和算理,同时也能说出个人的感受或想法。)

【环节点评:让学生用自己的话自由表达,使学生对本节课所学知识点进一步归纳概括,不断地加深理解。】

最后,曹老师送给同学们一首有关小数加减法计算的数学儿歌,进一步提醒和帮助同学们更好地进行计算,来,我们一起来大声齐读一遍。(出示数学儿歌课件)

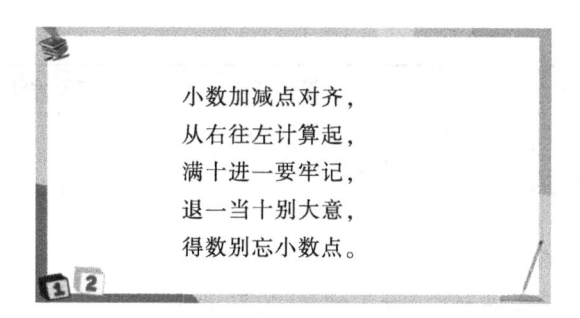

> 小数加减点对齐,
> 从右往左计算起,
> 满十进一要牢记,
> 退一当十别大意,
> 得数别忘小数点。

【板书设计】

小数加减法

$1.5 + 0.8 = 2.3$(元)　　$16.45 + 18.3 = 34.75$(元)　　$40 - 37.05 = 2.95$(元)

```
    1.5              1 6.4 5             4 0.0 0
  + 0.8            + 1 8.3             - 3 7.0 5
  -----            ---------           ---------
    2.3              3 4.7 5             2.9 5
```

1. 相同数位对齐(小数点对齐);
2. 从低位算起,按整数加法的计算法则计算;
3. 得数的小数点要对齐横式上的小数点;
4. 得数小数部分末尾的 0 可以去掉不写。

【作业设计】

1. 巩固性作业

完成人教版课本 P71 第 1、2 题。

2. 应用性作业

完成人教版课本 P71 第 3、4 题。

3. 实践性作业

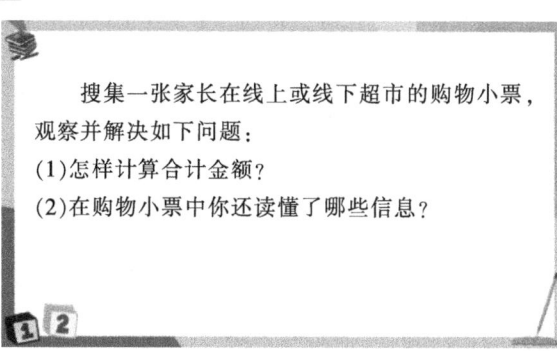

> 搜集一张家长在线上或线下超市的购物小票,观察并解决如下问题:
> (1)怎样计算合计金额?
> (2)在购物小票中你还读懂了哪些信息?

【学习评价】

学习目标	评价任务	评价方法	评价标准
理解小数加减法的含义。	用自己喜欢的方式表示小数加法或减法的含义。	学生互评	优秀：★★★ 良好：★★ 加油：★
能运用小数加减法的知识解决简单的实际问题。	能解决简单生活情境中的数学问题。	教师评价	优秀：★★★ 良好：★★ 加油：★

聚焦运算本质　发展核心素养
——《异分母分数加、减法》

祝林炎

【学习内容】

异分母分数加、减法。

【知识定位】

本节课属于"数与运算"领域。"数与运算"包含整数、小数、分数的认识以及四则运算。学生经历由数量到数的形成过程,理解和掌握数的概念,感受数的概念在本质上具有一致性。同时,学生在探究算理和算法的过程中,理解算理,掌握算法,感悟运算与运算之间的关系,体会数的运算本质上具有一致性。数的认识和数的运算具有十分密切的联系,数的认识是数的运算的基础,数的运算有助于学生更好地认识数。

这节课的目标是让学生掌握如何计算异分母分数的加减,并培养他们的运算能力和推理意识。本节课主要涉及数感、符号意识、运算能力、推理意识、几何直观等数学核心素养和思想方法。我们要站在单元视角下,掌握数与运算的核心内容,架构起连接知识和数学素养的桥梁。

本节课充分利用信息技术的可视性、直观性,设计教学课件、教学环节,帮助学生理解抽象的知识;利用信息技术,将枯燥抽象的概念生动形象地展现在学生的眼前,激发学生的学习兴趣,让学生体验到学习的快乐。利用智慧平台的抢答和抽选等功能选择学生和小组进行回答和展示,同时利用智慧平台检测学生对知识的掌握情况,评价学习效果。

异分母分数加、减法（思维导图）

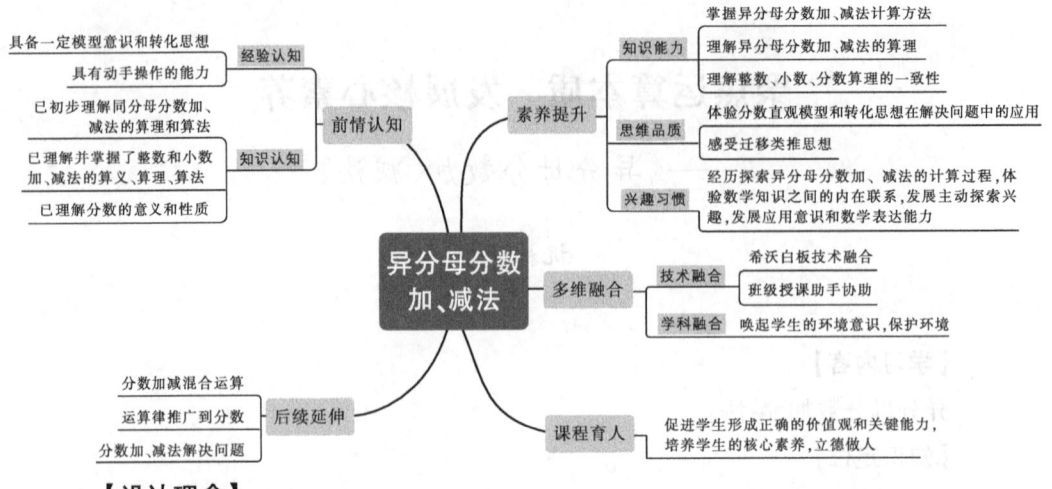

- **前情认知**
  - 经验认知
    - 具备一定模型意识和转化思想
    - 具有动手操作的能力
  - 知识认知
    - 已初步理解同分母分数加、减法的算理和算法
    - 已理解并掌握了整数和小数加、减法的意义、算理、算法
    - 已理解分数的意义和性质
- **素养提升**
  - 知识能力
    - 掌握异分母分数加、减法计算方法
    - 理解异分母分数加、减法的算理
    - 理解整数、小数、分数算理的一致性
  - 思维品质
    - 体验分数直观模型和转化思想在解决问题中的应用
    - 感受迁移类推思想
  - 兴趣习惯
    - 经历探索异分母分数加、减法的计算过程，体验数学知识之间的内在联系，发展主动探索兴趣，发展应用意识和数学表达能力
- **多维融合**
  - 技术融合
    - 希沃白板技术融合
    - 班级授课助手协助
  - 学科融合
    - 唤起学生的环境意识，保护环境
- **后续延伸**
  - 分数加减混合运算
  - 运算律推广到分数
  - 分数加、减法解决问题
- **课程育人**
  - 促进学生形成正确的价值观和关键能力，培养学生的核心素养，立德做人

【设计理念】

新课标强调，要更加重视单元整体教学设计，而不是仅仅注重以课时为单位的教学。这样的教学能够更好地反映出数学知识的内部结构和相互关联，并且能够帮助我们更好地理解和掌握数学概念。

通过整数的运算，感悟整数的性质；通过整数、小数、分数的运算，进一步感悟计数单位在运算中的作用，感悟运算的一致性。同时，数的运算教学应加强对整数、小数和分数的统筹，让学生进一步感悟数的运算的一致性。

本单元的教学，教师要重点引导学生认识分数加、减法与整数、小数加、减法的内在联系；重视对算理的分析，引导学生在理解算理的基础上抽象概括出分数加、减法的计算方法，并正确应用计算方法。

【内容分析】

一、纵向研读教材，把握联结点

纵观小学阶段学习数的运算的过程，以下是有关联的系列单元，根据对运算一致性的理解，所有的数都是基于计数单位建构的，因此它们的内在本质是一样的，都是相同计数单位个数累加。这是一个最核心的概念。

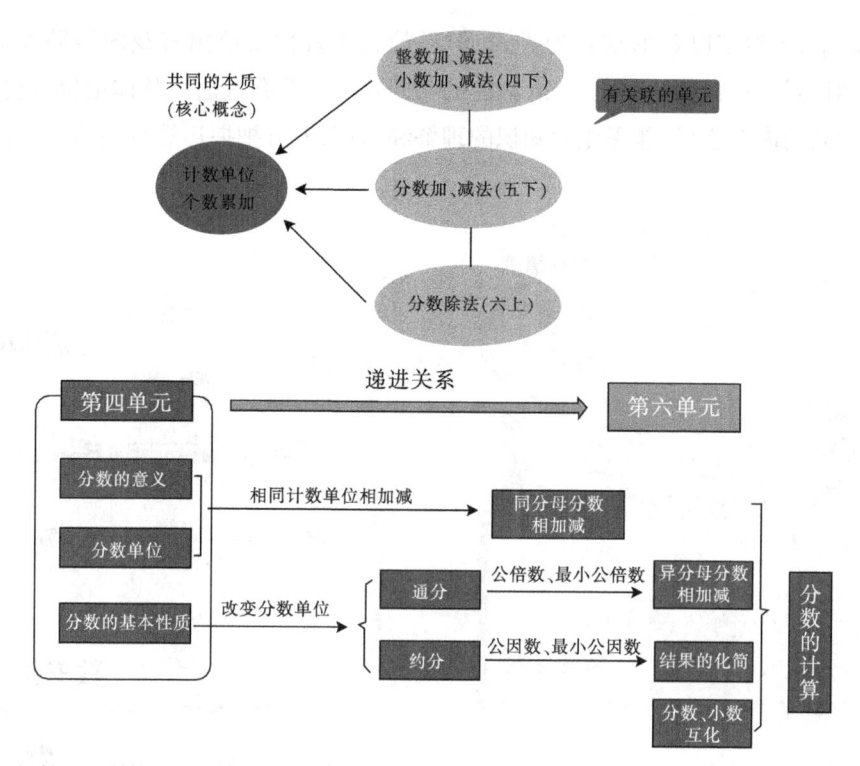

聚焦运算本质　发展核心素养
——《异分母分数加、减法》

[图示：核心概念关联图，展示"计数单位个数累加"为共同的本质（核心概念），关联单元包括整数加、减法，小数加、减法（四下），分数加、减法（五下），分数除法（六上）]

[图示：第四单元到第六单元的递进关系。第四单元包含分数的意义、分数单位、分数的基本性质；通过"相同计数单位相加减"得到同分母分数相加减；通过"改变分数单位"进行通分（公倍数、最小公倍数）得到异分母分数相加减，约分（公因数、最小公因数）得到结果的化简、分数与小数互化，共同构成分数的计算]

在数的运算过程中，核心概念一直贯穿始终，因此在单元教学设计中，要注重沟通数与运算之间的关联，让学生感悟只有计数单位才能将整数、小数和分数联系在一起，真正体现运算的本质性，建构数与运算的知识体系。

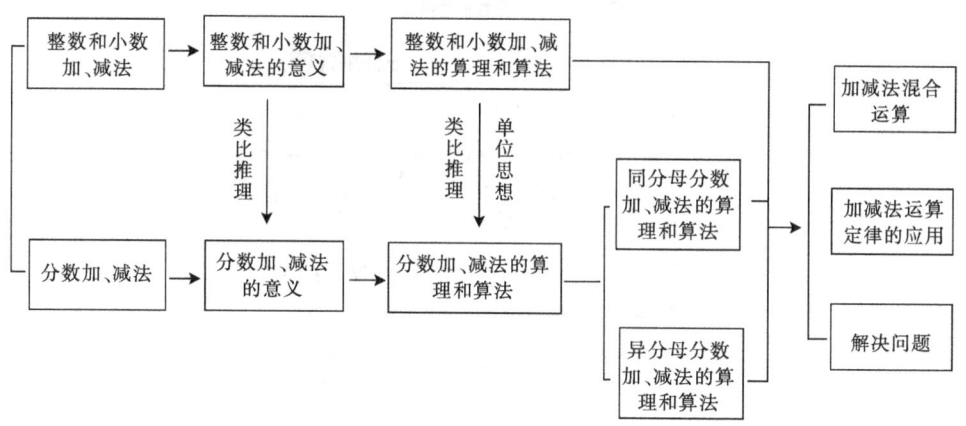

[图示：整数和小数加、减法与分数加、减法通过类比推理、单位思想，从意义到算理和算法，再到同分母分数加、减法的算理和算法、异分母分数加、减法的算理和算法，最终到加减法混合运算、加减法运算定律的应用、解决问题]

二、横向对比教材，融通优势点

将人教版、北师大版、苏教版的教材进行横向对比研究，从三个版本的比较我们发现，三个版本的教材都是从熟悉的生活场景出发，引出分数的加、减法，在算理

81

的理解上,虽然都以数形结合的方式,但是静态的教材仅给出直观图帮助理解算理,而对整数、小数和分数之间加、减法的共同算理却没有打通。整体把握教材,找出知识间的内在联系,能深化对知识的理解和运用,充分把握运算算理的本质。

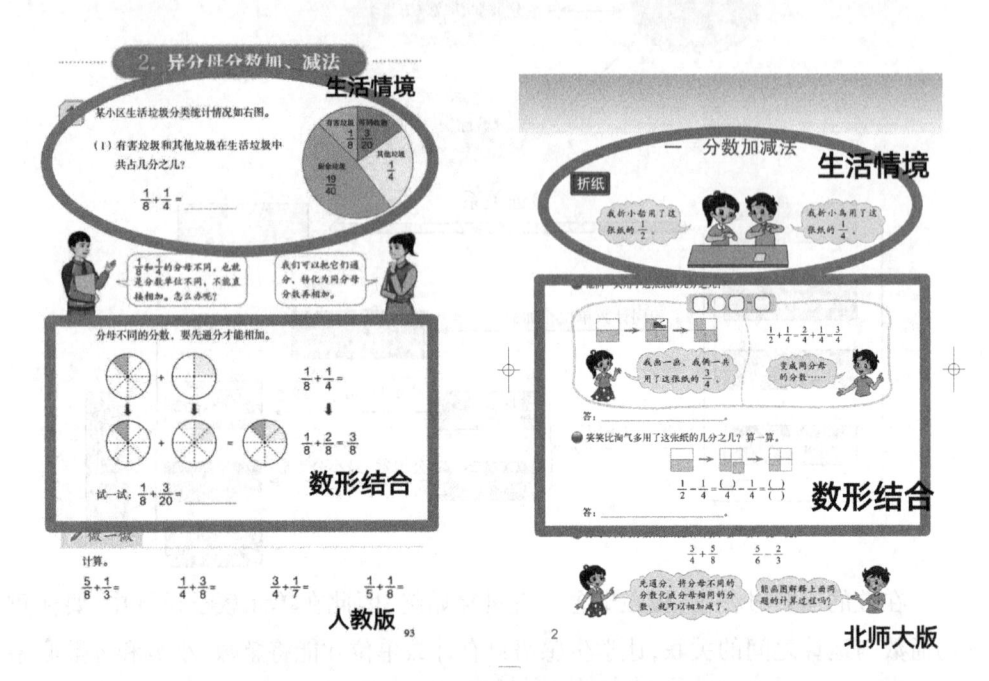

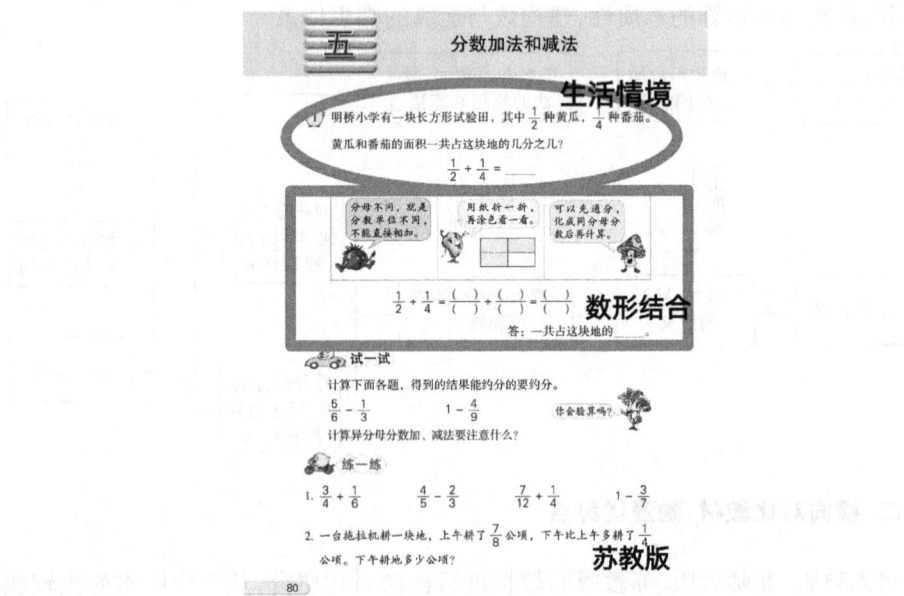

聚焦运算本质　发展核心素养
——《异分母分数加、减法》

【学情分析】

准确把握学生的起点,是掌握学生生长点的有力依据,我对本班学生进行了前测,并将数据统计如下:

一、同分母分数加、减法

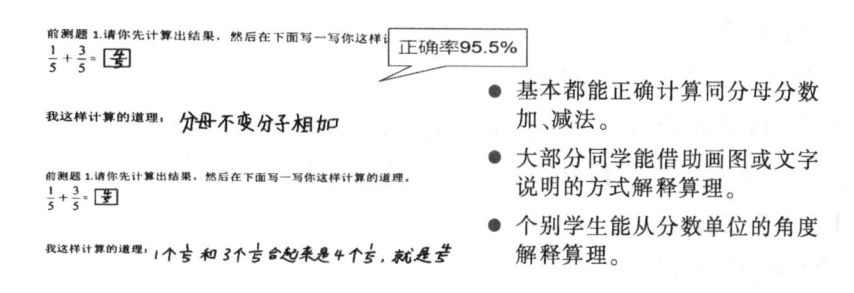

前测题1.请你先计算出结果,然后在下面写一写你这样计算……
$\frac{1}{5}+\frac{3}{5}=\frac{4}{5}$

我这样计算的道理:分母不变分子相加

正确率95.5%

- 基本都能正确计算同分母分数加、减法。
- 大部分同学能借助画图或文字说明的方式解释算理。
- 个别学生能从分数单位的角度解释算理。

前测题1.请你先计算出结果,然后在下面写一写你这样计算的道理。
$\frac{1}{5}+\frac{3}{5}=\frac{4}{5}$

我这样计算的道理:1个$\frac{1}{5}$和3个$\frac{1}{5}$合起来是4个$\frac{1}{5}$,就是$\frac{4}{5}$

二、异分母分数加、减法

前测题2.你认为$\frac{1}{2}+\frac{1}{4}=\frac{3}{4}$ 请用文字、算式或画图等方式来简要地表示你计算的道理。

我觉得因为分母不相同,所以要相加,分子不相同也要相加,所以是$\frac{2}{6}$。

正确率58.5%

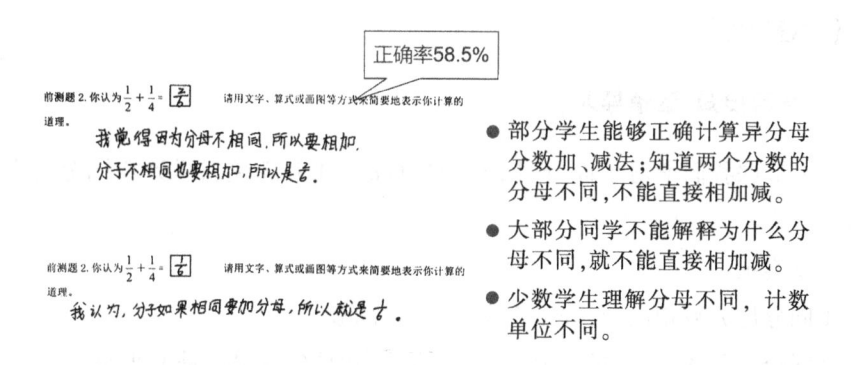

- 部分学生能够正确计算异分母分数加、减法;知道两个分数的分母不同,不能直接相加减。
- 大部分同学不能解释为什么分母不同,就不能直接相加减。
- 少数学生理解分母不同,计数单位不同。

前测题2.你认为$\frac{1}{2}+\frac{1}{4}=\frac{3}{4}$ 请用文字、算式或画图等方式来简要地表示你计算的道理。

我认为,分子如果相同要加分母,所以就是$\frac{2}{6}$。

根据前测数据结果,我们可以看出,在这一课程中,我们应该让学生借助画图,直观理解算理,然后和整数、小数加、减法进行比较,体验其运算的本质,即相同计数单位个数相加减。

【学习目标】

1.掌握异分母分数加、减法的计算方法,并能正确地进行计算,理解异分母分数加、减法的算理。

2.经历想一想、画一画、算一算等过程,在借助直观图探究算理和算法的过程中,体会几何直观的作用。

3.体验探究的乐趣,感悟转化的数学思想,不断提升自主探究的能力。

【学习重点】

掌握异分母分数加、减法的计算方法,并能正确地进行计算,理解异分母分数加、减法的算理。

【认知难点】

探索异分母分数加、减法的算理,感悟数的运算的一致性。

【方法与策略】

1. 创设真情境,引出真问题。

2. 利用数形结合、迁移、类推、转化的方法,掌握异分母分数的计算方法。

3. 利用对比分析,感悟分数加、减法运算的本质。

【资源与工具】

学习单、教学课件。

【学习安排】

单元第2课时,用1课时完成。

【过程实施】

一、复习旧知,激情导入

1. 上节课我们学习了同分母分数加、减法,谁来说说怎样计算同分母分数相加减?

课堂实录:

①同分母分数相加减,分母不变,分子相加减。

②同分母分数加、减过程中,分母不变,也就是分数单位是不变的。

2. 同分母分数加、减法学得不错,敢接受挑战吗?下面我们进行口算比赛。

$\frac{3}{8}+\frac{1}{8}$　　$\frac{5}{9}+\frac{2}{9}$　　$\frac{4}{7}+\frac{1}{7}$　　$\frac{10}{11}-\frac{2}{11}$　　$\frac{7}{12}-\frac{5}{12}$　　$\frac{3}{4}-\frac{1}{4}$

【环节点评:复习旧知,同分母分数加、减法是学习异分母分数加、减法计算的基础,为学习新知做铺垫。】

【技术/学科融合:利用智慧平台的功能进行抢答。】

二、创设情境,引起冲突

课件出示:

据悉,南昌市从2020年12月31日起实施城市生活垃圾分类,把垃圾分为可回收垃圾、厨余垃圾、有害垃圾、其他垃圾。某社区对回收垃圾的调查结果如右图：

可回收垃圾和有害垃圾在生活垃圾中共占几分之几？（在黑板上张贴统计图）

(1)要求：回答问题并列出算式解决问题，观察算式，说说你有什么发现。

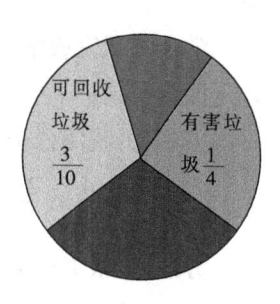

课堂实录：

求可回收垃圾和有害垃圾在生活垃圾中共占几分之几，我列出加法算式：

$\frac{3}{10} + \frac{1}{4}$

(2)这个加法算式和之前学习的内容有什么不同呢？

课堂实录：

之前学习的是同分母分数加法，而这两个分数的分母不同。

小结：是的，像 $\frac{3}{10} + \frac{1}{4}$ 这样的算式叫作异分母分数加法，今天我们就一起来研究异分母分数加、减法。（板书课题：异分母分数加、减法）

【环节点评：呈现问题情境，引出课题，让学生从观察、比较中明确学习目标。通过对本市生活垃圾的调查、分析，呼吁学生保护环境，唤起学生的环保意识。】

三、利用已知，探索未知

(一)自主思考，汇报展示

你能用学过的知识计算出 $\frac{3}{10} + \frac{1}{4}$ 吗？你可以想一想、画一画、算一算，然后说说你是怎么想的。

出示学习单(一)：

> 学习单(一)
> 探究一：请列式计算，并说说你是怎么想的。（可以想一想、画一画、算一算）
>
> 列式：
> 计算：
> 我的想法：

85

学生尝试完成学习单(一),并选择有代表性的作品,进行全班交流汇报。

课堂实录:

方法①:我用分子加分子、分母加分母的方法进行计算。

$$\frac{3}{10} + \frac{1}{4} = \frac{4}{14} = \frac{2}{7}$$

方法②:根据整数和小数加法的学习经验,我认为不能直接相加,因为它们的分母不同,我把它们先转化成小数,然后再相加。

$$\frac{3}{10} + \frac{1}{4} = 0.3 + 0.25 = 0.55$$

方法③:根据同分母分数加、减法的学习经验,我们知道只有分数单位相同的分数才可以直接相加减,所以我先通分,转成同分母分数,也就是把它们的分数单位转化成相同的,再按照同分母分数加法进行计算。

$$\frac{3}{10} + \frac{1}{4} = \frac{12}{40} + \frac{10}{40} = \frac{22}{40} = \frac{11}{20}$$

方法④:我也采用了先通分的方法,分母10和4的最小公倍数是20,再按照同分母分数加法进行计算。如图:(在黑板上张贴统计图)

$$\frac{3}{10} + \frac{1}{4} = \frac{6}{20} + \frac{5}{20} = \frac{11}{20}$$

【环节点评:利用学生的前概念,从未知到已知,让学生独立思考,展示交流,引出不同方法,以数形结合的方式,引导学生理解通分的目的是得到同样的计数单位。这样转化的过程,就是理解分数加、减法的过程,进一步理解计数单位对分数表达的重要性。】

【技术/学科融合:利用信息技术的可视性、直观性,以数形结合的方式,直观感知。】

(二)**多元互动,明确算理**

1.思考:上面汇报的方法中,哪些是正确的?哪些是错误的?说说你的想法。

课堂实录:

(1)方法①中,$\frac{3}{10} + \frac{1}{4} = \frac{4}{14} = \frac{2}{7}$,相加后的和$\frac{2}{7}$小于其中的加数$\frac{3}{10}$,可见这种算法是错误的。

(2)方法①中,两个分数的分数单位不同,$\frac{3}{10}$的分数单位是$\frac{1}{10}$,$\frac{1}{4}$的分数单位是$\frac{1}{4}$,分数单位不同,两个分数不能直接相加。

(3)方法②中,我觉得将分数转化为小数也是一种方法,但是不具有普遍性,有一定的局限性,会出现除不尽的情况,比如$\frac{1}{3}+\frac{1}{7}$就不适合用转化小数的方法进行计算。

(4)方法③是正确的,将$\frac{3}{10}+\frac{1}{4}$转化成分母都是40的分数,然后按照同分母分数加法计算:分母不变,分子相加。

(5)方法③和④都正确,但方法④比方法③要好,虽然都是通分,但通分成分母是20的分数比通分成分母是40的分数,计算更简便。

(6)方法④用直观图形清楚地表示出了为什么要先通分以及通分的过程。

2.提问:方法①直接相加为什么不对?

课堂实录:

(1)因为分母不同,分数单位也就不同;

(2)只有分数单位(计数单位)相同的分数才能直接相加,所以要通分。

【环节点评:通过采用信息技术,将抽象的数和符号转换为简洁易懂的图像,让学生更容易掌握和运用所学的知识,并且可以通过实例和实物的演示,让他们更好地感受到复杂的概念,进一步提升他们的几何直观和概括性的思考能力。】

【技术/学科融合:利用智慧平台的抢答和抽选等功能选择学生和小组进行回答和展示,关注学生的个体差异。】

(三)**课件演示,明晰算理**

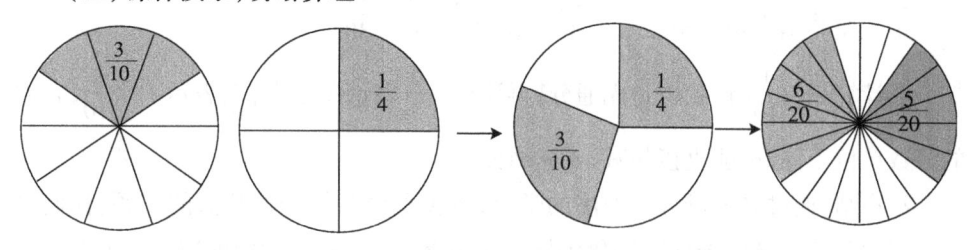

1.课件动态演示$\frac{3}{10}+\frac{1}{4}$的过程,将$\frac{3}{10}$转化成$\frac{6}{20}$,$\frac{1}{4}$转化成$\frac{5}{20}$,边演示边说明统一分数单位(计数单位)的过程,帮助学生理解为什么只有相同的分数单位才能相加。

2.小结:异分母分数相加,需要找到两个分数共同的计数单位,再把计数单位的个数相加。也就是先通分成同分母分数,再按照同分母分数加法的方法,分母不变,把分子相加。

【环节点评:让学生用自己的语言来讲述异分母分数加法的计算方法,能够帮

助他们更好地理解并掌握这一知识。这样,学生就能够更好地建立自己的知识体系,并将其转化为实际应用。】

【技术/学科融合:充分利用信息技术的可视性、直观性,帮助学生理解抽象的知识。】

(四)迁移算理,总结算法

我们已经学会了异分母分数的加法,那异分母分数减法应该怎么计算呢?请大家先独立思考,完成学习单(二),然后四人为小组交流想法。

1. 出示学习单(二)

> 学习单(二)
>
> 探究二:先计算,然后尝试归纳出异分母分数加、减法的计算方法。
>
> $\frac{3}{4}+\frac{1}{5}$ $\qquad$ $\frac{2}{3}-\frac{1}{10}$
>
> 我发现,异分母分数减法的计算方法:

课堂实录:

①根据异分母分数加法的学习经验,在完成学习单(二)时,我是先通分,再按照异分母分数加、减法进行计算。

$$\frac{3}{4}+\frac{1}{5}=\frac{15}{20}+\frac{4}{20}=\frac{19}{20} \qquad \frac{2}{3}-\frac{1}{10}=\frac{20}{30}-\frac{3}{30}=\frac{17}{30}$$

②计算 $\frac{2}{3}-\frac{1}{10}$ 时,我也是先通分,再计算。$\frac{2}{3}$ 表示 2 个 $\frac{1}{3}$,$\frac{1}{10}$ 表示 1 个 $\frac{1}{10}$,它们的分数单位不同,不能直接相减,要先通分。

2. 小结:通过异分母分数加法的学习,解决了异分母分数减法的问题,你们真棒!利用通分将异分母分数转化为同分母分数,这就是数学中的"转化思想"(板书:异分母分数转化成同分母分数)

3. 那你能概括异分母分数加、减法的计算方法吗?

课堂实录:

①异分母分数相加减,先通分,转化成同分母分数,然后按照同分母分数加、减法进行计算。

②计算结果,能约分的要约成最简分数。

4. 总结:异分母分数相加减,先通分,然后按照同分母分数加、减法进行计算。

【环节点评:通过学习异分母分数的加法和减法,学生可以运用迁移类推的方法,独立完成计算,并且能够深入理解算理,从而更好地掌握计数单位的个数相减的方法。】

【技术/学科融合:利用学习单,及时反馈,同时利用智慧平台检测学生对知识的掌握情况,评价学习效果,提高教学效率。】

四、对比分析,感悟算理

教师引导学生对比分析,感悟一致性。

1.我们已经学会了异分母分数加、减法的计算方法,比较分数加、减法和我们学过的整数、小数加、减法,在计算时有什么相同的地方呢?

请同学们独立完成学习单(三)中的"大家来找茬",并四人为小组讨论:通过计算,你们发现了什么?

```
大家来找茬
                学习单(三)
下面计算正确吗?不对的请改正。通过计算你发现了什么?
        4213            53.86
 (1)  +  356      (2)  -  3.4        (3)  $\frac{2}{5} + \frac{1}{3} = \frac{3}{8}$
        4569            53.52
```

课堂实录:

①第一题是对的,相同数位对齐,然后相加。第二题是错的,小数点没对齐,正确的计算结果应该是50.46。第三题是错的,没有通分。

②第一题和第二题都要求先把相同数位对齐才能相加减,也就是计数单位相同才能相加减。第三题是错的,只有分数单位相同才能相加。

③第二、三题都没有做到计数单位相同,所以是错的。

2.比较分数加、减法和我们学过的整数和小数加、减法,在计算时,有什么相同点?

课堂实录:

这三道题都是加、减法,都要求相同数位对齐才能计算。

3.为什么要数位对齐?

课堂实录:

①数位对齐就是个位对个位、十位对十位,小数部分也是,十分位对十分位,百

分位对百分位,等等。

②异分母分数相加减,分数单位要相同才能相加减,要将异分母分数转化成同分母分数。

③数位对齐后它们的计数单位就相同了,相同计数单位才能进行加减计算。

4.谁听明白了？请举例说明。

课堂实录：

比如第一题,个位上的3加6表示3个一加6个一,合起来就是9个一；第二题也要求把小数点对齐,这样十分位上就是8个十分之一减4个十分之一,等于4个十分之一；分数就是分数单位要相同,也就是分母要相同。

小结：是的,通过观察,我们发现不管是整数、小数还是分数加、减法,都需要计数单位相同才能相加减,它们的算理都是一样的。

【环节点评：本次活动在交流中发现,学生对三者的理解是割裂的,没有进行过系统的整理,对于计数单位在运算中的作用,学生不是很清楚。这样对比分析,旨在帮助学生更好地理解计数单位在数学运算中的重要作用。通过这次活动,希望能够让学生更加深刻地体会到数学运算的一致性。】

【板书设计】

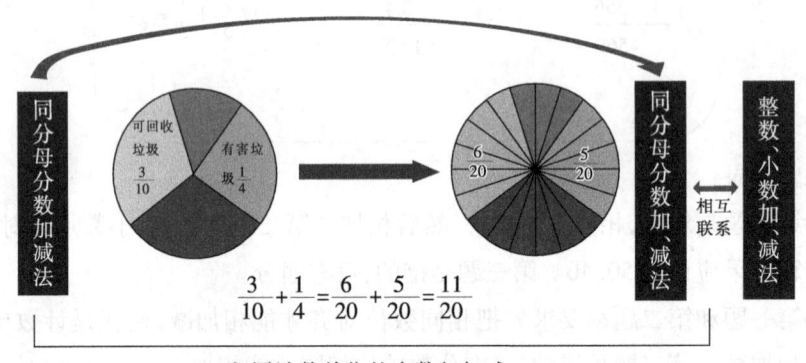

相同计数单位的个数相加减

【作业设计】

1.巩固性作业

(1)涂一涂,填一填

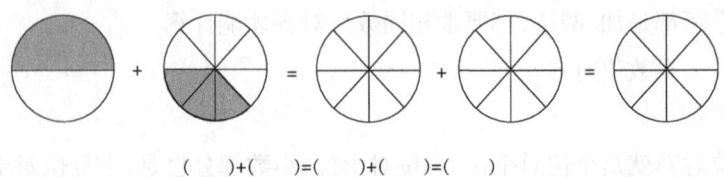

( )+( )=( )+( )=( )

(2)计算下面各题

$\dfrac{2}{5} + \dfrac{7}{15} =$ $\dfrac{3}{7} - \dfrac{1}{5} =$

2.应用性作业

一根细绳,第一次用去了$\dfrac{5}{12}$米,第二次用去了$\dfrac{7}{8}$米,两次共用去了多少米?第二次比第一次多用去了多少米?

【学习评价】

学习目标	评价任务	评价方法	评价标准
能正确运用异分母分数加、减法,并初步理解异分母分数加、减法的算理。	学习单(二)巩固作业	学生自评	优秀:★★★ 良好:★★ 加油:★
能在实际情境中,列式并正确运用异分母分数加、减法,发展符号意识和数感。	学习单(一)应用性作业	学生互评	
能在较复杂的真实情境中,选择恰当的运算方法解决问题,能用准确的数学语言表述异分母分数加、减法的计算方法及算理,形成运算能力和推理意识。	学习单(三)实践性作业	教师课堂评价	

在课堂教学中发展学生的思维
——《植树问题》

徐功菲

【学习内容】

植树问题。

【知识定位】

本节课紧密围绕新课标,从真实的问题情境入手,利用信息技术的直观性,让学生体验数学建模的过程,理解难点知识;注重因材施教,帮助学生建立自信,激发学生学习数学的兴趣;充分利用信息技术检测学生对知识的掌握情况,及时有效地反馈,评价学习效果,调节教学进度,从而提高教学效率。在教学的过程中,不以解题为教学目的,着重培养学生的抽象思维,渗透数学思想,让学生体会到数学思想方法在解决问题中的重要性,培养学生的核心素养,落实立德树人的根本任务。

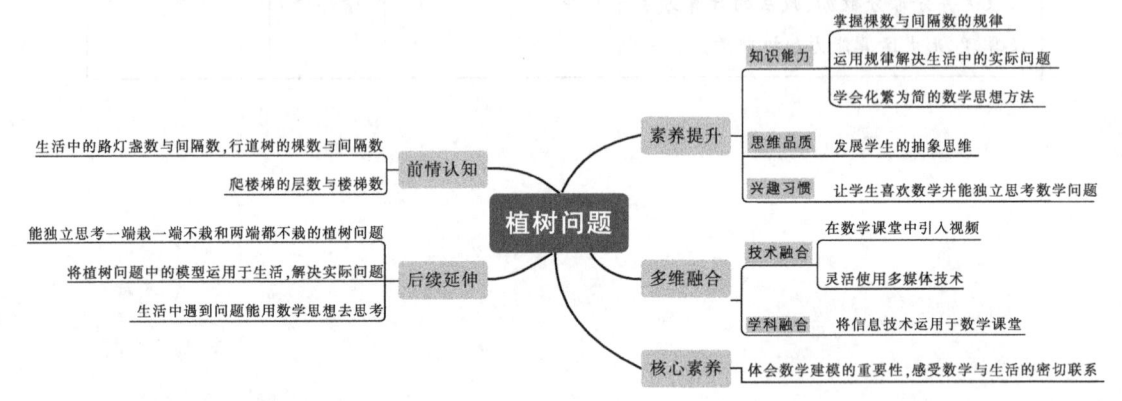

植树问题
- 前情认知
  - 生活中的路灯盏数与间隔数,行道树的棵数与间隔数
  - 爬楼梯的层数与楼梯数
- 后续延伸
  - 能独立思考一端栽一端不栽和两端都不栽的植树问题
  - 将植树问题中的模型运用于生活,解决实际问题
  - 生活中遇到问题能用数学思想去思考
- 素养提升
  - 知识能力
    - 掌握棵数与间隔数的规律
    - 运用规律解决生活中的实际问题
    - 学会化繁为简的数学思想方法
  - 思维品质:发展学生的抽象思维
  - 兴趣习惯:让学生喜欢数学并能独立思考数学问题
- 多维融合
  - 技术融合
    - 在数学课堂中引入视频
    - 灵活使用多媒体技术
  - 学科融合:将信息技术运用于数学课堂
- 核心素养:体会数学建模的重要性,感受数学与生活的密切联系

【设计理念】

《义务教育数学课程标准(2022版)》指出:"学生将在实际情境和真实问题中,运用数学和其他学科的知识与方法,经历发现问题、提出问题、分析问题、解决问题的过程……感悟思想方法,形成和发展模型意识、创新意识,提高解决实际问题的能力,形成和发展核心素养。"所以在设计植树问题这一课时,要从生活中最常见的站队开始入手,帮助学生理解"间隔、间距、间隔数"三个词语的概念,并让学

生明白所有与间隔、间隔数有关的问题都叫植树问题；接着出示植树节所碰到的植树问题，让学生进行猜想，引导他们先把复杂的问题转化为简单的问题去解决；然后从简单的问题中寻找规律，建立数学模型，并将其运用到复杂的问题当中去，从而提高学生解决实际问题的能力，培养他们的抽象思维。

【内容分析】

本课是人教版小学数学第三学段中的内容。本单元的三个例题都是跟植树有关的问题，在数学上，我们把和间隔、间隔数有关的问题统称为植树问题。教材将植树问题分为"两端都栽""一端栽，一端不栽""两端都不栽""封闭图形情况""方阵问题"，表面看这是几个不同的问题，但本质上它们所蕴含的都是棵数与间隔数之间的关系，所运用的探究方法是一样的。所以教材在编排上，注重引导学生进行猜测、转化、验证、运用等数学活动，使学生初步感悟解决植树问题时所运用的"一一对应""化繁为简"等数学思想，学会构建解决问题的模型，培养学生从实际问题中探索解决问题的方法的能力。

在教学植树问题时，教师要引导学生根据实际问题情境，学会化繁为简，从简单的情况入手，在分析、思考问题的过程中，慢慢发现其中的规律，建立数学模型，帮助学生积累数学活动的经验，提高学生解决实际问题的能力。

【学情分析】

关于植树问题，学生在第一学段就慢慢接触了，比如：上楼梯问题，上几楼要走多少层楼梯；锯木头问题，锯几次会有几段木头产生；在《年、月、日》单元中，求几号到几号之间一共有几天；等等。这些其实都是植树问题中两端都栽的情况。

小学生的思维仍以形象思维为主，抽象思维能力有了初步的发展，具备了一定的分析思考、归纳总结的能力。教学前测显示：班上有38%的学生能正确地解决两端都栽的植树问题，他们都是在培训班学了或者爸妈提前教了，但是详细谈话之中又了解到，他们基本都是停留在套公式的层面，对于为什么要这样解，特别是为什么要加1、什么情况要加1、植树问题的本质内涵是什么等问题，并不能完全理解。

这节课是植树问题这个单元的关键课，学好了这一课，后面两种情况就水到渠成了。基于教学前测的情况，我们应当将单元内容进行结构化整合，从学生已有经验出发，从真实情境中出发，在解决问题和数学建模的过程中渗透"数形结合""一一对应""化繁为简"等数学思想，使数学与生活建立联系，让学生更理解植树问题。

【学习目标】

1.通过观察、猜测、验证、推理与交流等数学探究活动,能初步体会到两端都栽的植树问题的规律,构建数学模型,解决实际生活中的有关问题。

2.能将植树问题推广到生活中的其他问题,会通过画线段图的方法来分析题意。

3.通过学习能感受数学知识在日常生活中的广泛应用,能尝试用数学的方法来解决实际生活中的简单问题,提高应用意识和解决实际问题的能力。

【学习重点】

通过学习能发现并理解两端都栽的植树问题中间隔数与棵数的规律,建立数学模型。

【认知难点】

会运用"植树问题"的解题思路解决生活中的实际问题。

【方法与策略】

教无定法,贵在得法。本节课从生活中的站队入手,依托学生已有的知识经验,帮助学生理解与本节课有关的概念,然后引导学生发现问题、思考问题,在探究的过程中,让学生经历解决问题和数学建模的过程,渗透"数形结合""一一对应""化繁为简"等数学思想,最后引导学生将植树问题推广到生活中的其他问题中去,学会"举一反三"。教学过程中合理运用视频、课件等,能够很好地激发学生的学习兴趣,拓宽视野。

【资源与工具】

资源:植树短视频、教学课件。

工具:较宽的直尺、树和路的教具、A4纸。

【学习安排】

单元第1课时,用1课时完成教学。

【过程实施】

一、情境导入,理解概念

老师请A、B、C三位同学到黑板上来,然后向学生展示两种不同的站法。站法一,三位同学站到一条线上,并且每个人的距离都相等;站法二,三位同学站到一条线上,但A、B两位同学的距离很近,B、C两位同学的距离很远。

师:同学们,你们觉得三位同学哪种站法更好看呢?为什么?

生1:我觉得第一种站法更好看,因为三位同学之间的距离都相等,整体看起来更加整齐美观,而第二种站法每个人的距离都不一样,不整齐,看起来好乱。

学生自由发言,教师适当进行点评,最后做总结。

师:感谢大家的精彩发言,刚才大家所说的两位同学之间的距离,在我们数学上有个专门的名词,叫作间隔。A和B之间是一个间隔,B和C之间又是一个间隔,间隔之间的长短,我们称之为间距。三位同学之间有两个间隔,我们称间隔数为2。

师:生活中和间隔有关的现象随处可见,请大家一起说一说,看看哪些同学最善于观察生活。

学生自由回答,教师进行逐一点评,随后教师用教学课件出示自己所收集到的和间隔有关的现象。(路灯的盏数与间隔数,行道树的棵数与间隔数等)

师:大家说的这些现象都属于同一类型的问题,在数学上,我们把和间隔、间隔数有关的问题统称为植树问题。这节课我们将共同探究和植树问题有关的规律。

【环节点评:通过生活中最常见的站队引出本节课最重要的三个名词——间距、间隔、间隔数,很容易让学生明白其含义。通过用课件展示生活中一些与间隔有关的现象,引出本单元所学的"植树问题"不单单是指跟树有关的问题,所有跟间隔有关的都叫植树问题,更容易让学生理解。】

二、充分经历,探索新知

(一)创设情境,解决问题

多媒体出示植树节时学生们植树的相关短视频。

【技术融合:通过多媒体播放植树节时植树的场景,更容易将学生们带入本节课的情景中来。】

随后教师用课件出示例1。

师:植树造林、绿化祖国是每个公民义不容辞的责任,同学们在长100米的小路一边植树,每隔5米栽一棵(两端要栽),一共要栽多少棵树?

生1:100÷5=20(棵),就是20棵。

生 2:$100 \div 5 + 1 = 21$（棵）；因为两端都要栽,棵数要比间隔数多 1,所以是 21 棵。

生 3:$100 \div 5 + 2 = 22$（棵）；因为两端都要栽,棵数要比间隔数多 2,所以是 22 棵。

师:实践是检验真理的唯一标准。我们该怎样确定谁的猜测正确呢？

引导学生通过验证来寻求答案。

师:对,验证是检验答案的最好方法,下面我们一起想办法来验证一下。

但是现在是 100 米的路,在纸上画出来,显然是有难度的,该怎么办呢？

老师引导,在遇到较复杂的数据不便于研究时,我们可以换成较小的数据来研究,找出规律,再应用于复杂数据上。

师:我们可以先把这条路看成是 20 米,看看需要种多少棵树。

引导学生寻找题目中的一些关键信息,比如全长 20 米、一边、每隔 5 米、两端要栽。借助一把直尺,帮助学生们更好地理解题目中的关键信息。

分析清楚题目后,教师出示事先准备好的树与路的教具。

师:老师想请一位同学到黑板上来栽树,哪位同学愿意上来,其他同学在下面用自己喜欢的方法解题。

教师点名学生到黑板上来植树,指导学生正确的植树方法。

师:非常感谢这位同学上来栽树,现在我们可以很直观地看到,在 20 米长的小路一边植树,每 5 米种一棵,间隔数是 4,一共需要 5 棵树。但是我们在解这道题的时候采用了教具,非常麻烦,哪位同学有没有简单一点的表示方法呢？

我们在做题的时候,可以用一条线段表示走道,用小竖线表示树,这样画图表示比较简单。

教师利用 PPT 和学生一起画一画,让学生学会线段图这种简单的画图表示的方法。

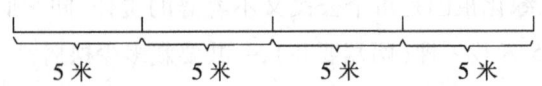

$$\underbrace{\quad}_{5\text{米}}\underbrace{\quad}_{5\text{米}}\underbrace{\quad}_{5\text{米}}\underbrace{\quad}_{5\text{米}}$$

【环节点评:从用教具进行解题,到用画线段图表示解题,前者可以形象直观地让学生明白解题的过程,后者不仅让学生明白了线段图的由来,而且让学生明白了画线段图解题的优势及重要性,渗透数形结合的思想,让学生明白画线段图在我们日常生活中有很大的运用价值。】

接着教师引出问题:为什么树的棵数比间隔数多 1 呢？

引导学生在线段图上画一画,一棵树对应着一个间隔,最后会发现两端都栽的情况下会多出一棵树。

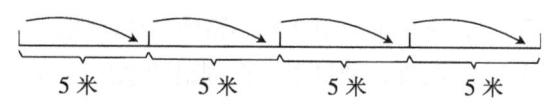

　　5米　　5米　　5米　　5米

【环节点评:在线段图中渗透"一一对应"的数学思想,可以让学生直观地理解,在两端都栽的情况下,为什么树的棵数比间隔数多1,这也为学生后面学习植树问题中的其他两种情况做铺垫。】

(二)**探索规律,构建模型**

1.同学们在全长25米的小路一边植树,每隔5米栽一棵(两端都栽),一共需要准备多少棵树苗？有多少个间隔？

鼓励学生用刚刚画线段图的方法进行解题。

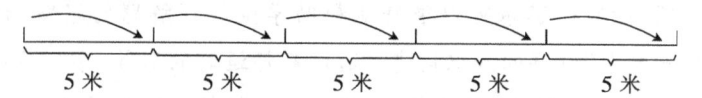

　　5米　　5米　　5米　　5米　　5米

需要植树的棵数是6,间隔数是5。教师将结果进行板书记录。

2.如果在全长30米的小路上植树,又需要多少棵小树呢？35米？……

在其他条件不变的情况下,不断变化路程,让学生进行回答,教师做好记录,以便后面探究规律。

两端都栽:

路长(米)	间隔数	植树棵数
20	4	5
25	5	6
30	6	7
35	7	8
……	……	……

师:从上面的表格中,你发现了什么？

生1:路长每增加5米,间隔数就会增加1,也就要多种一棵树。

生2:棵数总是比间隔数多1。

师:也就是说,在两端都栽的情况下,我们可以得到"植树的棵数＝间隔数＋1"这个规律。

师:那间隔数又该怎么求呢？

生:求总的长度里面有多少个5,应该用除法来做,用总长除以间距所得的结果就是间隔数。

师:也就是说,间隔数 = 总长 ÷ 间距。我们班的同学真善于发现!

总结出规律以后,再让学生解决100米小路的植树问题。

教师引导学生认真审题,理解题目中关键词语的意思,并让学生明白:"长100米"就是指小路的总长;"每隔5米栽一棵"是指每相邻两棵树之间的距离,简称"间距";"两端要栽"指小路的起点与终点处都要栽。

学生进行解题:

在两端都栽的情况下,棵数 = 间隔数 + 1

$$100 \div 5 + 1 = 21(棵)$$

答:一共要栽21棵树。

【环节点评:这个环节,教师向学生渗透了数学中解题常用的"化繁为简"思想。"化繁为简"的数学思想可以很好地帮助学生找到解题的思路,让学生经历"个别——一般——复杂"这样的知识构建。通过教师适时的引导,学生从比较棵数与间隔数的操作活动中总结出:两端都栽,棵数 = 间隔数 + 1,间隔数 = 总长 ÷ 间距。通过操作学具、画图等方式寻求规律,得出解决植树问题的一般公式,可以让学生更深入地理解方法。】

三、回归生活,实际应用

挑战一:

工人们在全长1000米的马路一边植树,每隔50米栽一棵(两端都栽),一共需要准备多少棵树苗?

学生在练习本上答题,教师指导他们分析题目,利用刚刚探究的规律进行解答。待全部解答后再统一订正。

在两端都栽的情况下,棵数 = 间隔数 + 1

$$1000 \div 50 + 1 = 21(棵)$$

答:一共需要准备21棵树苗。

挑战二:

在一条全长3000米的街道两旁安装路灯(两端都要安装),每隔200米安装一盏,一共要安装多少盏路灯?

师:安装的路灯盏数相当于我们植树问题中的什么?

路灯的盏数相当于植树的棵数。

学生独立解答,最后汇报。

在两端都安装路灯的情况下,盏数 = 间隔数 +1

$$3000 \div 200 + 1 = 16(盏)$$
$$16 \times 2 = 32(盏)$$

答：一共要安装32盏路灯。

【环节点评：数学源于生活，又应用于生活。安装路灯、植树以及后面课本练习中出现的车站等都是学生常遇见的生活情境。把这些生活中的问题数学化，既能提高学生学习数学的兴趣，又能让学生感受到数学的实际应用价值。】

四、课堂总结，畅谈收获

教师引导学生对解决植树问题（两端都栽）中的方法进行总结，归纳数学思想。

师：通过本节课的学习，同学们清楚了植树问题中在两端都栽的情况下树的棵数和间隔数之间的关系，明白了画线段图帮助我们分析题目的重要性，感悟了一一对应、化繁为简等数学思想。希望同学们能学以致用，将我们所学用于解决生活中的实际问题。

【板书设计】

```
            植树问题
      间隔数 = 总长 ÷ 间距
两端都栽  棵数 = 间隔数 + 1
```

【作业设计】

1. 巩固性作业

工人要在一条长540米的马路一旁栽树，每隔6米栽一棵，两端都要栽，请问工人叔叔需要准备多少棵树苗？

2. 应用性作业

8路公共汽车行驶路线全长18 km，相邻两个车站的距离是2 km，一共要设置多少个车站？

3. 实践性作业

请同学们一起动手操作，用气球装扮我们教室的左右两面墙，要求每隔50厘米装一个气球，两端都要装扮。

【学习评价】

学习目标	评价任务	评价方法	评价标准
会独立画线段图理解植树问题。	根据教学要求,在纸上画一画线段图。	同学互评	优秀:★★★ 良好:★★ 加油:★
理解"一一对应"的数学思想。	在线段图上画一画,理解线段与小竖线的关系。	学生自评	优秀:★★★ 良好:★★ 加油:★
理解"化繁为简"的数学思想。	通过计算记录树的棵数,理解不同长度的小路中树的棵数与间隔数的关系。	同桌互评自评	优秀:★★★ 良好:★★ 加油:★
会运用植树问题中的规律解决生活中的数学问题。	完成课堂布置的练习1、2、3题。	教师评价	优秀:★★★ 良好:★★ 加油:★

有效分层　建立概念
——《角的初步认识》

付　珊

【学习内容】

角的初步认识。

【知识定位】

新课标中对图形教学的指导强调帮助学生从现实情境逐步进入抽象的图形世界,并经历从具体事物中抽象出图形的过程,使他们理解数学中的图形是源于生活又高于生活的文化产物。在本课的教学过程中,首要任务是引导学生从日常生活的实际例子中抽象出数学世界中的"角"。

虽然学生在日常生活中已经认识了"角",但日常概念的"角"与数学概念的"角"存在一定差异。日常概念中的"角"更多地指向"尖锐的凸起处",而不是数学概念中由一个顶点和两条边构成的角。

因此,在教学中,选择呈现角的载体是非常重要的。教师需要巧妙地运用学生熟悉的日常概念,让他们感受到数学就在身边;同时,也要有意识地克服日常概念对数学概念的影响,帮助学生在脑海中真正建立起抽象的、数学的角的概念。

教师通过加深学生对角的数学概念的理解,使学生更深刻地认识到数学在日常生活中的应用和价值,同时,也能够为学生后续更复杂的数学学习打下坚实的基础。因此,教师在教学中的引导和启发至关重要,可以帮助学生建立起正确的数学思维方式,从而更好地掌握数学知识,拓展数学的应用领域。

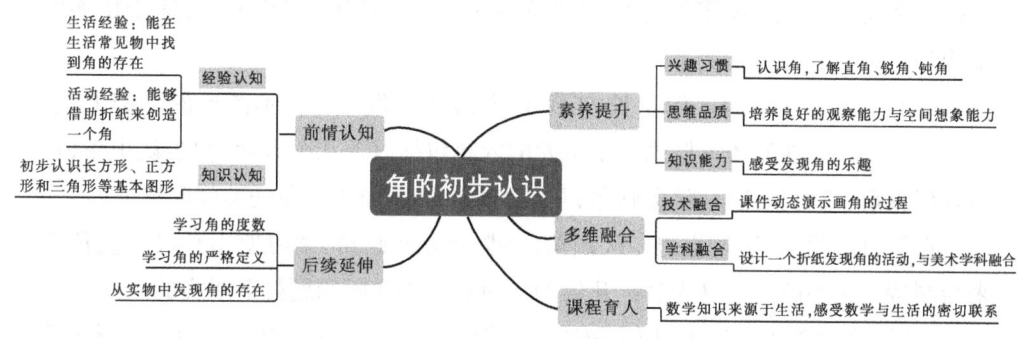

角的初步认识

前情认知
- 经验认知
  - 生活经验:能在生活常见物中找到角的存在
  - 活动经验:能够借助折纸来创造一个角
- 知识认知
  - 初步认识长方形、正方形和三角形等基本图形

后续延伸
- 学习角的度数
- 学习角的严格定义
- 从实物中发现角的存在

素养提升
- 兴趣习惯:认识角,了解直角、锐角、钝角
- 思维品质:培养良好的观察能力与空间想象能力
- 知识能力:感受发现角的乐趣

多维融合
- 技术融合:课件动态演示画角的过程
- 学科融合:设计一个折纸发现角的活动,与美术学科融合

课程育人:数学知识来源于生活,感受数学与生活的密切联系

【设计理念】

《角的初步认识》是人教版二年级上册的内容,此时学生已经初步认识了长方形、正方形和三角形等基本图形。尽管角在生活中有广泛的应用,但对于二年级的学生来说,他们对角的认识多数还停留在"尖尖的一点"这个表象上,较难抽象出数学中角的概念。因此,本节课采用了直观教学和活动探究的教学方法,注重"教师引导,学生为主体",即教师以学生为出发点,注重学生学习方式的转变,鼓励学生主动探索,并参与到知识形成的过程中。

教学过程中,要着眼于帮助学生正确理解"角"的概念,初步认识角的大小。为此,设计了直观、生动且具有一定挑战性的数学活动,采用视频导入的方式,使得学生对角的特征产生兴趣。通过比较角的大小、动手操作创造角等探究方式,引导学生积极参与,将丰富的感性认识逐渐转化为理性认识,促使学生的思维朝着更深入的方向发展,培养学生的数学思考能力。

教师在教学中扮演着引导者的角色,引导学生在积极、愉快的课堂氛围中提高自己的认知水平。教师通过激发学生的学习兴趣,培养学生主动发现和思考问题的能力,使得学生在探索的过程中逐步建立起对"角"的正确认知,从而加深对数学知识的理解。

整个教学过程力求贴近学生的认知特点,为学生提供有意义的学习体验,鼓励学生在探究和实践中主动地掌握知识,可以更好地激发学生对数学的兴趣,并为未来更深入的学习奠定坚实基础。

【内容分析】

《角的初步认识》属于"图形与几何"中"图形的认识与测量"中的内容。"图形与几何"承担着发展学生空间观念的任务,本节课要求结合生活情境认识角,了解直角、锐角、钝角。纵观小学阶段学习的"图形与几何"内容,教材从学生的生活经验和认知规律出发,从直观辨认立体图形、平面图形,到认识角、边等基本元素,再到探索平面图形和立体图形特征,以"整体—局部—整体"螺旋上升、逐步拓展的结构编排。

"角"是在学生已经了解了长方形、正方形和三角形等基本图形的基础上,引入的一个全新的抽象图形概念。本单元的内容包括以下几个方面:初步认识角,初步认识直角、锐角和钝角,学会画角,并运用角的知识解决简单的实际问题。

在学习过程中,学生将初步认识角,并学会如何画角,学习使用直尺和量角器来绘制特定大小的角。这为后续几何的学习和解决实际问题打下坚实的基础。

最后,学生将运用角的知识来解决一些简单的实际问题。这些问题与实际生活息息相关,通过运用所学的角的知识,学生可以更好地理解并解决这些实际问题。

本课教材编排如下:

教材巧妙地结合生活情境,利用学生已有的生活经验和知识基础,引导学生经历由具体到抽象的认知过程。通过多样的教学活动和动手操作,学生将从多个角度来学习角的定义,最终学会如何画角,深化对角的认识。

【学情分析】

一、前测设计

1. 看到"角"这个字你想到了什么?(用画图或文字说明的方法说一说)
2. 下面哪些是角?

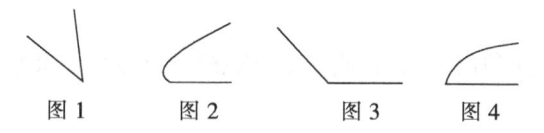

图1　　图2　　图3　　图4

二、前测结果

调查对象:二年级(7)班51名学生。

调查时间:教学二年级《角的初步认识》之前。

调查结果:

问题	结果
1	有23名学生看到"角"字想到三角形、长方形、正方形、五角星等平面图形;有5名学生想到人民币单位,写了1角、2角、5角;有10名学生想到鹿角、羊角、牛角等动物角;有6名学生想到直角、锐角、钝角、平角等角的类型概念;有7名学生想到墙角、国旗一角、书角、图书角等词。
2	有45名学生认为图1是角,有2名学生认为图2是角,有40名学生认为图3是角,有5名学生认为图4是角。

三、前测分析

基于前测,学生对角具备了较为丰富的认知,这些认知一方面来源于对生活中角的观察,另一方面来源于学习经验。基于这些认知,一半以上的学生能够初步辨析角,学习起点较高。但是,也有近一半的学生对角的本质认知模糊,不能从现实中想象推理出数学意义上的角。比如从第2题发现学生能辨析标准的角,但无法准确判断圆的转弯或者某条边弯的"角"是不是数学上真正的角。

【学习目标】

1.结合生活情境,初步认识角,知道角的各部分名称。初步学会用直尺画角,创造性地使用工具材料来制作角和比较角的大小,初步感知角有大有小。

2.形成初步的观察能力、想象能力和空间观念,会从实物或平面图形中辨认角,了解数学和日常生活的联系。

3.在合作、探究学习中,数学交流能力得到提高,知道生活中处处有角,培养学习数学的兴趣,增强学习数学的信心。

【学习重点】

在直观认识角的活动中形成角的正确表象,脑海中建立角的概念,知道角的各部分名称,初步学会用直尺画角。

【认知难点】

从实物角逐步抽象出几何角,能借助直观模型比较角的大小,并根据角的特点辨认角。

【方法与策略】

本节课旨在让学生认识角的概念。在教学中,教师应充分发挥主导作用,同时强调学生的学习主体性,引导学生主动探索问题,培养学习兴趣。教师通过逐步抽象概括的过程,帮助学生解决问题,让学生获得知识和能力,并获得情感体验,达到思维训练的目的。针对学生易分神、年龄小、好动等特点,采用谈话启发、直观演示、引导发现、小组合作、讲练结合等多种教学方法。

为了充分发挥学生在课堂教学中的主体作用,教师遵循循序渐进的教学原则,引导学生在上述教学方法的指导下,亲自动手实践,进行合作交流,同时不断用鼓励性语言激发学生的学习兴趣。让学生在课堂学习活动中充分利用学具,从初步认识角,到学会画角,再到通过折纸创造角,从而体验到成功的乐趣。

【资源与工具】

资源:教案、课件。

工具:三角板、圆形纸片、活动角。

【学习安排】

单元第1课时,用1课时完成教学。

【过程实施】

一、情境导入

1.课件播放视频,复习几何图形,引出角的特点。

2. 提问:同学们,你们知道角吗？你认为什么是角？

预设1:我知道角。角是两条线段相交的地方。比如,当墙壁和地板相交的时候,就形成了一个直角。直角就像一个大写的"L",很好认。

预设2:我也知道角。还有一种角叫作墙角和桌角。墙角就是两堵墙壁相交的地方,在那里有时候还会有一些小虫子。桌角则是桌子的边角处,我们要小心,不要碰到桌角,以免受伤。

预设3:还有一种角是动物头上的角。一些动物像鹿、羊和犀牛长着角。这些角可以有不同的形状和大小,它们通常是动物头上的一种装饰,也可以用来保护自己。

预设4:我也有一个例子。有一种特殊的角叫作直角。直角就是两条线段相互垂直相交的地方。我们可以想象一下,比如墙壁和地板相交的地方就是直角。在学习数学的时候,我们会遇到很多直角。

3. 小结:这些就是我们对角的理解。角字面上的定义可以是动物头上的犄角,也可以是建筑夹缝处的角落,更可以是家具建材直线接缝处形成的夹角。生活中的角多种多样,那数学中的角是如何定义的呢？这节课我们就来学习一下数学定义中的角。(板书:角的初步认识)

【环节点评:播放视频,激起学生学习数学的兴趣。在生活中,人们通常将物体上的"尖尖的部分"称为角,例如牛角、羊角等,然而这与数学上角的意义是不同的。为了避免混淆,本节课将会对这种日常生活中的角与数学概念中的角进行明确区分。】

【技术/学科融合:插入视频、动画演示。】

二、探究新知

活动一:找一找

1. 出示图片。同学们,图中是什么地方？你从图中的哪些地方发现了角？

预设1:我从图中看到了三角板上的角。三角板上有三个角。

预设2:我还从图中的单杠上看到了角。单杠的两端有两个角,单杠可以让我们锻炼身体,同时也有角这个特点。

预设3:我还注意到了足球门上的角。足球门有四个角。

预设4:我还发现了学校的钟上有角。钟的时针和分针形成了一个角。这个角还挺大的。

预设5:我还看到了窗户上的角。

小结:这些是我们从图中发现的角。除了三角板、单杠、足球门、学校的钟和窗户上的角,还有很多其他地方也有角存在。通过观察周围的事物,我们可以发现很多有趣的角。

2. 寻找教室里的角。要求:在我们的教室中也有许多这样的角,请同学们以小组为单位把它们找出来。

学生寻找教室中的角。小组代表说明找到的角,其余学生补充。

小组1:我们在教室里找到了好几个角。黑板上方的墙角是一个角,桌子的边角也是一个角,还有窗户上的角。

小组2:我们也发现了一些教室里的角。墙壁与地板相交的地方有直角,它们就像一个大写的"L"。还有椅子的角,椅子的腿与座位相交形成了角。还有书架上的角,书架的支架与横板相交形成了角。

小组3:我们还找到了几个隐藏的角。教室里的电视屏幕上有角,它是屏幕边框的线段相交的地方。

3. 学生找角后,教师课件展示角。课件出示生活中的角,示范找角的方法。

4. 这些都是角,但它们不完全一样,为什么都能叫作角呢?它们彼此之间一定有相同的特点,下面我们共同来研究一下。

【环节点评:数学知识源于生活,通过在生活中寻找角的存在,学生能够感受到数学与生活的密切联系,从而培养学习数学的兴趣。在教学过程中,教师从学生的生活经验出发,因势利导,让学生通过观察实物和手势演示来初步体会角的含义,以加强学生的感性认识。】

活动二:摸一摸

1. 要求:我们身边就有三角尺,请大家把三角尺拿出来,观察三角尺有几个角?谁能指一指这三个角在哪?(学生指角)

2. 引导学生正确指角的方法,接着引导学生摸三个角,先摸顶点,再摸边。

3. 追问:学生摸完三角板以后有什么感觉?

预设1:摸三角尺的角感觉真特别!它们尖尖的,一点都不圆滑。我用手指触摸角的边缘,感觉到它们非常锐利。而且,角的两边都是平平的、直直的,没有弧度或弯曲。摸着三角尺的角,我感觉到它们很有力量。

预设2:摸三角尺的角感觉好特别!角的尖尖部分感觉非常锋利,我小心地触

有效分层　建立概念
——《角的初步认识》

碰它们。而且,角的两边都是平平的、直直的,没有任何弯曲。摸着三角尺的角,我感觉到它们很稳固。

预设3:我摸了摸三角尺的角,感觉好特别!角的尖尖部分很尖锐,我小心地用手指触摸,感受到它的锐利。

【环节点评:活动中,学生自己动手亲自触摸,在实际操作中感知,在进一步理解中建构,形成角的直观表象,掌握角的特征。把枯燥的知识转化为活动,可以激发学生学习数学的兴趣。】

活动三:描一描

1.示范描出三角尺其中的一个角,指导学生观察:这些角都有什么共同的特点?

预设:尖尖的这个地方是这个角的顶点,这两条直直的线是这个角的边。

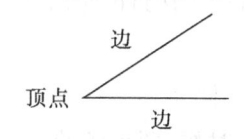

角由一个顶点和两条边组成。

2.板演画角的过程,课件演示画的过程。画角的方法:画角时,要先画顶点,再画两条边。小组自由画角,展示角并交流画法。

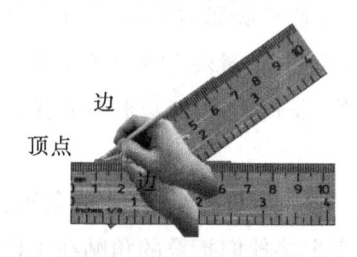

画角的方法:画角时,要先画顶点,再画两条边。

3.动画演示角的大小,说明角有大有小。提问:你知道角的特征吗?

预设1:我知道角的特征。角有一端是尖尖的,就像是一个小尖山一样,而另一端是叉开的,就像是分开的两条路。

预设2:角的特征是一端尖尖的,像一个小箭头,而另一端是分开的,就像两条线段不相交。这两条线段的一端连接在一起,形成了角的顶点,另一端则延伸开来。

预设3:我觉得角的特征是一端是尖尖的,就像是一个小山峰,而另一端是分开的,就像两条平行的道路。这两条道路的一端连接在一起,形成了角的顶点,另一端则是平行延伸的。

4.师小结角的特点:在数学中我们把这尖尖一端的点叫作顶点,把这两条直直的线叫作边。角由一个顶点和两条边组成。

【环节点评:在抽象角的图形时,用多媒体技术让学生清晰地看到由实物的角变化为图形角的过程,帮助学生逐步抽象出角的几何图形,引导学生通过观察归纳出角有一个顶点和两条边。】

活动四:比一比

1. 观察法:课件出示大小差别较大的两个角,让学生判断哪个角更大。

预设:第二个角更大。

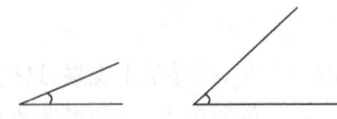

2. 提出问题:当遇到两个张口比较接近的角时如何比较大小?播放视频,引导学生通过操作比较来寻找方法。

预设:把他们重叠比较,结果一样大。

3. 小结:在比较两个角大小的时候,两个角的顶点和其中的一条边要重合,看另一条边的位置,在外的那个角就大,在内的那个角就小。两个角完全重合的就一样大。角的大小与角的两边张开的大小有关系,与边长无关。

【环节点评:观察法中学生能根据张口的大小马上判断出角的大小,紧接着给出无法用观察法判断大小的两个角,激起学生的探究欲望。通过视频发现可以用重叠法,然后由学生自主操作、合作交流,经历和体验探索新知、获取新知的过程。】

活动五:创造角

1. 折角。出示一些圆形纸片,提问:这张纸上有角吗?鼓励学生想办法用这些纸片折叠出角来,然后指名学生将他们折叠的角贴在黑板上展示。

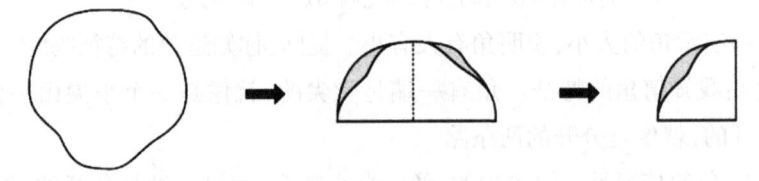

预设:这张纸是没有直角的,但我们可以通过折叠来创造一个角。我们将纸对折一次。这样我们得到了一个折痕。接下来,我们再将纸对折一次,把另一边与前面的折痕对齐。这时,我们会发现纸上出现了一个角。

2. 制作活动角。同学们心灵手巧,不光折出了这么多形状的角,还画出了许多角。下面同学们拿出两根彩色纸条,想想办法,看能不能做成一个角。

有效分层 建立概念
——《角的初步认识》

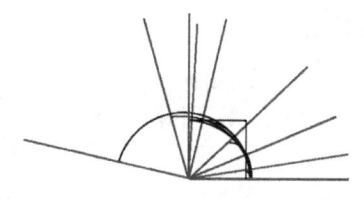

3.学生制作活动角并展示,感受变大变小的过程。

预设1:我准备了两根彩色纸条,一根是红色的,一根是蓝色的,对叠一下。我把它们放在一起,一边对齐,形成一个长方形。我把两根纸条的一个角折叠到另一个角上,让它们重合。这样,我们得到了一个有两根彩色纸条的角。我用手指按住它们,确保它们不会移动。这样就可以形成一个角。

预设2:为了让这个彩色纸条角更牢固,我拿出胶水,涂在两根纸条的接触处。我小心地将它们粘在一起,确保它们不会松开。这样,我们用彩色纸条创造的角就完成了。

【环节点评:通过折角和制作活动角巩固了上一环节所学的角的大小与张口的大小有关这一知识,并再次体会角的特征。】

【技术/学科融合:插入视频、动画演示。】

三、巩固练习

1.出示课件:这些图形中有角吗?指名学生上台找角、数角。

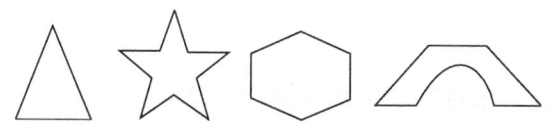

预设1:我来说说三角形的角。三角形有这3个角(边说边指)。

预设2:我来说说五角星的角。五角星这里有5个角,这里还有5个角,一共有10个角,五角星的每个角都是尖尖的(边说边指)。

预设3:我来说说六边形的角。六边形有6个角,因为它有6条边。

预设4:这个像桥墩的图形,它有6个角,这6个角分别在这些地方(边说边指)。

小结:这些图形中确实都有角存在。三角形有3个角,五角星有10个角,六边形有6个角,而像桥墩的图形也有6个角。我们通过数边数角的方法可以得到这些结果。

2. 课堂互动:下面哪些是角?

学生互动游戏。

3. 课堂互动:判断题。

学生互动游戏。

【环节点评:教学过程中,学生对角有了初步的认识。练习题主要是为了考查学生对本节课知识点的掌握情况,同时,也旨在了解学生是否能够运用所学知识去解决生活中的问题,并考查学生对所学知识的理解和运用能力。通过这些练习题,教师可以更好地评估学生的学习进展,指导后续教学,确保学生对角的概念有更深入的理解。】

【技术/学科融合:希沃课堂互动、动画演示。】

四、课堂总结

1. 提问:通过这节课的学习活动,你有什么收获?

预设1:通过这节课的学习活动,我对角的概念有了初步的认识,知道了我们所研究的角在一个平面上,由一个顶点、两条边组成。生活中的墙角从一个点出发可以找到3个角,这一个点是3个面的交汇处,而我们研究的角是在一个平面上,所以墙角不属于本堂数学课所研究的角。动物头上的犄角形似角,但不属于本堂数学课所研究的角,因为动物头上的角不是从一个点出发,更不是两条直直的线条。为了不碰伤小朋友,课桌边缘做了圆弧化处理,所以桌角没有点,不属于角。

预设2:我学会了用数角的方法来计算图形中角的个数。同时,我也了解到角的形状和特点可以通过观察和感受来描述,比如尖尖的角、平平的角等等。

预设3:通过今天的学习,我知道了角的大小与角两边叉开的大小有关,两边叉开得越大角就越大,叉开得越小角就越小,也会用观察法和叠合法比较角的大小了。

预设4:这节课的学习让我对角有了更深入的了解,同时也培养了我的观察和描述能力。我觉得角是一个有趣的概念,它存在于我们周围的事物中,通过学习角,我更能理解和认识这个世界的形状和结构。我期待在接下来的课程中,能进一步学习和探索有关角的知识。

2. 引导:希望同学们以后要仔细观察,生活中还有很多数学知识等着你们去发现。

3. 最后儿歌结束:我是一个小小角,一个顶点两条边,画角时需要牢记,先画顶点再画边,最后不忘做标记,想知我的大与小,要看开口不看边。

4. 布置课后任务:请同学们回家后找出"家中的一些角",并试着画下来。

【环节点评:将数学活动贯穿于学生的生活实际中,可以增加学生对数学的兴趣和学习动力。在总结时,教师再一次强调数学学习与学生的生活密切相关,将所学的数学知识与日常生活中的应用联系起来。这样,学生会认识到数学无处不在,不仅存在于课堂中,更广泛地延伸至生活的方方面面。】

【技术/学科融合:动画演示。】

【板书设计】

角的初步认识

1. 角由一个顶点、两条边组成。

2. 角的特点:顶尖尖的、边直直的。

3. 角的大小与角两边叉开的大小有关,两边叉开得越大角就越大,叉开得越小角就越小。

【作业设计】

找出"家中的一些角",并试着画下来。

【学习评价】

学习目标	评价任务	评价方法	评价标准
初步认识角;能借助三角尺认识角。知道角各部分的名称,并能用自己的语言描述角各部分的特征。	画角	教师评价	优秀:★★★ 良好:★★ 加油:★
能够根据角的特征,通过折角、制作活动角创作出角。	创造角	学生互评	优秀:★★★ 良好:★★ 加油:★
能画出角并标出各部分名称。 能根据角的特征判断角。 掌握比较角的大小的方法。	1. 找角、数角 2. 判断角 3. 比较角	教师评价	优秀:★★★ 良好:★★ 加油:★

在触摸中理解概念，在操作中发展量感
——《面积》案例

王霞芳

【学习内容】

面积的认识。

【知识定位】

这节课是单元的起始课。本课时的任务是认识面积的含义，教学时应借助生活经验，找物体的面，通过观察、触摸感受面，再通过观察、比较、摆小面等不同的方法，比较面积的大小，从而使学生初步感知面积的概念。

从整个小学数学教材体系和几何知识的编排上看，学生从学习周长再到学习面积，是空间形式上从"线到面"、从一维空间向二维空间转化的开始。学好本课内容不仅是学习长方形、正方形面积的基础，而且是学习其他平面图形面积计算的基础，同时，学习本课有利于发展学生的空间观念。

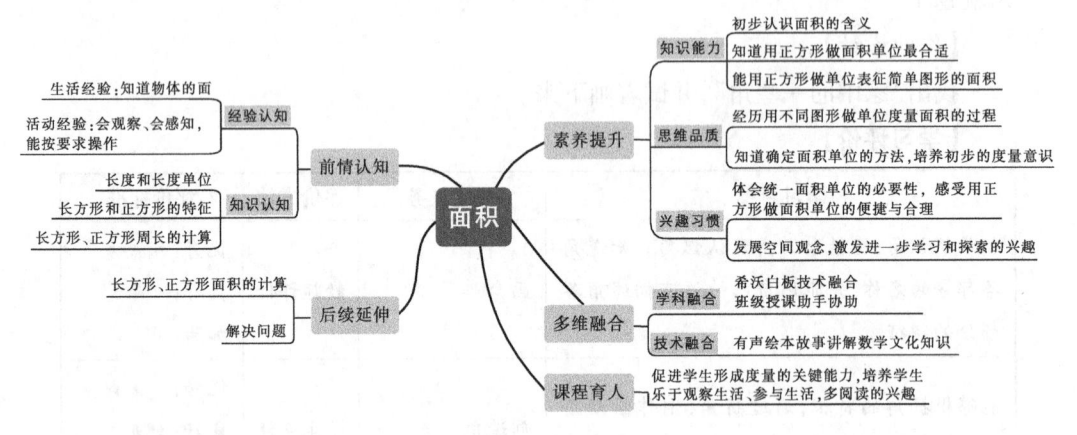

面积		
前情认知	经验认知	生活经验：知道物体的面
		活动经验：会观察、会感知，能按要求操作
	知识认知	长度和长度单位
		长方形和正方形的特征
		长方形、正方形周长的计算
素养提升	知识能力	初步认识面积的含义
		知道用正方形做面积单位最合适
		能用正方形做单位表征简单图形的面积
	思维品质	经历用不同图形做单位度量面积的过程
		知道确定面积单位的方法，培养初步的度量意识
	兴趣习惯	体会统一面积单位的必要性，感受用正方形做面积单位的便捷与合理
		发展空间观念，激发进一步学习和探索的兴趣
后续延伸		长方形、正方形面积的计算
		解决问题
多维融合	学科融合	希沃白板技术融合
		班级授课助手协助
	技术融合	有声绘本故事讲解数学文化知识
课程育人		促进学生形成度量的关键能力，培养学生乐于观察生活、参与生活，多阅读的兴趣

【设计理念】

概念教学，要从学生对生活的理解程度出发。面积是指物体面或封闭图形的大小，对于这个概念学生理解起来是比较困难的。所以教师不能忽略学生的认知水平，不能停留于表面的字眼，否则会对后续学习造成困扰。

因此，本课的"面积"概念教学，我分了以下几个层次：

一、从生活的面开始,找生活中或者教室里的面。通过观察、触摸感受面的特征,面有平曲、大小。

二、感受完物体上的面,接着直指面的大小,重点突出物体面有"大小"。

三、从刚找的物体面中,把面画成各种各样的图形,面积只指图形里面的大小,而只有封闭图形才有大小。

四、利用新视角解释面积,并引入面积大小的比较。

先用观察法比较,用观察法比较两张相差不大的纸时,学生发现观察法不适用了,从而引出了重叠法比较,而后发现重叠法对有些情况又不适用,教师马上把握契机,让学生用自己喜欢的方式操作。

整个设计以学生为主,利用层层追问的方法,让学生不断思考,有所生成,进而操作验证。而后,与下节课的面积单位挂钩,联合巩固练习,促进学生对整个单元教学内容的理解与把握,逐步培养学生的核心素养。

【内容分析】

《面积》在新课标里属于"图形与几何"领域,是现行教材中段的教学内容。它是从"线到面"、从一维空间向二维空间转化的开始。本节课围绕2022版新课标,以核心素养为导向,充分利用信息技术的直观性、可听性、动画性设计教学课件,感受立体物体与对应的平面图形的关系,帮助学生理解抽象的面积概念。通过融合语文学科的象形文字讲述数学文化,学生兴趣浓厚。整个面积的比较环节,环环相扣,先让学生进行实践操作,然后利用班级授课助手的及时性把学生的操作过程和作品投射出来,最后形成空间观念。多媒体制作的俏皮生动的动画人物也提升了学生的学习兴趣。整节课遵循学生身心发展规律,以生活经验和具体实例引导学生认识社会,让学生逐步形成良好的学习观、人生观,同时发展学生的学习能力,最终指向立德树人的目标。

【学情分析】

1.下面哪项不是物体的面( )

A. 数学书封面　　　　B. 桌面　　　　　　C. 脸面　　　　　　D. 面粉

抽测三年级8个班358人,100%同学选择D。

2.下面是用同样长的铁丝围成的图形,那么它们的面积( )

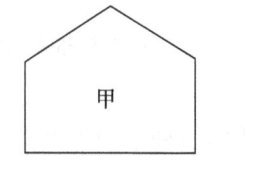

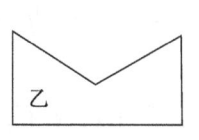

A. 甲比乙大　　　　B. 乙比甲大　　　　C. 一样大　　　　D. 无法比较

抽测 358 人,有效 358 份。

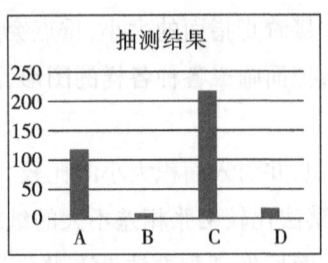

```
         抽测结果
250
200
150
100
 50
  0   A    B    C    D
```

3. 你知道什么是面积吗?

抽测 358 人,有效 358 份,抽测结果只有 7 人能准确描述面积的概念,50 人左右能说出物体表面的大小就是指它的面积。

本课教学是在学生已经认识了物体的面,掌握了长度和长度单位、长方形和正方形的特征及其周长计算的基础上进行的。根据三年级学生的年龄和心理特点,他们喜欢有趣、好玩、富有挑战性的课堂。概念的学习,特别是"面积"这个概念对于学生来说理解是比较困难的。所以,学生之前认识的物体的面对本节课有正向迁移作用,而周长对于学生认识面积有负迁移作用。因此,在教学中应该让学生经历对具体面的大小的感知活动,结合实例让学生形成对面积含义的理解。

【学习目标】

1. 结合实例,初步认识面积的含义,知道用正方形做面积单位最合适,能用正方形做单位表征简单图形的面积。

2. 通过观察、比较、拼摆、度量等数学活动进一步理解面积的含义,知道确定面积单位的方法,培养初步的度量意识。

3. 经历用不同图形做单位度量面积的过程,感受用正方形做面积单位的合理性。

【学习重点】

结合实例初步认识面积的含义。

【认知难点】

经历度量面积的过程,培养度量意识。

【方法与策略】

1. 找生活中的面,看一看,摸一摸,说一说。由实物抽象出图形,进而得出面积概念。

2. 调动学生感官,让学生发现可以选用一种小面来度量大面,实践操作"面积大小比较",通过观察发现用正方形做面积单位最合适。再通过可爱的动画人物小米和小桃的语音对话,让学生的判断失误,出示一大一小造成视觉冲击的图,提示要用统一的面积单位。环节层层递进,培养学生的空间观念和推理能力。

【资源与工具】

资源:多媒体课件、语音资料等。

工具:希沃白板、班级授课助手、数学书、水杯、四张相差不大的纸、学具袋等。

【学习安排】

单元第 1 课时,用 1 课时完成教学。

【过程实施】

一、创设情境,导入新课

这节课我们一起来学习面积,在生活中,你听说过面积吗?

预设 1:最近,我家想买房,爸爸说买一个面积大点的。

预设 2:老师,我知道,我们国家的面积很大,排世界第三。

你们真是生活中的有心人,关于面积,你们想知道什么?

预设:面积是什么? 面积多大? 面积多长? 学面积有什么用? 如何比较面积的大小? 面积和周长有什么关系? ……

【环节点评:通过创设情境,引发思考,引出课题,再结合学生已有的生活经验,激发学生学习的兴趣。】

二、自主探索,丰富认知

(一)初步认识面

能提出问题真了不起,我们就从这个问题开始解决,什么是面积呢?

面积从面开始,生活中或者就在这间教室里,你能找到面吗? 找找看。

1.感受面的平曲

选择你身边的一个面,摸一摸,有什么感受? 每个地方都要摸到,不重复,不遗漏。

师:再来摸摸我们的数学书封面。

刚大家摸到的都是平面,平平滑滑的。除了平面,还有什么?

预设:曲面,如橘子面、苹果面、脸面……

师:杯子上有曲面吗? 哪个面呢?

小结:看来面有平面和曲面。

2. 了解物体有多面

像杯子这样，它有几个面？

3个面，两个平面，一个曲面。

3. 感知面有大小

提问：面无处不在，我们刚刚摸了课桌面、数学书封面、杯子上的面，这些面大小一样吗？

（二）认识物体表面的面积

这些物体的表面有的大，有的小，它们的大小就叫作它们的面积。

如：数学书封面的大小就是数学书封面的面积。

谁能像这样来说一说其他物体表面的面积？

（　　）的大小就是（　　）的面积。

师：同学们能结合身边的具体事例来描述什么是面积吗？

（三）认识平面图形的面积

提问：如果我把数学书封面画下来会是什么形状呢？杯盖面画下来呢？

小结：我们把物体表面画下来会有不同的形状。

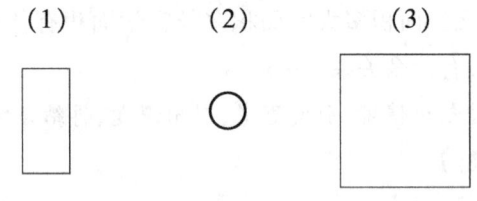

　　　　（1）　　　　　（2）　　　　　（3）

你能说说这些图形的面积吗？长方形的面积、圆的面积、正方形的面积……（边提问边在课件上给每个图形动画刷颜色）

数学文化：

同学们，你们知道吗，其实"面"这个字在象形文字中是这样写的，在一个目外面围一个框，就表示我们的脸面，面就由此发展而来。中国古人充满智慧，发现其实就是在框里头找面，刚才同学们在摸实物的时候也是在"框"里面找面，平面图形在"边"里面找面，那这个图形（见右图）呢？

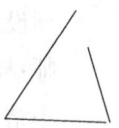

预设：没有把它框起来，所以没办法在它里面找到面。

小结：只有封闭图形才有面积，封闭图形的大小就是它的面积。

同学们，现在你们能完整说说什么是面积吗？

116

物体表面或封闭图形的大小就是它的面积。

【环节点评:这一环节中,学生通过找面,用摸一摸、比一比的方法感知"面积"概念,实质指物体面的大小,再由物体面引出平面图形的大小。数学文化突出面指"框"里面的大小,使学生对面积有了全面的理解,也为教学后面的内容做铺垫。】

【技术/学科融合:采用课件让学生形象地表述各种物体面的面积,进而结合封闭图形总结出面积的概念。课件直观展示物体面画出的各种平面图形,动画涂色。本环节融合语文学科的象形文字讲述数学文化,突出面在"框"里面,只有封闭图形才有面积。】

三、动手操作,自主探究

面积大小的比较。

(一)观察法

师:现在你能站在面积的新视角来解释一下为什么课桌面比杯子面大吗?

小结:没错,课桌的面积比杯子的面积大,通过观察我们就知道。

(二)重叠法

那这两个面呢?观察不出来了。

小结:像这样,不能快速比较出大小,我们可以用重叠法。

(三)操作法

那这两个图形呢?既不能一眼就看出,重叠一次也比较不出来。

请用你喜欢的方式来比较这两张纸的大小,老师为你们提供了丰富的学具。

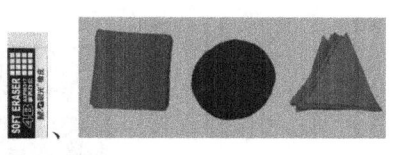

请四人为小组从学具袋里选择需要的学具用喜欢的方法来操作。

小组汇报。

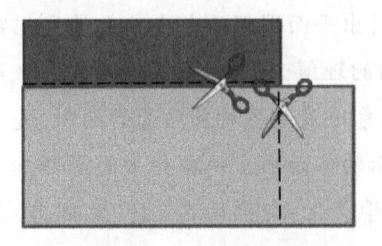

预设1:剪拼

组1:剪下再重叠,两次重叠能比出大小。

预设2:利用实物

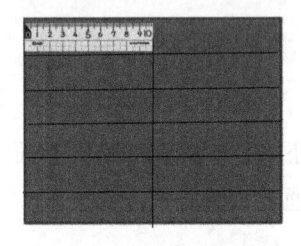

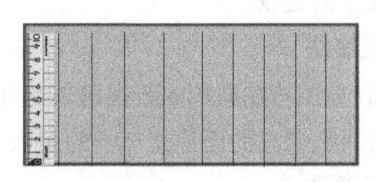

组2:左边卡纸有12把尺子那么大,右边卡纸有10把尺子那么大,12>10,所以左边卡纸大。

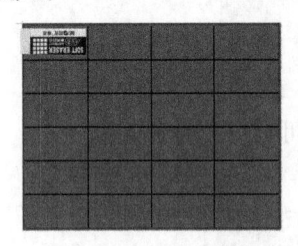

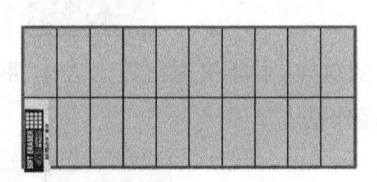

组3:左边卡纸有24块橡皮那么大,右边卡纸只有20块橡皮那么大,所以左边卡纸大。

预设3:利用几何图形

组4:

我们小组选择的是(圆)形。上面长方形纸用了(12)个图形;下面长方形纸用了(10)个图形。我们发现(上面长方形纸)的面积大。

在触摸中理解概念，在操作中发展量感
——《面积》案例

组5：

我们小组选择的是(三角)形。下面长方形纸用了(21)个图形；上面长方形纸用了(18)个图形。我们发现(下面长方形纸)的面积大。

组6：

我们小组选择的是(正方)形。上面长方形纸用了(12)个图形；下面长方形纸用了(10)个图形。我们发现(上面长方形纸)的面积大。

预设4：画格子

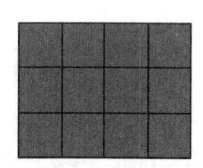

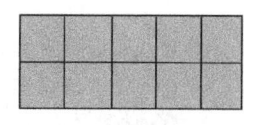

组7：左边纸画了12格，右边纸画了10格，所以左边纸面积大。

小结：你们都是善于动脑的孩子，用各种方法比较出了两张纸的大小，还能想到用小面度量大面，都汇报得很好，谢谢你们的分享。

【环节点评：这一环节中，通过安排一系列的活动，让学生经历猜想、动手操作、验证、不断优化策略的过程，在动手、动脑、合作交流、汇报中展现自我。】

【技术/学科融合：采用课件动画演示重叠法，采用班级授课助手呈现学生成果。】

(四)统一图形

采访一下，哪些小组用了正方形？

追问：为什么都喜欢用正方形，觉得正方形最合适呢？

预设：正方形不仅能铺满，还很方便。

小结：数学上统一用正方形做单位测量面积。

119

思考:卡纸摆了6个正方形,它的面积就是6个正方形这么大,能不能说6个圆这么大就是它的面积?

再次强调:用正方形来做面积单位,好测量,更准确。

【环节点评:本环节让学生经历摆不同图形做单位度量两张纸面积的过程,通过比较感受用正方形做面积单位的必要性和科学性,认识正方形是最合适的面积单位。】

【技术/学科融合:采用课件协助讲解。】

四、产生冲突,突出标准

提问:

1.有几个正方形,那它的面积就有几个正方形那么大,根据这个方法,你能比较这两个图形的面积吗?

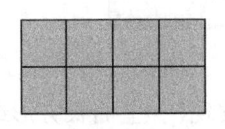

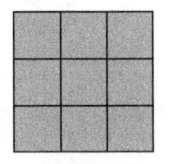

2.那这时呢,谁的面积大?(语音播报)

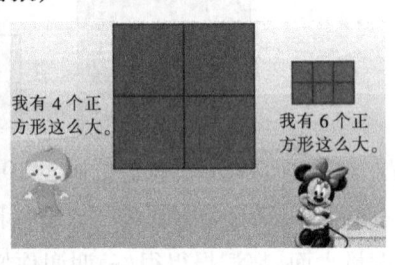

师小结:看来还要用相同的正方形做测量单位。

【环节点评:统一图形后,学生猜想是不是正方形的个数越多,这个图形的面积就越大。对于学生来说,这个问题具有挑战性,所以,通过语音告知正方形的个数,学生默认6个正方形的图形面积大,产生了认知冲突,从而引发学生思考,用相同的正方形做测量单位。】

【技术/学科融合:采用课件制作、语音播报等形式让学生产生认知冲突,引发学生深度思考。俏皮生动的动画人物也提高了学生的学习兴趣。】

五、回顾整理

开课时同学们问到的几个问题得到了解决,还有的问题在这节课没有得到回应,可以在后面的课得到回应。

【环节点评:通过温故,回应刚开始提出的部分问题,让学生对整节课有一个清晰的认知。】

六、巩固提升

1. 下面图形的面积各是多少?

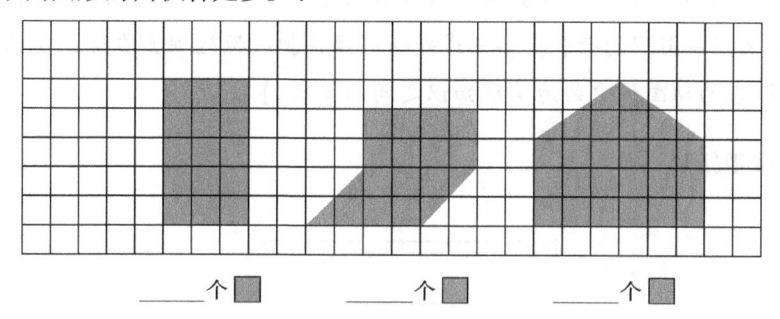

____个 ■   ____个 ■   ____个 ■

总结:我们发现有几个正方形,那它的面积就有几个正方形那么大。

2. 用14个同样的小正方形设计创造图形。

学生部分作品:

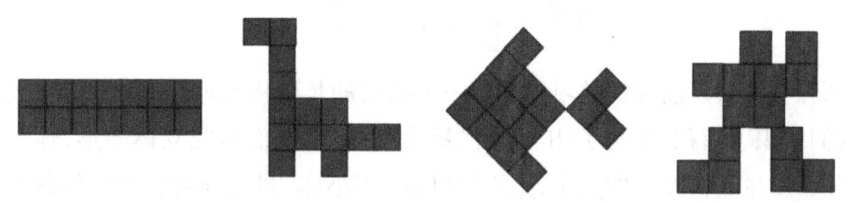

小结:它们的面积始终是14个正方形那么大,但是它们的形状各不相同。所以,相同的面积可以有不同的形状。

3. 下面与面积有关的活动是(   )

A. 给学生测量身高   B. 给房间粉刷墙壁   C. 给墙报四周贴彩边

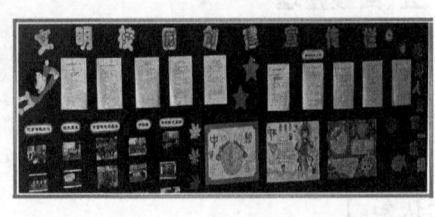

【环节点评：巩固练习1通过数格子判断面积大小，巩固练习2发现相同面积可以有不同形状，巩固练习3是生活中的应用，加深学生对周长、面积含义的理解】

【技术/学科融合：第一道题采用课件在格子图中呈现不同的图形，方便学生通过数格子来判断图形的面积。第三道题通过课件把一幅幅联系本课的生活情境展示出来，适当的动画能更好地呈现知识之间的关联。】

七、展望新知

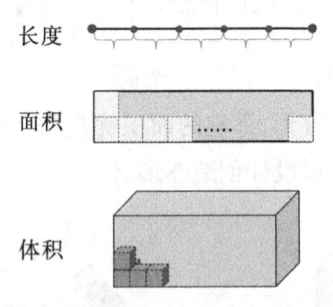

师：同学们，以前我们学习了度量一条线段的长度用"短线"量长线，今天这节课，我们认识了面积，学会了用"小面"量大面，将来我们研究立体图形，你觉得可以用什么度量立体图形的大小，是不是可以用"小体"量大体呢？这个问题留着我们将来探究。今天，我们打开一扇窗，你们带着问号走进课堂，还要带着问号离开课堂，一些没解决的问题可以课后思考。

【环节点评：让学生自主迁移长度和面积的知识结构和认知路径，由一维长度到二维面积再到三维体积的度量，自主规划面积单位的研究内容和研究方法，激发学生后期学习的动力。】

【板书设计】

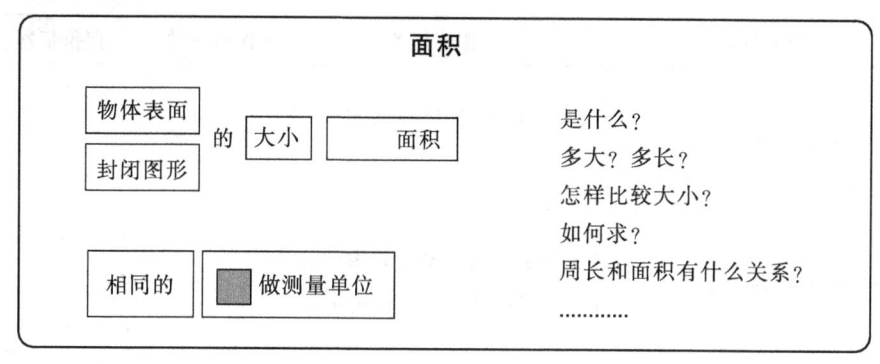

```
                            面积
      ┌─────────┐
      │ 物体表面 │
      └─────────┘ 的  ┌─────┐    ┌─────┐      是什么？
      ┌─────────┐    │ 大小 │    │ 面积 │      多大？多长？
      │ 封闭图形 │    └─────┘    └─────┘      怎样比较大小？
      └─────────┘                             如何求？
                                              周长和面积有什么关系？
      ┌─────────┐    ┌──┐
      │  相同的  │    │■│ 做测量单位                ……
      └─────────┘    └──┘
```

【作业设计】

1. 下面哪些图形有面积？如果有，请你涂上喜欢的颜色；如果没有，请说明理由。

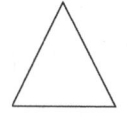

2. 如右图，长方形地分成两个部分，比较甲、乙两块地的周长和面积，你发现了什么？

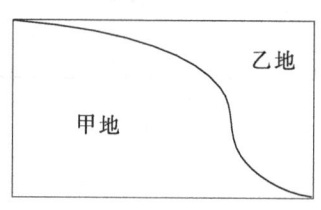

3. 有两个长方形，它们被一张方格纸遮住了一部分，猜猜看，哪个长方形面积大？在方格纸中画图验证猜想。(有多种猜想可画多种图形)

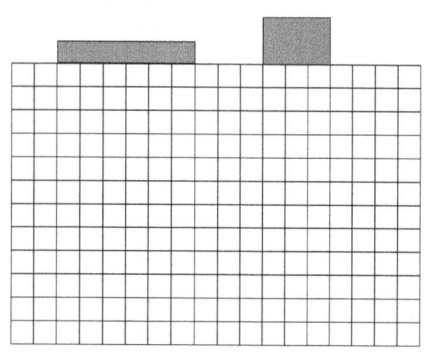

【学习评价】

学习目标	评价任务	评价方法	评价标准
认识面积的含义。	结合具体事物描述什么是面积。	自我评价	优秀：★★★ 良好：★★ 加油：★
度量面积大小的方法。	比较面积大小的方法有哪些？结合具体情境说一说或演示。	学生自评	优秀：★★★ 良好：★★ 加油：★
知道用正方形做面积单位最合适。	你想用什么图形做面积单位？说理由。	学生自评 教师听评	优秀：★★★ 良好：★★ 加油：★
统一面积单位。	4个正方形和9个正方形图形，哪个面积大？说想法。	学生自评	优秀：★★★ 良好：★★ 加油：★
巩固深化，应用拓展。	全面说理。	学生自评	优秀：★★★ 良好：★★ 加油：★

唤醒一维长度度量经验　跨越二维面积度量障碍
——《面积单位知多少》教学设计

史翠翠　刘克群

【学习内容】

面积单位的认识。

【知识定位】

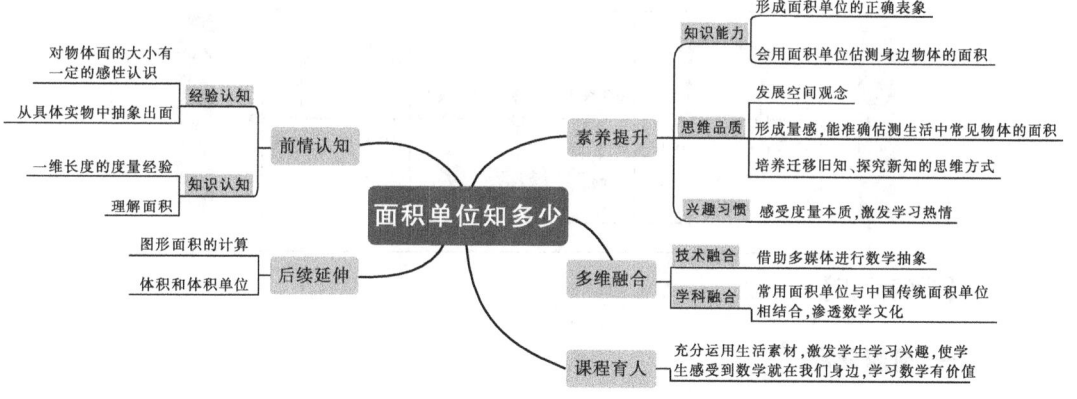

（思维导图内容）

前情认知：
- 经验认知：对物体面的大小有一定的感性认识；从具体实物中抽象出面
- 知识认知：一维长度的度量经验；理解面积

后续延伸：图形面积的计算；体积和体积单位

素养提升：
- 知识能力：形成面积单位的正确表象；会用面积单位估测身边物体的面积
- 思维品质：发展空间观念；形成量感，能准确估测生活中常见物体的面积；培养迁移旧知、探究新知的思维方式
- 兴趣习惯：感受度量本质，激发学习热情

多维融合：
- 技术融合：借助多媒体进行数学抽象
- 学科融合：常用面积单位与中国传统面积单位相结合，渗透数学文化

课程育人：充分运用生活素材，激发学生学习兴趣，使学生感受到数学就在我们身边，学习数学有价值

【设计理念】

立足单元视角，以"度量"这个大观念为核心，有机整合，适度拓展，让学生真正在结构化的学习中形成面积的"量感"。面积单位的建立是学生从一维空间到二维空间认识上的起始，学生前期关于一维长度的经验会对二维面积的认识产生一定的负迁移，因此应在已有的长度概念的基础上，在对比辨析中逐步形成面积的概念。面积单位的建立是学生学习平面图形面积度量的起始。正如数(shù)是数(shǔ)出来的，量(liàng)也是量(liáng)出来的。学生在度量中经历了面积单位从"非标准单位"—"标准单位"—"建立单位体系"的建构过程，从而体验统一面积单位的必要性。

【内容分析】

目前该内容在现行人教版三年级下册《面积》单元，属于"图形与几何"领域中"图形的认识与测量"主题的内容。测量的本质是"度量"，它包括一维度量、二维度量以及三维度量。那么，要想让学生感悟度量本质，发展度量意识，就必须紧扣度量的两个核心要素:度量单位和度量单位的个数。

图形的测量 → 度量 → 度量单位
             → 度量单位的个数

纵向梳理人教版教材,我们发现无论是"线的度量""面的度量"还是"体的度量",其学习路径是相似的,核心概念的本质结构也是相同的。学生在低年级已经积累了丰富的测量经验和长度度量经验,有了这些前期经验,可以顺其自然地掌握面积度量的方法。同时本单元的学习也为后续角的度量、体的度量积累丰富的活动经验,可见三年级《面积》单元的教学起着承前启后的重要作用。

"图形的认识与测量"主题的学习内容进阶

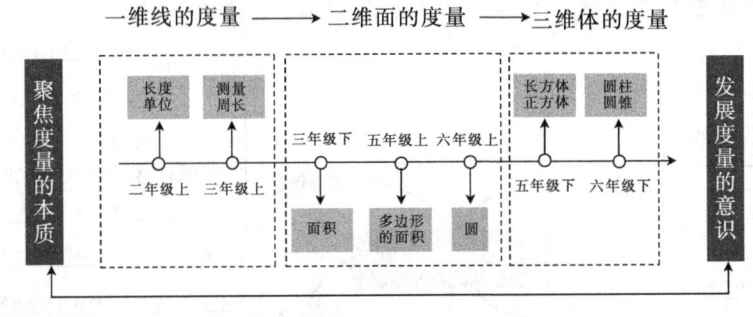

一维线的度量 → 二维面的度量 → 三维体的度量

聚焦度量的本质 ← → 发展度量的意识

长度单位、测量周长（二年级上、三年级上）
三年级下、五年级上、六年级上：面积、多边形的面积、圆
长方体正方体、圆柱圆锥（五年级下、六年级下）

【学情分析】

一、前测分析

调查1:你能想办法比较数学书封面和字典封面的大小吗?

调查对象:三年级(8)班48名同学。

调查时间:教学三年级《面积》单元之前。

调查结果:

人数	比例	方法	描述
12	25%	观察法	直观比较
7	15%	重叠法、观察法	
8	17%	重叠法、割补法	
4	8%	用非标准单位度量	量化比较
4	8%	比较长、宽	用一维信息比较
10	21%	量长、宽比长度	用二维信息描述,但受周长的负迁移
3	6%	用长和宽比面积	用二维信息描述,只知公式不知其所以然

从前测发现学生已经积累了丰富的测量经验,但"量化比较"的经验相对缺少;学生能用一维信息"长和宽"来描述面积,但受一维长度和周长计算的影响,很少能正确从二维面积的角度进行描述。

二、抽测分析

调查2:你能想办法解释长方形面积公式为什么是长×宽吗?
调查对象:实验班学生54人。
调查时间:教学五年级《多边形的面积》之前。

题目:你能想办法解释长方形面积公式为什么是长×宽吗?			
等级划分	优秀	良好	有待提升
学生表现	能通过画图,依据单位度量,解释长×宽的道理。	能够区分周长和面积,仅通过排除周长的方法来解释长×宽。	说不清楚。
百分比	33.3%	23.8%	42.9%

调查结果:在三年级学完长方形的面积之后、五年级学习多边形的面积之前,我们通过抽测发现很多学生在强化的学习过程中,不断地机械运用公式计算面积,以至于他们忽视了面积概念的度量本质,度量的意识逐渐薄弱。因此,三年级长方形面积的教学,应当让学生在用"非标准单位度量"和"标准单位度量"的过程中积累丰富的度量经验,明白度量的本质是被测图形中包含多少个度量单位。

【学习目标】

迁移目标:自主迁移长度和长度单位的知识结构和认知路径,自主规划面积单位的研究内容和研究方法。

理解目标:经历面积单位的形成过程,体会统一面积单位的必要性,认识常用的面积单位 1 cm^2、1 dm^2、1 m^2 并形成表象,沟通面积与面积单位之间的关系。

知能目标:在观察、比较、操作等活动中积累活动经验,发展度量意识、空间观念及估测面积的能力。

情感目标:充分运用生活素材,激发学习兴趣,感受数学就在我们身边,学习数学有价值。

【学习重点】

认识面积单位平方厘米、平方分米和平方米。

【认知难点】

建立面积单位实际大小的表象,会合理运用面积单位。

【方法与策略】

本课的最大特点是在操作活动中尊重学生已有经验,在具体情境中使学生体会统一面积单位的必要性;借助学生身边熟悉的事物,使学生建立面积单位的表象;让学生经历用面积单位测量并计数面积单位个数的过程,从而体验面积单位的价值;梳理长度单位、面积单位,形成结构化认识,让学生不断感悟度量的本质,发展学生的度量意识。教师通过整体设计、分步实施、任务驱动、引发思考,引导学生独立思考、直观想象、操作体验、合作探究。

【资源与工具】

资源:生活中常见的面积大约是1平方厘米、1平方分米、1平方米的物体或图形。

工具:课件、方格纸、田字格本、1米长的米尺若干把、小纽扣、练习本、钉子板、手工剪、直尺等。

【学习安排】

本课是单元教学中的第2课时,用1课时完成教学。

【过程实施】

一、问题引入,唤醒经验

(一)唤醒旧知,启发思考

课件出示三张图片。

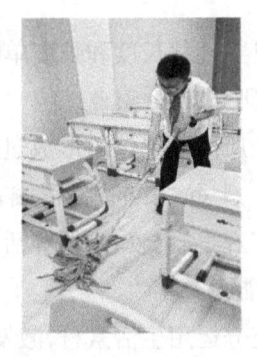

提问:这三位同学在打扫卫生,谁会最先完成任务呢?

生:我觉得擦讲台的同学会最先完成。

提问:为什么?你是怎样比较出来的?

生:比较他们打扫的面的面积,地面是最大的,其次就是黑板的面,讲台的面是最小的,所以我认为擦讲台的同学会最快完成。

小结:生活当中存在许多面,地面、桌面、黑板的面等等,而且面有大有小。

(二)产生冲突,突出标准

活动任务:课桌面的面积有多大? 你能借助身边物体的面去量一量吗?

学生小组合作操作测量。

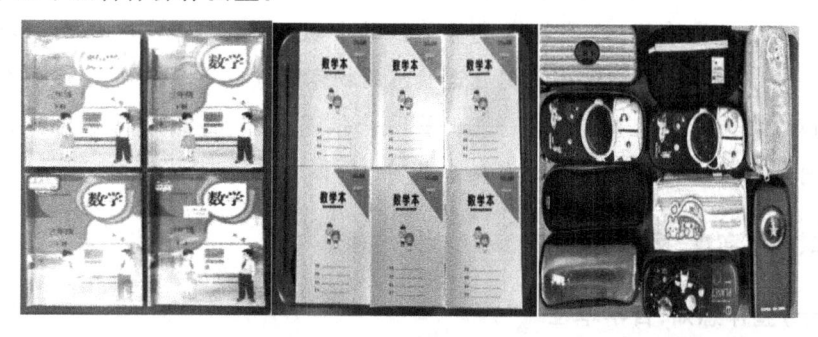

生交流:我们量到课桌面大约有4本数学书封面这么大;我们量到课桌面大约有6本练习本封面这么大;我们量到课桌面大约有10个笔袋面这么大。

提问:为什么测量同样一张课桌面,大家得到的结果不一样呢?

明确:大家选用的物品不同,也就是使用的标准不同,得到的测量结果就不一样。

小结:看来要知道这张课桌面的大小,我们要使用统一的测量标准。

(三)回顾旧知,引入新知

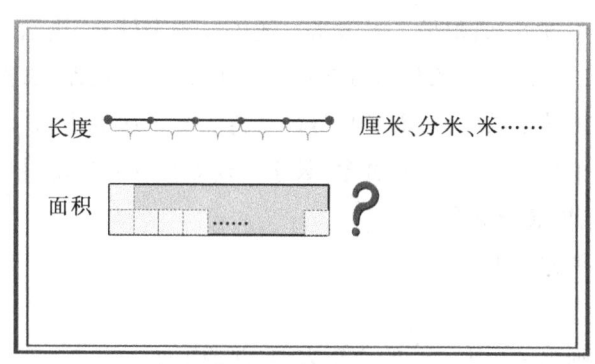

提问:这是一条线段,怎么样才能测量出它的长度?

生1:用尺子去量。

生2:我们以前学过厘米、分米、米等长度单位,可以用长度单位来度量它的长度。

引导:线段的长度可以用长度单位度量,那这个长方形的面积呢?

明确:度量面的大小,要用面积单位来度量。

今天让我们一起走进面积单位的世界。（板书课题：面积单位知多少）

【环节点评：教学伊始，回顾旧知，旨在使学生自主迁移长度和长度单位的知识结构和认知路径，自主规划面积单位的研究内容和研究方法。迁移数(shù)是数(shǔ)出来的，量(liàng)是量(liáng)出来的，以"数＋单位"的形式直击度量的本质：一是确定度量单位；二是数出度量单位的个数。借助"课桌面的面积有多大呢？"这一核心问题，驱动学生利用身边熟悉的物体面进行实际测量，在多样化测量结果的对比中，产生认知冲突——"测量同一张课桌面，得到的结果为什么不一样？"，自然生成统一测量标准的内在需求。】

二、动手实验，探究新知

（一）整体感知，自学单位

提问：常用的面积单位有哪些呢？

预设：平方厘米、平方分米、平方米……

提出自学要求：到底多大的面是1平方厘米、1平方分米、1平方米，请同学们自学课本第57页，了解有关面积单位的知识。

学生汇报：

边长1厘米的正方形，面积是1平方厘米。还可以用字母 cm^2 表示。（板书）

边长1分米的正方形，面积是1平方分米。还可以用字母 dm^2 表示。（板书）

边长1米的正方形，面积是1平方米。还可以用字母 m^2 表示。（板书）

【环节点评：三年级学生已经掌握了一定程度的自学能力，在长度单位的学习中也积累了丰富的学习经验，形成了良好的量感。有了这些基础，学生可以通过自学课本了解面积单位的定义，培养自学、数学阅读等良好的习惯。】

（二）动手操作，建立表象

1. 认一认1平方厘米

活动要求：

①用刻度尺画出一个 $1\ cm^2$ 的小正方形，并剪下来。

②在身边找一找哪些物体的面积大约是 $1\ cm^2$。

③和同桌交流你找到的 $1\ cm^2$，并说一说你的感受。

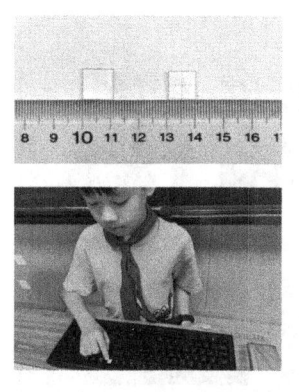

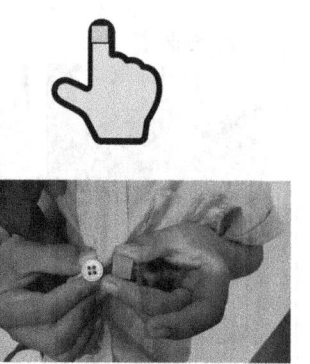

2. 相同面积单位进行拼摆操作

设计活动:用 1 平方厘米的小正方形设计图形,并数出图形的面积。

提问:同学们设计的这些图形,哪个图形的面积大?哪个小?

提问:这两个图形的形状不同,为什么都是 9 平方厘米?

明确:图形面积的大小与面积单位及其个数有关,与图形的形状无关。

【环节点评:通过丰富的操作活动,建立 1 平方厘米的大小表象之后,让学生用不同数量的面积单位拼成不同的图形,渗透了面积的大小与面积单位及其个数有关、与图形的形状无关的度量本质,发展学生的面积守恒观念。】

3. 做一做 $1dm^2$、$1m^2$

布置任务:四人为小组合作利用提供的不同材料,做出面积是 $1dm^2$、$1m^2$ 的正方形,并感受它们的大小。

实验材料:

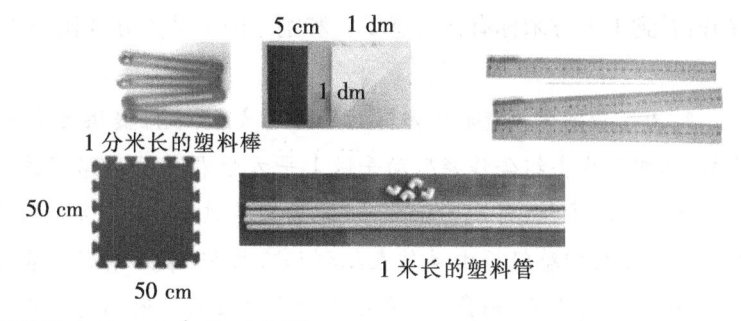

①展示做出的 $1\ dm^2$ 的正方形。

[1平方分米]

比较提升：大家刚才用的材料都不同，为什么面积都是 1 dm² 呢？

指出：它们的边长都是 1 分米，边长 1 分米的正方形面积就是 1 dm²。

②展示做出的 1 m² 的正方形。

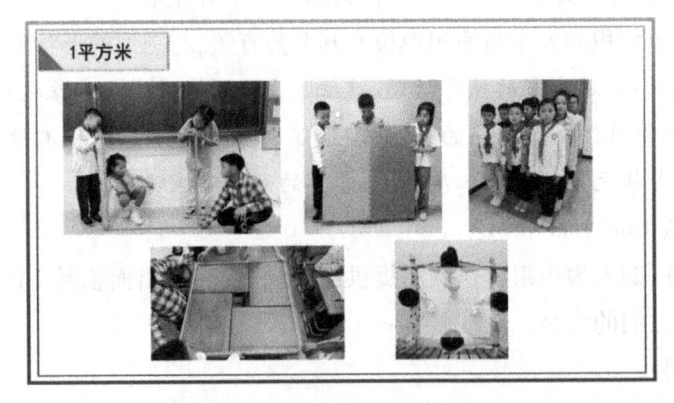

[1平方米]

比较提升：看到 1 平方米你有什么感受？和刚才的 1 平方分米比一比，你想说什么？

【环节点评：为了帮助学生建构面积单位的正确表象，教师提供大量丰富、多样化的实验素材，组织学生小组合作经历动手做 1 平方分米、1 平方米正方形的实践体验过程。在典型实验素材、科学实验方法、完整实验过程、丰富实验成果的交流展示、思考辨析中，学生完整经历由动作表征到语言表征，最后到思维表征的爬坡过程，逐步在头脑中建构正确、形象、多维的面积单位表象。他们对常用面积单位的概念认知由模糊走向清晰、由偏差走向正确，由单一走向丰富、由线性走向多维。】

三、拓展应用,助量感发展

(一)联系生活,尝试应用

布置任务:用所学的面积单位估一估身边物体的面积。

活动要求:

(1)四人合作,摆一摆、估一估。

(2)准备汇报,估什么、怎么估。

生1:用10个1平方厘米的正方体可以铺满橡皮最大的面,所以橡皮最大面的面积大约是10平方厘米。

小结:测量物体的面积时,我们可以用1平方厘米的小正方形铺一铺,有几个1平方厘米的小正方形,面积就是几平方厘米。

生2:测量数学书封面的面积时,我们用的是1平方厘米的小正方形,因为全部铺满需要很多,所以我们只在长上面铺了26个小正方形,在宽上面铺了18个,通过计算我们得出数学书封面的面积大约是468平方厘米。

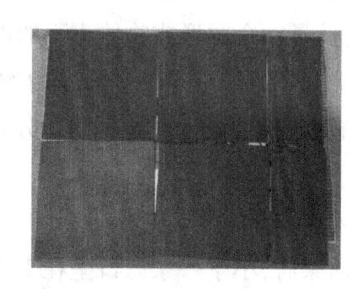

生3:我们测的也是数学书封面的面积,因为1平方厘米的正方形太小了,很麻烦,所以我们用1平方分米的正方形,铺满数学书用了4个完整的,多出了一部分,我们剪开了一个1平方分米的正方形,铺上去刚刚好。数学书封面的面积大约是5平方分米。

小结:我们可以用不同的面积单位度量同一个物体,较小的面积单位测量更精确,较大的更方便,要根据日常需要进行合理的选择。

生4:估计教室地面的面积我们用米尺量了量,4块地砖的面积大约是1平方米,我们4块、4块地数,教室的面积大约是56平方米。

生5:我们量出来教室的长大约8米,长上面就能摆8个1平方米的大正方形,宽大约是7米,可以摆7排,我们用量一量、算一算的方法得到教室地面面积大约是56平方米。

学生充分交流,展示汇报。

(二)以形聚物,运用发散

提问:想象一下,生活中哪些物体的面积大约是6平方分米?

学生交流汇报。

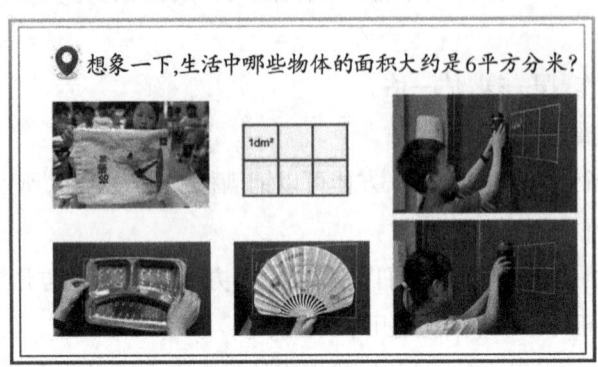

生1:一张A4纸的面积大约是6平方分米。

生2:一把折扇的面积大约是6平方分米。

生3:这个水杯侧面的面积大约是6平方分米。

总结:计量一个图形或物体表面的面积,要看这个面里含有多少个面积单位。

生活中面积大约是6平方分米的物体有很多,虽然它们形状、材质各不相同,但这些面的大小都大约6个1平方分米,所以它们的面积都可以用6平方分米表示。

(三)小宇的数学日记

放学回家后,小宇一家三口坐在1平方分米的方桌旁吃饭,妈妈在方桌四周围上了4米的防撞条。小宇拿起一双长约25平方厘米的筷子,夹起一口青菜,一不小心咬到一块石头,那颗约1平方米的大门牙磕掉了。小宇赶紧掏出4平方厘米的手帕,捂住嘴巴……

请学生修改日记中错误的单位,合理使用面积单位,区分长度单位和面积单位。

(四)比较周长和面积的异同

提问:面积与周长的联系和区别是什么?

提问:面积单位与长度单位的联系和区别是什么?

> ● 面积与周长的联系和区别是什么？
>
> 4厘米 周长 → 指封闭图形一周的长度。
>
> 周长：16 cm 面积 → 指物体表面或封闭图形的大小。
>
> 面积：16 cm²
>
> 二者不能进行大小比较。

> ● 面积单位与长度单位的联系和区别是什么？
>
> 1 cm   1 cm²
> 1 cm   1 cm
> 长度单位 面积单位

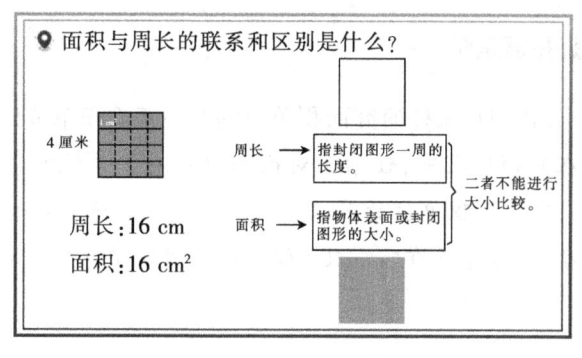

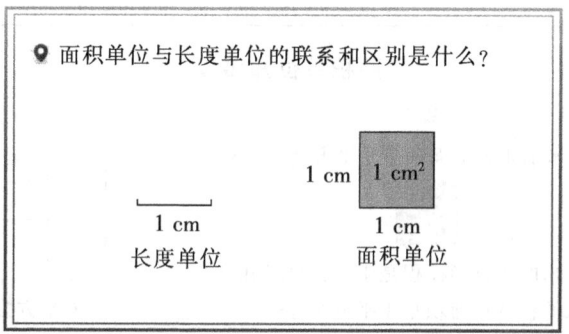

动态演示课件，理解长度的一维属性和面积的二维属性，建立度量概念之间的关联，突破教学难点。

（五）比一比

有两个长方形纸片，被遮住了一部分，哪个长方形面积更大？

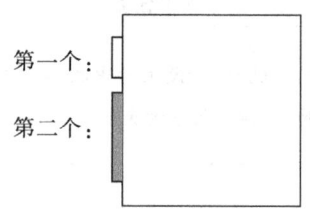

第一个：

第二个：

A.第一个　B.第二个　C.一样大　D.无法比较

【环节点评：在面积估测活动中，学生需要清晰地从头脑中调取关于标准面积单位的表象，根据估测的物体大小选择合适的面积单位。当估测的面积太大时，可以从一维长度入手，先估测长、宽再计算。学生在估测面积的过程中，既巩固了面积单位，又是对度量本质更进一步的深化，估测过程有理有据，内化量感。通过修改数学日记，暴露学生的认知障碍，并通过关联与区别建构一维度量到二维度量本质上的一致性，都是数+度量单位。比一比中的练习直击面积的二维本质，后延长方形、正方形的面积。】

四、回顾反思,拓展延学

学习回顾:今天我们是怎样研究面积单位的?关于面积单位你还想了解什么?

【环节点评:在回顾反思中,让学生对面积单位有了系统的认知,同时通过质疑,引发学生思考,延展面积单位的范畴。利用本节课的学习经验,可以延伸到更大面积单位的学习中,为贯通前后知识之间的联系提供了可能和方向,让知识有了生长的力量。】

【板书设计】

```
                    面积单位知多少

                         ■
        边长 1 厘米的正方形面积是 1 平方厘米 cm²

                      ▮
        边长 1 分米的正方形面积是 1 平方分米 dm²
        边长 1 米的正方形面积是 1 平方米 m²         6 平方分米
```

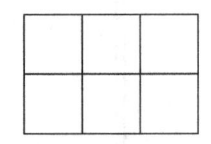

【作业设计】

实践作业:请你设计合理的探究方案,估测学校操场的面积,记录在实践作业本上。

【学习评价】

学习目标	评价任务	评价方法	评价标准
认识面积单位平方厘米、平方分米和平方米,沟通面积与面积单位之间的关系。	说一说、摸一摸生活中物体的表面,并估一估它的大小。	自我评价	优秀:★★★ 良好:★★ 加油:★
经历想象、操作的过程,感知度量单位"叠加"与"细分"的过程;初步领悟先"1"后数的度量本质。	制作面积单位,并用它测量课桌面的大小。	教师评价	优秀:★★★ 良好:★★ 加油:★
在"量化比较"的度量过程中,理解面积的内涵与外延;在对比辨析中实现一维空间向二维空间的过渡。	用四个 1 平方厘米的正方形,分别拼成几个新的图形。它们的面积各是多少?它们的周长呢?	学生互评	优秀:★★★ 良好:★★ 加油:★

在动态操作中感悟理解、应用创新
——《角的分类》

刘克群　史翠翠

【学习内容】

角的分类,认识周角、平角等。

【知识定位】

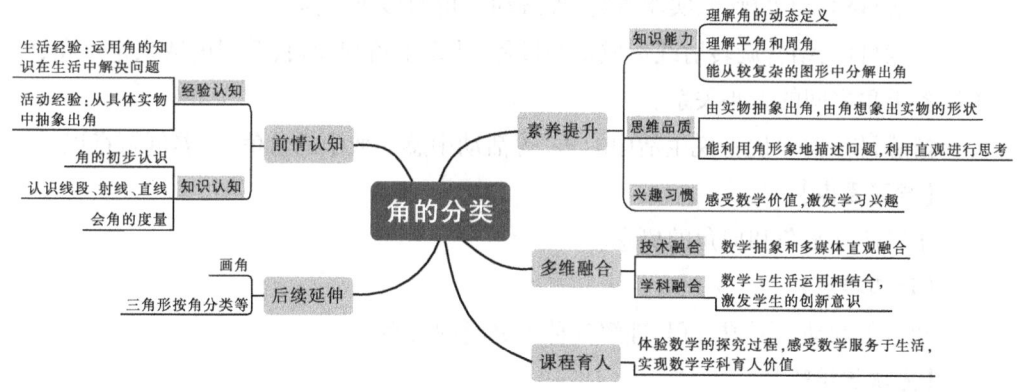

【设计理念】

本节课的课题是"角的分类",所以本节课的教学要在分类思想的指导下展开。分类就要有标准,很明显本课的分类标准是角的度数。角的度数不同,就形成了不同类别的角。在实际教学中很少突显分类的标准,只是按照角度数的大小进行排列而已,并没有明确为什么这样排。角的分类不仅可以按度数来分,还可以从特殊角(固定度数的角)和非特殊角(范围角:一定范围度数的角)来分。分类标准不同,结果也不一样。所以,在教学中要落实分类的思想,突显知识的内在体系,有了分类的前提,学生便能更好地理解角的类别及其内部的关系。

【内容分析】

《角的分类》是人教版四年级上册第三单元的内容。本节课是在学生认识直角、锐角、钝角的基础上再学习平角、周角,同时明确锐角、钝角的度数范围,进一步丰富角的概念。各种角基于度数大小形成不同的关系:一是大小关系;二是倍数关系。

【学情分析】

学习本课之前，学生已经初步认识了角，会直观地辨别锐角、直角和钝角，并知道它们之间的大小关系，还学会了用量角器量角。本节课，学生不仅要认识平角和周角，还要知道锐角、钝角、直角、平角、周角的大小关系。面对新旧知识的联结与融合，教学仍需紧扣角的概念，基于学生已有的知识和经验，以角的本质特征为核心，找准教学的立足点、切入点与生长点，以此组织学生的探究活动，进而形成对角的再认识。

【学习目标】

迁移目标：经历做角、折角等活动，从旋转的角度进一步认识角，培养表达、推理能力及空间观念。

理解目标：动手操作、实验探究，理解动态角的形成过程。

知能目标：结合旋转射线形成角的过程，认识平角和周角，会用度数来定义角，了解各类角之间的大小关系。

情感目标：在"说一说生活中的角"等活动中感受数学的价值，培养创新意识。

【学习重点】

正确建立平角和周角的概念。

【认知难点】

知道角的动态形成过程，理解各种角之间的关系。

【方法与策略】

本课的最大特点是操作活动多，有四个操作活动：利用学具动态形成角并认识平角和周角、对角进行分类、探究角之间的关系、在折纸游戏中发散思维。知识的学习都需要通过对直观图形的观察、描述，动手操作等方式进行。教师通过旋转、拼、折等操作活动，引导学生自主体验，在习得技能的同时，积累相关的活动经验。教师通过大概念整体设计、分步实施、任务驱动、引发思考，引导学生独立思考、直观想象、操作体验、合作探究。

【资源与工具】

资源：数学绘本《两条射线手拉手》、生活中运用角的知识的情境图。

工具：PPT课件、自制学具角演示器、三角尺、量角器、折纸等。

【学习安排】

本课是单元教学中的第4课时，用1课时完成教学。

在动态操作中感悟理解、应用创新
——《角的分类》

【过程实施】

一、回顾旧知，引出新知

课件出示角。

师：你认识它吗？什么叫作角？关于角你知道些什么？

学生说出角的有关知识，课件出示角各部分名称。

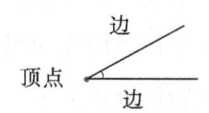

从一点引出两条射线所组成的图形叫作角。

介绍：我们理解并掌握了角的概念，会用量角器来度量，角有很多种，今天我们就来学习角的分类。（板书：角的分类）

【环节点评：2022版新课标指出，要了解数学知识的产生与来源、结构与关联、价值与意义，因此课一开始请学生回顾有关角的知识，直入主题，既复习了旧知，又为新内容的学习做了铺垫。】

二、动手操作，探究新知

（一）动态认识角

1. 提出猜想

提问：从一点引出两条射线所组成的图形，是以前学习的角的知识，你觉得通过一条射线能形成一个角吗？

学生反馈，交流想法。

预设1：一条射线不能形成角。

预设2：一条射线端点靠在镜子上，反射形成角。

预设3：射线旋转形成角。

2. 操作活动

运用学具，展开探究。活动要求：

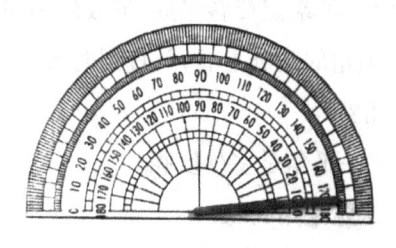

139

①同桌两人边思考边操作学具,尝试形成一个角。

②用红笔标示出所形成的角,并标出角的符号。

③和同桌说一说用一条射线形成角的过程。

3.交流汇报

活动后交流:①射线在做什么运动?②绕着哪里旋转?③角在哪呢?

观看视频自学,课件演示动态形成角的完整过程:角可以看作由一条射线绕着它的端点,从一个位置旋转到另一个位置所成的图形。

联系生活:在生活中你见过旋转形成角的现象吗?

预设1:折扇打开的过程中形成了角。

预设2:汽车挡风玻璃上的雨刮器旋转的过程中形成了角。

预设3:表盘上的指针从一个位置旋转到另一个位置,形成了角。

【环节点评:二年级时学生是从直观静态的角度去认识角的,角的动态定义是比较抽象、比较难理解的。为了突破这一教学难点,教师借助学具,使学生经历猜想—操作—验证—发现的完整过程。一开始角的动态定义并没有直接给出,而是从一条射线出发,以关键问题"一条射线能形成一个角吗?"引发学生思考,在学生发表想法之后,教师提供精心制作的学具,引导学生操作、观察,体会旋转过程中角的变化,建立角的"动态表象"。】

(二)认识平角、周角

1.认识平角

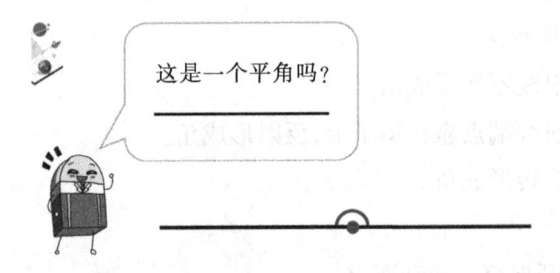

一条射线绕它的端点旋转半周,形成的角叫作平角。

教师通过旋转射线在钝角的基础上展开,直到两条边在一条直线上。

提出问题:这是什么角?

引导学生得出:平角。一平角是多少度呢?

出示一条直线,提问:这是平角吗?

引导学生得出：平角具备角的基本要素，即一个顶点、两条边。

2. 认识周角

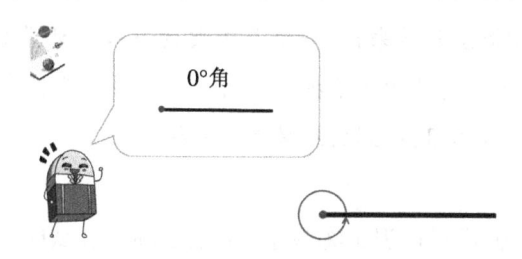

一条射线绕它的端点旋转一周，形成的角叫作周角。

教师通过旋转射线在平角的基础上继续展开，直到两条射线重合在一起。

提问：现在出现什么情况？引导学生得出：两条射线重合在一起了。

介绍：这是周角。

提问：说说周角是怎样形成的？引导学生得出：周角是一条射线绕着它的端点旋转一周所形成的图形。一周角是多少度呢？

【环节点评：本环节是通过将射线绕着端点旋转不断展开，认识平角与周角的，这个过程能让学生更明显地感受到角的动态定义，同时加深对平角与周角的认识，感受它们与钝角、直角、锐角之间的联系，为后续角的分类奠定基础。】

(三) 整理分类

提问：这么多角，能不能给它们分分类呢？你想按照什么标准来进行分类？

学生小组合作，交流讨论，汇报分类标准及方法。学生可能得出以下两种方法：

方法一：按照角的度数大小来分类，由小到大进行排列：锐角—直角—钝角—平角—周角。分类的标准是角度数的大小。

方法二：按照特殊角与非特殊角来分类，特殊角（度数固定的角）有直角、平角、周角，非特殊角（有度数范围的角）有钝角、锐角。

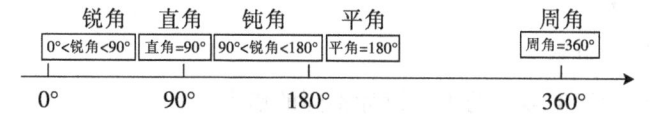

请学生把黑板上的这些角送到对应的位置，集体反馈交流，说一说发现和疑问。

总结：大于0°小于90°的是锐角，等于90°的是直角，大于90°小于180°的是钝角,等于180°的是平角,周角是360°。这些角之间有关系。

【环节点评:分类是认识事物的重要方法。分类可以突显事物的属性,并形成结构化的知识。对于概念教学来说,分类是重要的策略。让学生根据自己的标准对角进行分类,实质上就是让学生根据一定的标准对角的类别特征再一次确认,同时也感受到分类的标准不同,得到的结果是不一样的。】

(四)探究关系

到现在为止,我们已经认识了哪些角?它们之间有怎么样的关系呢?

预设:锐角<直角<钝角<平角<周角;或周角>平角>钝角>直角>锐角。

追问:还有什么新的发现?把你的发现和同桌说一说吧。

学生运用学具(三角尺、量角器、角演示器等)操作探究角之间的关系,并交流汇报。请学生到展台前摆一摆、拼一拼,再汇报这三种角之间的倍数关系。

根据学生的回答板书:1平角=2直角　　1周角=2平角=4直角

【环节点评:理清五类角之间的关系是本节课的教学难点。从三类角到五类角,既拓展了角的种类,更建构起了一个完整的角的知识体系,其间更为重要的是要让学生明白这五类角在一个系统内的各自取值范围,进而明确它们的大小关系(排序)。本环节中通过自主活动,给予学生更多的自主探究空间,也使这五类角的大小关系更加形象直观,让人印象深刻。】

三、巩固应用,拓展延伸

1.折一折,用一张纸你能折出不同种类的角吗?

预设1:用一张纸折多次,折出三种或四种角。

预设2:将一张纸对折三次,形成"米"字形,折出五种角。

预设3:一张纸折一次,通过旋转一条边动态形成五类角。

2.说一说,介绍角在生活中的运用。

(1)学生举例。

(2)课件展示折扇。

(3)继续展示根据坡度的不同设计不同的借力工具。

师:角的知识里还有什么秘密?有没有比锐角还要小的角?同学们,在数学的世界里还有许多关于角的知识等待着你们去观察、去发现,在生活中还有很多关于角的巧用和妙用,等着你们去创造。

【环节点评：苏霍姆林斯基说："我们教师在课堂上只需要做到两件事：第一，要教给学生一定范围的知识；第二，要使学生变得越来越聪明。"学以致用就是让学生变得越来越聪明的最佳途径。要引领学生从角的特征出发创意思考，使学生在动手创造中变得越来越聪明。】

【板书设计】

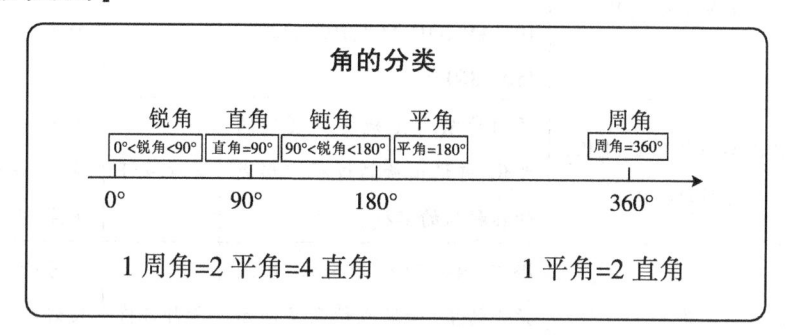

```
                        角的分类
         锐角      直角    钝角      平角              周角
      ┌─────────┬──────┬──────────┬─────────┐    ┌─────────┐
      │0°<锐角<90°│直角=90°│90°<锐角<180°│平角=180°│    │周角=360°│
      └─────────┴──────┴──────────┴─────────┘    └─────────┘
      ──────────┼──────┼──────────┼───────────────┼──────────▶
      0°        90°    180°                      360°

          1周角=2平角=4直角            1平角=2直角
```

【作业设计】

1. 巩固性练习

选择合适的方法画出下面的角，并说说它们分别是哪一种角。

10°   45°   60°   90°   105°   120°   180°

2. 应用性练习

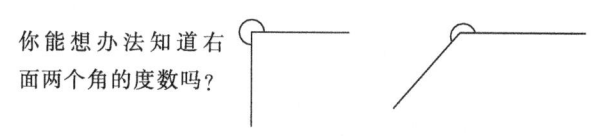

你能想办法知道右面两个角的度数吗？

3. 拓展性练习

阅读《两条射线手拉手》后完成一份关于角的创造作品。

【学习评价】

学习目标	评价任务	评价方法	评价标准
正确建立平角和周角的概念，知道角的度数或度数范围。	选择合适的方法画出下面的角，并说说它们分别是哪一种角。 10°、45°、60°、90°、105°、120°、180°、360°	自我评价	优秀：★★★ 良好：★★ 加油：★
动态认识各类角的形成过程，理解各类角之间的联系。	运用角演示器旋转观察角的变化，并说出旋转过程中形成的各种角的名称。	学生互评	优秀：★★★ 良好：★★ 加油：★
理解角的动态定义。	思考：有没有比平角大，比周角小的角，如果有请用角演示器做出一个这样的角。	教师评价	优秀：★★★ 良好：★★ 加油：★

用活动感悟度量，让量感自然生长
——《体积和体积单位》

史翠翠　刘克群　唐庆雯

【学习内容】

体积、常见体积单位。

【知识定位】

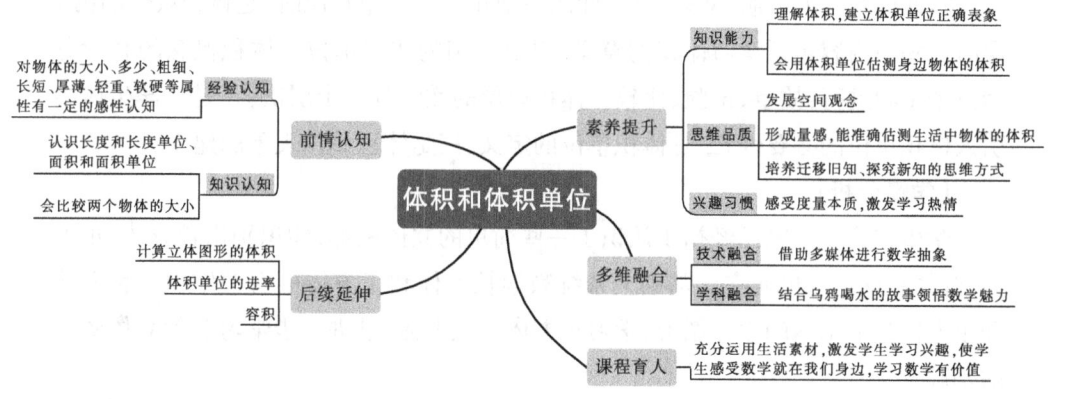

```
                              ┌─ 知识能力 ─┬─ 理解体积，建立体积单位正确表象
                              │           └─ 会用体积单位估测身边物体的体积
对物体的大小、多少、粗细、          │
长短、厚薄、轻重、软硬等属  ─ 经验认知 ─┐      │           ┌─ 发展空间观念
性有一定的感性认知                │      ├─ 素养提升 ─┼─ 思维品质 ─┼─ 形成量感，能准确估测生活中物体的体积
                              ├─ 前情认知 ─┤           └─ 培养迁移旧知、探究新知的思维方式
认识长度和长度单位、         ─ 知识认知 ─┘      │           
面积和面积单位                        │      │  兴趣习惯 ─── 感受度量本质，激发学习热情
                                    │      │
会比较两个物体的大小                   ─ 体积和体积单位 ─┤
                                           │      ┌─ 技术融合 ─── 借助多媒体进行数学抽象
计算立体图形的体积                         ─ 多维融合 ─┤
体积单位的进率  ─ 后续延伸 ─┘             └─ 学科融合 ─── 结合乌鸦喝水的故事领悟数学魅力
容积                                       │
                                     ─ 课程育人 ─── 充分运用生活素材，激发学生学习兴趣，使学
                                                   生感受数学就在我们身边，学习数学有价值
```

【设计概念】

本单元是数学小学阶段"图形与几何"领域中对立体图形第一次深入、系统的学习，学生经历从实际物体抽象出几何图形的过程，积累观察和思考的经验，逐步形成空间观念。核心价值是发展学生的量感和推理意识。学生经历统一度量单位的过程，感受统一度量单位的意义，在推导面积、体积计算方法的过程中，感悟数学度量方法，逐步形成量感和推理意识。本节课的设计围绕新课标，以核心素养为导向，强调真实问题情境，充分利用信息技术的可视性、直观性，利用教学课件直观看到一维图形、二维图形度量的知识结构和认知路径，帮助学生理解体积单位，自主规划体积单元的研究内容和研究方法，实现自主学习，让量感自然生长；再利用智慧平台检测学生对知识的掌握情况，及时反馈，评价学习效果，调节教学进度；利用信息技术赋能学科教学，提高教学效率；帮助学生建立能体现数学学科本质、对未来学习有支撑意义的结构化的数学知识体系。

【设计理念】

教学设计要整体把握教学内容。为实现核心素养导向的学习目标,不仅要整体把握教学内容之间的关联,还要把握教学内容主线与相应核心素养发展之间的关联,在教学中要重视对教学内容的分析。物体占有一定的空间对学生来说理解有一定的困难。为此,先用学生熟悉的"乌鸦喝水"的故事,以形象生动的方式让学生初步感知物体占有空间;然后通过石头放入玻璃杯的实验让学生进一步体验物体确实占有空间,为引出体积概念做准备。在体积单位的认识这一部分,不仅要让学生理解体积单位的意义,更要关注实际表象的建立。在本课设计中要重视学生的活动体验,用说、量、做、找、拼、搭等方式体验体积单位大小,建立体积观念。

【内容分析】

本课内容是人教版小学数学五年级下册第三单元第6课时,是体积教学的第1课时。知识内容包括学习体积的意义,以及常用的体积单位。体积概念的教学分为三个步骤进行:故事、试验、比较。体积单位的教学分三个层次:一是让学生体会引入体积单位的必要性;二是体积单位的定义;三是体积单位表象的建立。

【学情分析】

学生在第一学段已经初步认识了一些简单的立体图形,能识别出长方体、正方体、圆柱和球。本单元在此基础上系统教学长方体和正方体的有关知识。长方体和正方体是最基本的立体图形,学习长方体和正方体,是进一步学习其他立体图形的基础。

体积对学生来说是一个新概念,体积的概念也是学生后续学习长方体、正方体体积计算和体积单位的基础。

【学习目标】

1.了解体积的含义,认识常用的体积单位,能感知并正确区分各种体积单位的大小。

2.运用实验的方法理解体积的含义,结合生活中的事物感知体积单位的大小。

3.在学习生活中,发展学生的空间观念,培养学生的思维能力。

【学习重点】

通过实例理解体积的含义,初步建立1立方米、1立方分米、1立方厘米的体积观念。

【认知难点】

建立1立方米、1立方分米、1立方厘米的大小的表象,能正确应用体积单位估算常见物体的体积。

【方法与策略】

教学体积概念时,要调动学生感官,让学生在活动体验中理解体积的含义。在"乌鸦喝水"的故事中让学生初步体会石子占有一定的空间,在实验中让学生观察体会物体所占空间有大小之别,最后,在实物比较中揭示体积概念。教学体积单位时,在定义与直观实物的基础上,通过直观教具演示和模型观察,采用语言描述、举例等多种方式,帮助学生形成清晰的表象,发展学生的量感。

【资源与工具】

资源:乌鸦喝水的故事。

工具:PPT 课件,橡皮泥,1 立方米、1 立方分米、1 立方厘米的正方体学具。

【学习安排】

本课是体积教学中的第 1 课时,用 1 课时完成教学。

【过程实施】

一、温故知新,激发兴趣

出示课题:体积和体积单位。

出示:体积。

师:看到这个题目,你们想到了我们之前学的什么知识?

生:面积。

师:那我们现在来回忆一下关于面积的知识。

生答。

课件出示:面积概念、测量标准、面积单位。

师:关于体积,你想了解什么?

生答:什么叫作体积?体积怎么测量?测量标准是什么?体积单位有哪些?

师:接下来我们就进行研究。

板书课题:体积和体积单位。

二、自主探索,丰富认知

(一)故事引入,初步体会

师:大家还记得乌鸦喝水的故事吗?谁愿意看图给大家讲一讲。

乌鸦是怎么喝到水的?为什么把石子放进瓶子里,瓶子里的水就升上来了?

预设1:因为石子沉,所以水就升上来了。

预设2:因为石子挤占了杯子的空间,所以水升上来了。

【环节点评:通过熟悉的乌鸦喝水的故事引入体积概念,激发学生学习兴趣,引发学生思考。】

【技术/学科融合:利用课件展示乌鸦喝水的故事,引入本课学习。】

(二)动手实验,引出概念

师:究竟是因为石块有重量,还是因为石块占了空间?咱们通过实验来看一看。

实验:三杯同样多的水,放入一个小石子,水面上升。

观察:在水杯中两次放入大小不同的石块,有什么现象发生?为什么会出现这个现象?说明什么?

生:水杯中放入石块后,石块占据了空间,把水面向上挤。石块大,占据的空间大,水面上升得高;石块小,占据的空间小,水面上升得低。

师小结:大石子占据的空间大,小石子占据的空间小。

也就是说物体不光占空间,并且所占的空间有大有小。

出示概念:物体所占空间的大小叫作物体的体积。

(三)实物比较,加深理解

师:比如说,老师所占空间的大小就是老师的体积,这位同学所占空间的大小就是这位同学的体积。我们俩的体积谁大谁小?大家也来说说生活中物体的体积,再说一说哪个体积大,哪个体积小。

生:课本所占空间的大小就是课本的体积。

师:谁能说说什么是冰箱的体积?什么是微波炉的体积?它们谁的体积大?谁的体积小?

师:你在生活中见过的体积最大的物体是什么?体积最小的物体是什么?

【环节点评:教学中,通过组织学生进行实验操作,发现把小石块和大石块放入装水的量杯中,水面会上升。由于小石块和大石块的大小不同,水面上升的高度不同,将抽象的"空间"转化为具体的形象。接着,通过比较不同物体所占空间的大小,使体积概念在不断的感知中自然抽象、归纳出来。引导学生通过实验、观察、分析、思考,理解物体所占空间有大有小,让学生在活动中理解体积的意义,并联系生活实际举例,在实物比较中揭示体积概念,为抽象的概念提供直观支持。】

【技术/学科融合:运用视频展示石子实验,直观对比,初步感受体积。】

(四)自学探究,认识单位

1.深化体积的意义,引出体积单位。

出示两个大小接近的正方体、长方体盒子。

师:下面两个长方体,你们能比较出它们的体积大小吗?

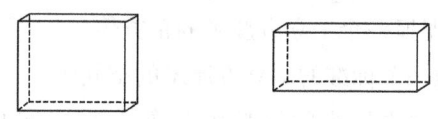

为什么这一次你们没法一眼看出谁的体积大了?

生:因为这两个物体的体积比较接近。

师:那像这样比较接近的两个物体,怎么比较它们的体积,你有什么想法?

生:测量后用数据来对比。

师:这位同学说到测量,这确实是一个好办法,既然要测量后再比较,是不是需要一个统一的度量单位呢?想想我们之前学习过哪些度量单位?

生:长度单位,面积单位。

师:在测量长度和面积时,我们用了什么作为测量标准?

生:测量长度的时候,用了尺子作为测量标准;测量面积的时候,用了正方形作为测量标准。那测量体积是不是也应该有一个测量标准呢?

师:这个测量标准的形状是什么样的?大家讨论一下。

学生以小组为单位探究讨论,以小组为单位进行汇报。

师:通过刚才的探究讨论,测量体积的测量标准应该是什么?

生:正方体。

板书:正方体

师:你们是怎么想到正方体的?

生:根据面积知识的回顾。

2. 自学体积单位,初步了解常用的体积单位。

请大家自学常用的体积单位。

课件出示:棱长为1厘米的正方形,它的体积就是1立方厘米。

棱长为1分米的正方形,它的体积就是1立方分米。

棱长为1米的正方形,它的体积就是1立方米。

师:这些就是常见的体积单位。

3. 研究体积单位,建立清晰表象。

①感受1立方厘米

摸一摸:请你从学具袋里拿出一颗1立方厘米的小正方体,摸一摸,感觉一下它的大小。

量一量:用尺子量一量1立方厘米的棱长。

做一做:用橡皮泥制作一个1立方厘米的正方体。

学生展示:用橡皮泥捏一个1立方厘米的正方体。

师:不用尺子,能做一个标准的1立方厘米的空间吗?

师示范,把一个1立方厘米的学具按在橡皮泥中,形成一个1立方厘米的空间。

请学生按照老师的方法制作一个1立方厘米的正方体,再用自己的方法感受1立方厘米的大小。

生:把手指放进去,1立方厘米和1个手指尖差不多大。

视频展示:1立方厘米的大小。

请学生说对1立方厘米大小的感受。

说一说:生活中,哪些物品的体积大约是1立方厘米?

②感受1立方分米

想一想:有了学习1立方厘米的经验,怎样的一个正方体,它的体积是1立方分米呢?

生:棱长是1分米的正方体,体积是1立方分米。

比一比:先观察1立方分米的正方体,真实感觉一下它的大小,再和1立方厘米比一比。

师:和1立方厘米相比,你觉得1立方分米的大小给你什么样的感觉?

找一找:生活中,哪些物品的体积大约是1立方分米?

③感受1立方米

师:能不能用前面学习的知识制作一个1立方米的正方体?

师生共同制作:用6个1平方米的正方形搭成一个1立方米的正方体,并请学生来感受一下1立方米的大小,看看能容纳多少位同学。

说一说:你在生活中见过哪些物品体积大约是1立方厘米、1立方分米、1立方米?

4.小结:对于体积单位,有什么认识?

【环节点评:听过的会忘记,看到的会记得,做过的会理解。这反映了数学学习过程中操作的重要性。量感是一种抽象的感性认识,量感的培养应从点滴的活动经验中不断积累。在教学中给予学生充足的时间与空间、丰富的素材,让学生在动手操作的过程中,手脑眼并用,多种感觉齐参与,经历独立思考、动手实践、对比分析等过程,将抽象的量感转化成具象的实物,在活动中建立体积的表象,这样深化了标准单位量感,发展了空间观念。】

三、回顾整理,练习应用

师:今天我们学习了体积和体积单位,现在我们就利用新学的知识来做些练习。

1. 说一说 1 cm、1 cm²、1 cm³ 分别用来计量什么量的单位,它们有什么不同?

生:长度,面积,体积。

师:一条 1 厘米的线段,大家想象一下,这条线段沿着一个方向平移,产生的轨迹是什么样的?

1 厘米平移之后就形成了一个面,这个面就是边长为 1 厘米的正方形。它的面积就是 1 平方厘米。

师:继续想象。1 平方厘米的面,再沿着一个方向平移,产生的轨迹就变成了什么?

生:正方体。

师:对,变成了棱长为 1 cm 的正方体,体积就是 1 立方厘米。

师:这就是从长度单位到面积单位再到体积单位的变化过程,也就是从一维到二维再到三维的发展过程。

2. 拓展应用,估测发展量感。

师:同学们找到了许多生活中近似 1 立方厘米、1 立方分米、1 立方米的物体,那么其他物体的体积你们也能估吗?利用学具估一估。

活动:分别估一估数学书、书包、教室的体积。

要求:(1)四人合作,摆一摆、估一估。
　　　(2)准备汇报,估什么、怎么估。

预设 1:用 1 立方厘米的正方体摆出数学书的长、宽、高,再计算。

小结:度量体积时,我们可以用 1 立方厘米的小正方体拼摆,由几个 1 立方厘米的小正方体组成体积就是几立方厘米。度量数学书的体积时,小正方体的数量不够,那么我们可以先估长、宽、高,再计算。

预设 2:书包的体积可以用 1 立方厘米摆出长、宽、高再计算,也可以用 1 立方分米来摆,更方便。

小结:是的,我们可以用不同的体积单位度量同一个物体,这些体积单位之间是有联系的。

预设 3:那教室的体积大约是多少呢?我们只有 1 个 1 立方米的正方体,可以用米尺来量。我们组 4 个同学分别量出教室的宽大约是 7 米,教室的长大约是 8 米,所以 1 层就能铺 56 个 1 立方米的正方体。教室的高大约是 3 米,可以铺 3 层。

教室的体积大约是 168 立方米。

小结:没有足够的 1 立方米框架,同学们用了以前认识的 1 平方米、1 米来帮助想象,真会想办法。

3.运用体积单位你还能估计哪些物体的体积?

生1:我用 1 立方分米比一比,这盒马克笔的体积大约 2 立方分米。

生2:我用 1 立方分米摆了摆,课桌抽屉的体积大约 6 立方分米。

生3:我用米尺测量,讲台的体积大约 1 立方米。

总结:计量一个物体的体积,要看这个物体含有多少个体积单位。物体里有几个 1 cm³(或 1 dm³ 或 1 m³),它的体积就是几 cm³(或几 dm³ 或几 m³)。

【环节点评:在物体体积的估测活动中,需要根据估测的物体大小选择合适的体积单位。当估测的物体太大时,可以从一维长度入手,先估测长、宽、高,再计算。在估测物体体积的过程中,既巩固了体积单位,又是对度量本质更进一步的深化,估测过程有理有据,内化量感。】

四、引导反思,总结收获

谁能说说你有什么收获?

【板书设计】

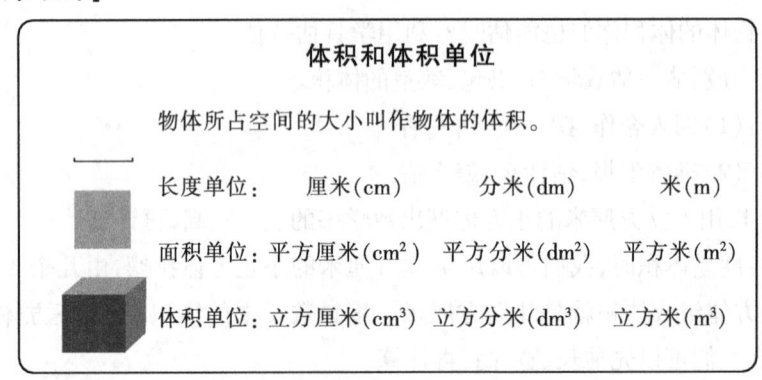

体积和体积单位

物体所占空间的大小叫作物体的体积。

长度单位: 厘米(cm)　　分米(dm)　　米(m)

面积单位:平方厘米(cm²)　平方分米(dm²)　平方米(m²)

体积单位:立方厘米(cm³)　立方分米(dm³)　立方米(m³)

【作业设计】

1.巩固性练习。

(1)1 cm、1 cm²、1 cm³ 分别是什么单位?它们有什么不同?

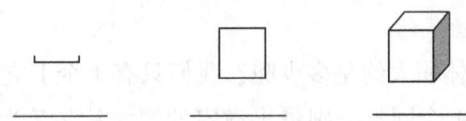

(2)下面是用棱长 1 cm 的小正方体拼成的几何体,它们的体积各是多少?

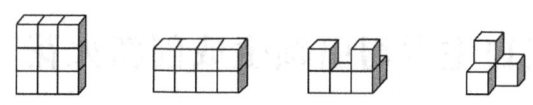

2. 应用性练习:调查其他交通工具关于行李尺寸的规定。

乘飞机时免费行李的尺寸限制如下图。

📖 生活中的数学

随身行李 20 cm 55 cm 40 cm

托运行李 40 cm 100 cm 60 cm

你知道其他交通工具关于行李尺寸的规定吗?

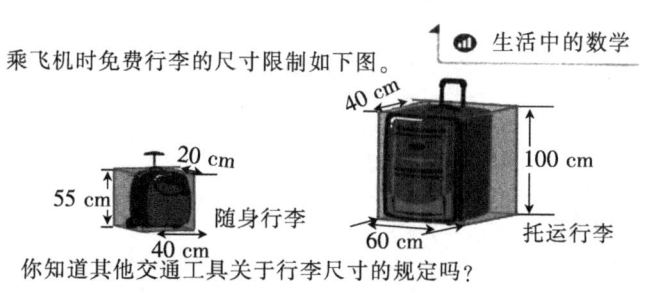

3. 拓展性练习:调查了解体积单位在生活中的实际运用。

【学习评价】

学习目标	评价任务	评价方法	评价标准
理解体积的概念并认识常用的体积单位。	说说 1 cm、1 cm^2、1 cm^3 分别用来计量什么量的单位,它们有什么不同?	学生互评	优秀:★★★ 良好:★★ 加油:★
理解体积的内涵,发展学生的理性思维。	你在生活中见过体积最大的物体是什么?体积最小的物体是什么?	教师评价	优秀:★★★ 良好:★★ 加油:★
培养学生的观察、想象、推理等数学能力,发展空间观念,培养量感。	估一估:数学书、床头柜、房间的体积。	学生自评	优秀:★★★ 良好:★★ 加油:★

自主学习引领生成创新火花
——《组合图形的面积》

刘克群

【学习内容】

组合图形的面积。

【知识定位】

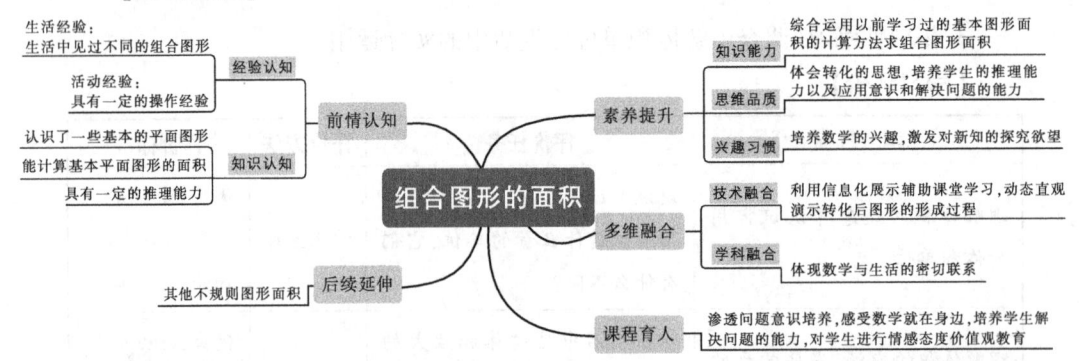

```
生活经验：
生活中见过不同的组合图形 ─┐
                          ├─ 经验认知 ┐
活动经验：                              │
具有一定的操作经验 ───────┘              │
                                        ├─ 前情认知 ┐
认识了一些基本的平面图形 ─┐              │            │
                          ├─ 知识认知 ┘            │
能计算基本平面图形的面积 ─┤                          │
                          │                          │
具有一定的推理能力 ───────┘                          │
                                                    ├─ 组合图形的面积
                   知识能力 ── 综合运用以前学习过的基本图形
                               面积的计算方法求组合图形面积
          素养提升 ┤ 思维品质 ── 体会转化的思想，培养学生的推理能
                               力以及应用意识和解决问题的能力
                   兴趣习惯 ── 培养数学的兴趣，激发对新知的探究欲望
          多维融合 ┤ 技术融合 ── 利用信息化展示辅助课堂学习，动态直观
                               演示转化后图形的形成过程
                   学科融合 ── 体现数学与生活的密切联系
其他不规则图形面积 ── 后续延伸 ┘
          课程育人 ── 渗透问题意识培养，感受数学就在身边，培养学生解
                     决问题的能力，对学生进行情感态度价值观教育
```

【设计理念】

"教是为了不教"。教育信息化的发展带来学生学习方式的变革，教师要引导学生自主学习，学会学习。本堂课就是让学生利用高质量的线上资源进行自主学习，课堂上带着疑问进行探究、交流、汇报。我们借助教育技术和丰富的资源，引导学生自主学习，让他们将未知的知识转化为已知的知识，努力实现从学会走向会学，从而增强学生学习数学的自信心，发展学生的数学核心素养，培养学生良好的学习习惯，为落实立德树人的根本任务服务。

【内容分析】

组合图形的面积是在学习了多边形的面积之后学习的。这样安排有利于综合运用平面图形的面积计算的知识，进一步发展学生的空间观念。教材从生活引入，让学生知道组合图形是由几个简单图形组合而成的，接着学习简单的组合图形的面积计算，并鼓励学生尝试用不同方法解决问题，体会转化思想，感受方法的多样化。

【学情分析】

四年级学生思维正处于从直观形象思维向抽象思维过渡的时期,具有一定的操作能力。与此同时,学生前面已经学习了长方形和正方形、平行四边形、三角形、梯形等平面图形的面积计算,组合图形的面积既是对前面所学知识的巩固,又是对所学知识的综合运用。

【学习目标】

1. 结合生活实际认识组合图形,并能用不同的方法尝试解决问题,计算组合图形的面积。

2. 经历图形分割或割补的过程,体会转化思想。

3. 培养学生的问题意识,提高解决问题的能力,感受数学就在身边。

【学习重点】

经历组合图形割补转化为基本图形的过程。

【认知难点】

能想办法将较复杂的组合图形运用多种方法转化为基本图形,计算面积。

【方法与策略】

引导学生借助优质的视频资源从问题出发尝试解决问题,借助信息技术动态呈现图形转化的过程,化难为易,化未知为已知,理解掌握所学知识。

【资源与工具】

资源:国家智慧云平台资源与课件。

工具:主例题教学具。

【学习安排】

在学习平行四边形、三角形、梯形面积之后安排一课时。

【过程实施】

一、课前自主学习

在本课开始之前,教师借助国家智慧云平台优质资源让学生带着问题学习,尝试自主解决问题。

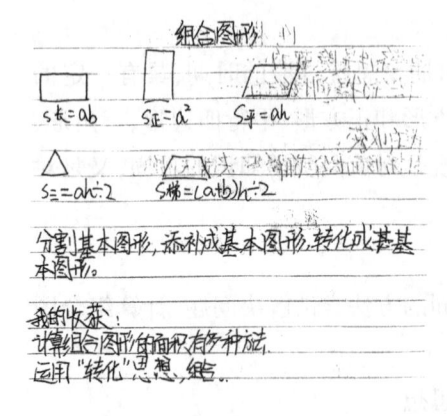

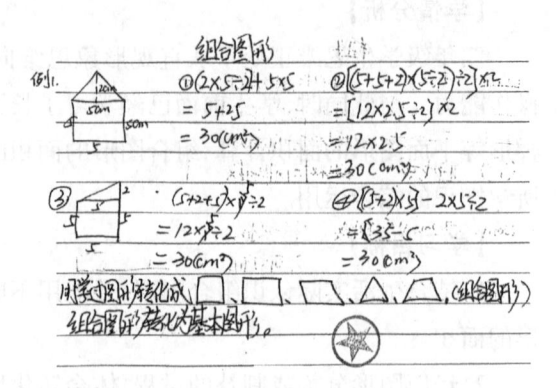

【环节点评:课前让学生带着问题思考,借力国家智慧云平台优质资源,引导学生自主学习,有助于培养学生的问题意识和自主学习能力。】

【技术/学科融合:国家智慧云平台优质资源助力学生学习方式的变革,培养学生的自主学习能力。】

二、探索途径,浸润思想

(一)旧知回顾

师:同学们,前面我们学过哪些图形的面积计算公式?你还记得它们的推导过程吗?一起来和大家分享下。

学生汇报已经学习过的平面图形,并汇报这些图形面积计算公式及公式的推导过程。

(二)**课前学习分享**

师:课前,大家还自主学习了组合图形面积的相关内容。那你知道什么样的图形是组合图形吗?

学生汇报,教师课件呈现一些生活中组合图形的实例。

【环节点评:这一部分内容将旧知与新知密切联系起来,承上启下,为新知探究做好铺垫。同时,尊重学生的课前学习,给予展示、汇报、交流的机会,有助于增强学生学习数学的自信心。】

【技术/学科融合:通过课件直观回顾以前学习过的平面图形面积的推导过程,帮助学生回顾知识;同时呈现一些生活的实物,与新知关联,有助于学生进一步理解所学知识。】

(三)问题探究汇报

师:看来大家对本堂课要探究的内容有了一定的了解。(教师板书呈现例4内

自主学习引领生成创新火花
——《组合图形的面积》

容)瞧,这是一幢房子侧面的形状图,你能尝试求出它的面积吗?

学生独立思考,两人一组同桌交流。

学生反馈,全班汇报交流:

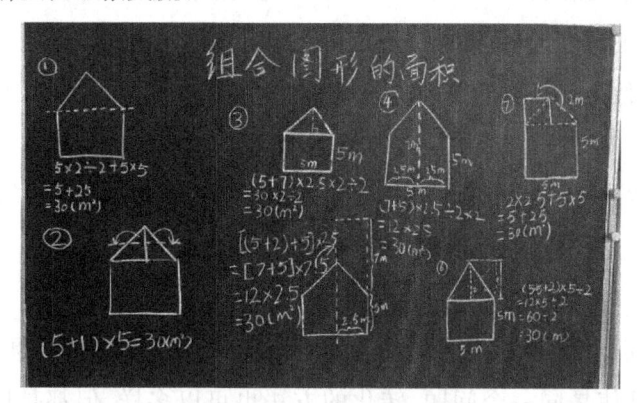

黑板上直接呈现学生不同的方法,共呈现了7种方法,并进行汇报交流。

生1:我采用分割的方法,将原来的图形分割成了一个三角形和一个正方形。我们学过三角形和正方形的面积计算,这样根据三角形和正方形的面积计算公式,结合已知的数据,我们就能求出这个图形的面积。

生2:我将这个图形竖着从中间分割成了两个梯形,而且我发现这两个梯形的面积相等,所以我只要求到一个梯形的面积再乘2就可以求出这个图形的面积。

生3:我用了添补的方法,先给这个图形顶上两边补了两个小三角形,这样可以用一个大长方形面积减去补的两个小三角形面积,就能求出这个图形的面积。

生4:我将上面尖顶上的三角形分割成了两个小三角形,又将这两个小三角形拼成一个小长方形,这个长方形的长就是正方形边长的一半,也就是2.5米,宽是2米。这样原来图形的面积就转化为一个边长为5米的正方形和一个小长方形的面积。

生5:我也是将上面尖顶上的三角形先分割再旋转了,不过方法和刚才同学的不一样。我这样分割再拼接得到的小长方形长为5米,宽为1米。下面和刚才同学的一样,也是一个边长为5米的正方形。

生6:我利用同底等高的三角形面积相等的道理,没有分割上面的三角形,而是直接把它转化为一个和它同底等高的三角形。瞧,这样原来的图形就直接转化为一个大梯形,这个梯形的上底是5米,下底是7米,高为5米,就能直接求出原来图形的面积了。

生7：我在第2种方法的基础上，分割成两个梯形，再把其中一个梯形旋转一下，这样就拼成了一个长为12米、宽为2.5米的大长方形。

师：哇，大家的想法实在太精彩了。刚刚他们汇报的都听明白了吗？我们再来借助课件看看他们是怎么转化的？

教师用课件动态呈现将原来图形用"割、补、转"等方法转化成以前学过的图形的动画。

师：看来解决一个问题，我们将未知转化为已知，可以寻找不同的方法解决它。这些方法都有一个共同的特点，你知道是什么吗？

生：转化。

师：对，借助以前学过的知识，灵活运用，就能帮我们解决新问题。转化这种思想非常神奇，即使是同一个问题，转化的方法也可以多样，但都是用了旧知解决新知。

【环节点评：这一部分内容是学生课前学习与新知探究的重要活动，不同方法的呈现，很好地帮助学生打开解决问题的思路，借助已知解决未知的问题，既渗透了问题意识，同时又注重转化思想。一定程度上说，课堂给予学生创新展示的时空，有助于培养学生的创新意识。】

【技术/学科融合：通过课件动态呈现7种方法转化的过程，有助于不同层次的学生都能得到提升，同时又感受方法的多样化，培养求异思维。】

(四)知识内化，举一反三

视频播放少年先锋队队歌，出示少年先锋队中队旗，学生尝试运用不同方法解决问题。

解决问题之前先思考：要解决这个问题至少需要知道几个条件？你是怎样想的？你能想到几种方法解决这个问题呢？

【环节点评：这一部分内容是对新知内容的巩固，同时又对学生进行爱国主义教育，体现学科课程育人。在让学生尝试用不同方法解决问题之前，先让学生思考，有助于促进学生思维的发展，提高学生综合运用知识解决问题的能力。】

【技术/学科融合：通过视频生动呈现队歌，让学生感受到作为一名少先队员的光荣，增加自豪感，渗透社会主义核心价值观教育，体现"学科大思政"特点。】

学生汇报交流，全班反馈并及时评价。

（五）拓展延伸，创新应用

师：看来大家对转化思想有了更深入的了解，抓住了转化思想的精髓，也就是将未知转化为已知，用旧知识解决新问题。随着后续学习的深入，大家还会发现转化思想在以后的学习过程中发挥着重要的作用。转化是一种思想，其实也是一种基本的思维策略，是一种有效的思维方式。接下来，请你在纸上用简单的基本图形设计出一个有趣的组合图形，并尝试计算出它的面积，在设计的过程中，想想看，至少需要告知几个条件。

学生自主创造设计，同桌间相互交流设计内容和意图，并讨论至少需要知道几个条件能求到组合图形的面积。

集体反馈汇报。

【环节点评：将知识学习运用延伸到创意设计，巩固了组合图形面积的计算，既有助于提升学生综合运用知识的能力，又有助于培养学生的应用意识、创新意识，发展学生的数学核心素养。】

【技术/学科融合：采用课件展示学生作品，肯定了学生的智慧，增强了学生学习数学的自信心。】

【板书设计】

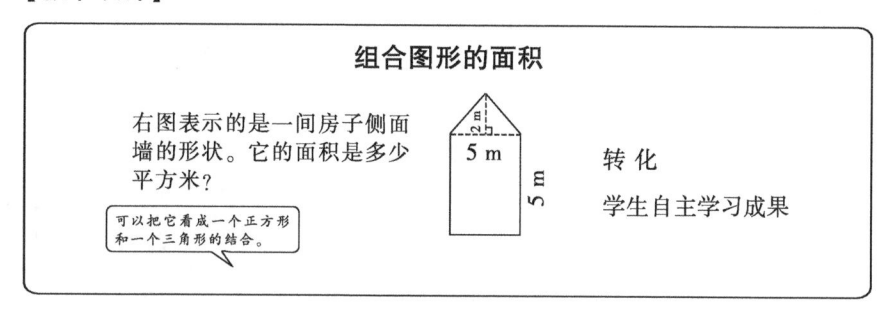

```
                      组合图形的面积

   右图表示的是一间房子侧面
   墙的形状。它的面积是多少          ⌂
   平方米？                      5 m      转  化
                                 5 m     学生自主学习成果
   可以把它看成一个正方形
   和一个三角形的结合。
```

【作业设计】

1. 巩固性作业

完成数学书相应练习。

2. 实践性作业

结合生活实际，运用转化思想解决生活中与组合图形面积相关的问题。

【学习评价】

学习目标	评价任务	评价方法	评价标准
能将主例题图转化为基本的平面图形。	能运用"割补"等不同方法将组合图形转化为已经学过的基本图形,并计算出组合图形的面积。	师生自评	优秀:★★★ 良好:★★ 加油:★
能运用转化思想将组合图形转化为已学过的基本图形,并计算出图形的面积。	能运用不同方法将组合图形转化为已经学过的基本图形。	师生自评	优秀:★★★ 良好:★★ 加油:★

单元整体设计 "迁移"学习新知
——《圆柱和圆锥的认识》

曹 晔

【学习内容】

圆柱和圆锥的认识。

【知识定位】

本节课围绕新课标,以核心素养为导向,整体把握教学内容,强调真实问题情境,充分利用信息技术的可视性、直观性,设计教学环节,丰富教学场景;利用信息技术赋能学科教学,将生活实物抽象出数学模型,认识圆柱与圆锥的特征,并动态演示圆柱与圆锥形成的过程,帮助学生建立空间观念;利用线上网络空间与线下教学的融合,让学生课前观看微课,系统地回顾原来所学的相关知识,节约课堂上的时间,提高课堂教学效率,促进学生自主学习;利用网络资源,将神州十五号飞船发射现场的视频引入课堂,增强学生的民族自豪感;遵循学生的身心发展规律,以生活经验和具体事实引导学生从物理的视角认识社会,培养学生的核心素养,落实立德树人的根本任务。

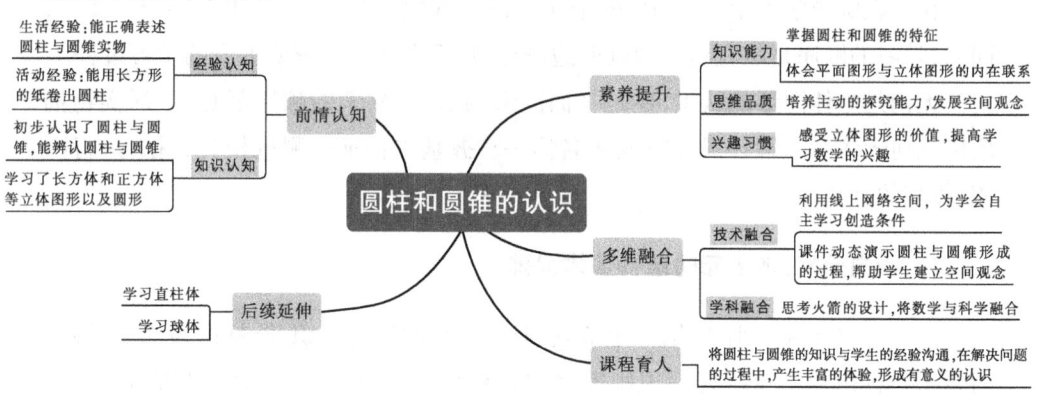

【设计理念】

对教材整体分析发现,本单元有一些知识关联性非常强,运用到的数学思想方法也基本相同。比如《圆柱的认识》与《圆锥的认识》编排结构十分相似,都是生活经验(实物图)→抽象出几何形体→各部分的名称及组成部分→图形的本质特征

→培养学生的空间观念。除此之外,圆柱与圆锥两个立体图形的基本特征也存在着紧密的联系。所以,在教学时我们可以利用学习"图形的认识"的方法,学会研究立体图形的方法,会在立体图形与平面图形之间找关联,并体会两个立体图形之间的内在联系。

综上,可以把《圆柱的认识》和《圆锥的认识》整合成一个课时来教学,作为"起始课"。让学生在剪一剪、画一画、折一折、转一转等动手操作中,充分感悟圆柱和圆锥的本质特征,为教学圆柱的表面积和体积、圆锥的体积等做好充分的铺垫,同时,也连通二维平面图形和三维立体图形,有效地培养学生的空间观念。

【内容分析】

圆柱与圆锥是人教版第三学段的内容。这部分内容属于小学数学"图形与几何"领域。

圆柱、圆锥是人们在生产、生活中经常遇到的几何形体。教学这一部分内容,有利于发展学生的空间观念,为进一步应用几何知识解决实际问题打下基础。在一年级下册的学习中,我们初步认识了圆柱,能辨认圆柱,对圆柱的形状有了基本的了解。本单元的学习,是以第三学段学习的立体图形(长方体和正方体)和曲线平面图形(圆)为重要基础进行的,而圆柱和圆锥的学习又为以后学习柱体、球等立体图形奠定良好的基础。

一、纵向分析:本单元内容的地位

在人教版小学数学教材中,整个认知的主线沿着"立体—平面—立体"展开;同时,学习的顺序是从直边图形到曲边图形,从而形成一个螺旋上升的学习过程。

无论是立体图形的认识,还是平面图形的认识,教学的顺序都是:生活实物抽象出几何形体—了解各部分组成和名称—掌握基本特征—测量相关数据,进行面积、体积的计算。

二、横向分析:本单元的结构整体编排

本单元包括两个小节:第一小节是圆柱,包括圆柱的认识、圆柱的表面积、圆柱的体积和容积、解决问题(不规则容器的容积)。第二小节是圆锥,包括圆锥的认识、圆锥的体积。

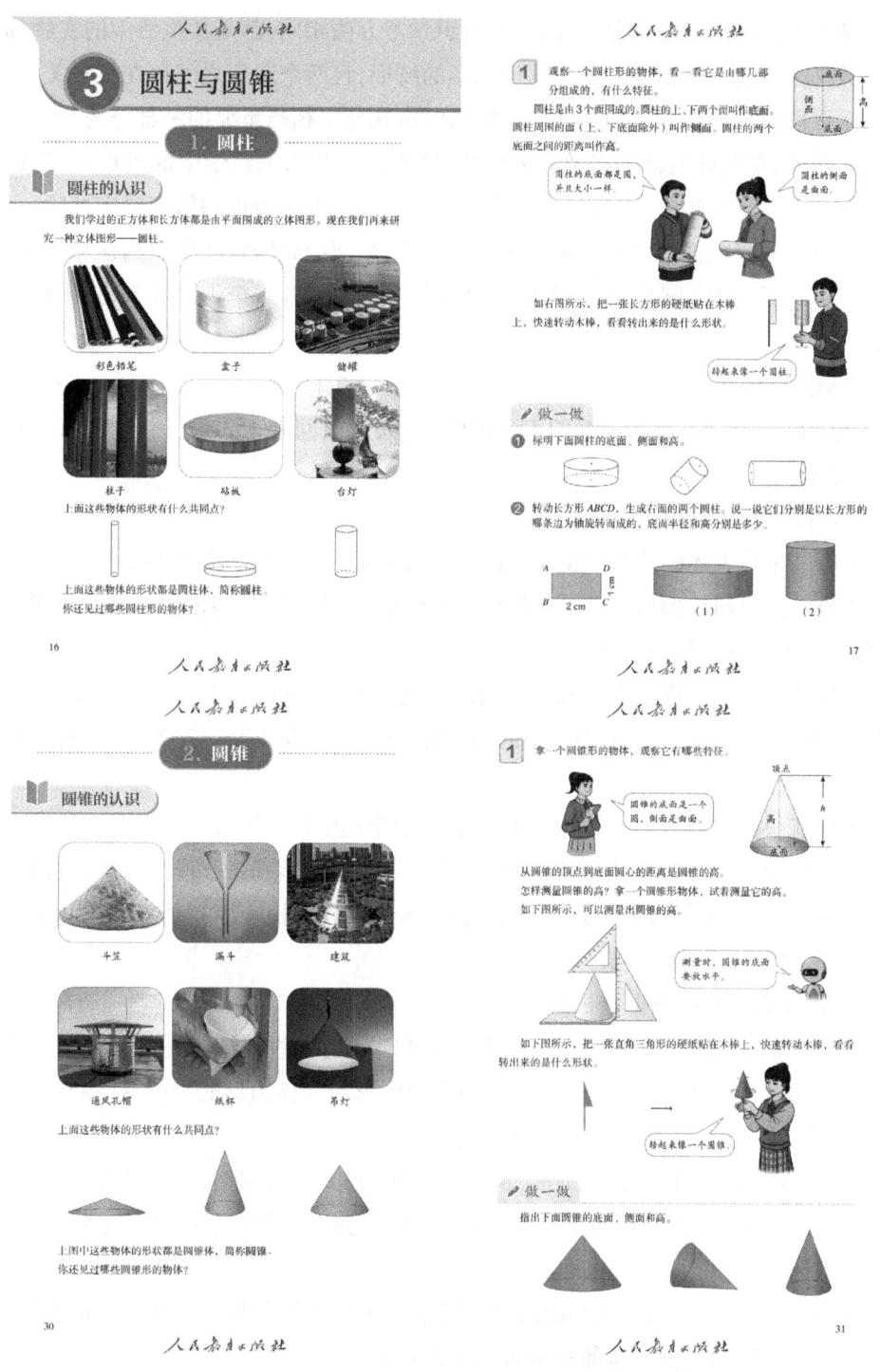

单元整体设计 "迁移"学习新知
——《圆柱和圆锥的认识》

3 圆柱与圆锥

1. 圆柱

圆柱的认识

我们学过的正方体和长方体都是由平面围成的立体图形。现在我们再来研究一种立体图形——圆柱。

彩色铅笔　　盒子　　储罐

柱子　　踏板　　台灯

上面这些物体的形状有什么共同点？

上面这些物体的形状都是圆柱体，简称圆柱。你还见过哪些圆柱形的物体？

① 观察一个圆柱形的物体，看一看它是由哪几部分组成的，有什么特征。

圆柱是由3个面围成的。圆柱的上、下两个面叫作底面。圆柱周围的面（上、下底面除外）叫作侧面。圆柱的两个底面之间的距离叫作高。

圆柱的底面都是圆，并且大小一样。

圆柱的侧面是曲面。

如右图所示，把一张长方形的硬纸贴在木棒上，快速转动木棒，看看转出来的是什么形状。

转起来像一个圆柱。

做一做

① 标明下面圆柱的底面、侧面和高。

② 转动长方形 ABCD，生成右面的两个圆柱。说一说它们分别是以长方形的哪条边为轴旋转而成的，底面半径和高分别是多少。

2. 圆锥

圆锥的认识

斗笠　　漏斗　　建筑

通风孔帽　　纸杯　　吊灯

上面这些物体的形状有什么共同点？

上图中这些物体的形状都是圆锥体，简称圆锥。你还见过哪些圆锥形的物体？

① 拿一个圆锥形的物体，观察它有哪些特征。

圆锥的底面是一个圆，侧面是曲面。

从圆锥的顶点到底面圆心的距离是圆锥的高。
怎样测量圆锥的高？拿一个圆锥形物体，试着测量它的高。
如下图所示，可以测量出圆锥的高。

测量时，圆锥的底面要放水平。

如下图所示，把一张直角三角形的硬纸贴在木棒上，快速转动木棒，看看转出来的是什么形状。

转起来像一个圆锥。

做一做

指出下面圆锥的底面、侧面和高。

《圆柱的认识》与《圆锥的认识》教材内容

163

从本单元的内容看，圆柱与圆锥的认识学习方法相同，都是从生活中的实物抽象出数学模型，再通过观察、操作认识图形的特征，且两个图形之间存在很多关联，都由平面图形旋转形成。而旋转体是空间解析几何中相当重要的一部分内容。在教学过程中，旋转体的概念以及其表面积、体积的计算都是教学中的重点和难点。为了进一步发展学生的空间观念，为接下来更深入学习表面积和体积奠定基础，重点应落在了解平面图形和立体图形之间的联系，从面的旋转角度认识圆柱和圆锥。基于以上分析，我将圆柱与圆锥的认识进行整合，利用1个课时来认识圆柱与圆锥。

【学情分析】

此次的调查对象是六年级的153名学生，共发放问卷153份，回收153份，均为有效问卷。

学情调研结果如下：

(1)能正确表述圆柱与圆锥实物的同学有120人，正确率78.43%；

(2)能说出圆柱的组成部分的同学有62人，占40.52%；能说出圆锥的组成部分的同学有37人，占24.18%；

(3)能在圆柱立体图上正确画出高或表述高的同学有82人，占53.60%；能在圆锥立体图上正确画出高或表述高的同学有76人，占49.67%，其中6人把母线看作圆锥的高。

(4)能根据原有学习经验思考研究方向的同学占94.77%。

(5)58.04%的同学知道圆柱的侧面展开图是长方形或正方形，了解圆柱的表面组成部分的同学占到68.89%，其中，会正确地推导圆柱表面积计算公式的同学有22人，约占14.38%。

根据以上调查的数据分析如下：

(1)学生对圆柱与圆台、圆锥与圆台的区别还是有些模糊。关于圆柱与圆锥的高的认识，大部分学生能借助以往学习平面图形与立体图形的经验，推测找出圆柱与圆锥的高，但还需引导学生规范描述。

(2)大部分学生将圆柱与圆形、长方形关联，将圆锥与圆形、三角形关联，说明学生对于圆柱的侧面展开形状可能有较丰富的经验，而对于圆锥的侧面展开形状则比较陌生。

(3)从连线情况看，学生都能通过旋转建立平面图形与相应立体图形的关联，理解"面动成体"的过程，具备基本的空间想象能力。

(4)将近一半的同学认为圆柱的侧面展开图是长方形或正方形，但是，能清楚地认识到"圆柱的侧面展开后的长方形长、宽与圆柱的关联"的学生只有一小部分,说明学生的空间观念还有待加强,尤其是"立体"与"平面"的关联性问题。

(5)大部分学生都了解圆柱的表面组成部分可分为2个圆形的底面积和1个侧面积,而且能自主地探索出圆柱的表面积计算公式和方法,甚至还有少数同学能直接推导出计算的公式。

【学习目标】

1.在现实情境中,通过观察、操作、比较等活动,认识圆柱和圆锥,掌握它们的特征,能区分圆柱、圆锥的异同点。

2.在活动中进一步积累认识立体图形的学习经验,初步体会平面图形与立体图形的内在联系,增强空间观念,发展应用意识。

3.在活动中,体验立体图形与生活的联系,感受立体图形的学习价值,提高学习数学的兴趣,增强学好数学的信心。

【学习重点】

通过观察、操作、比较等活动,掌握圆柱、圆锥的基本特征。

【认知难点】

感受圆柱、圆锥的旋转体特征,体会平面图形和立体图形之间的联系。

【方法与策略】

教学时加强数学知识与实际生活的联系,重视培养学生运用所学知识解决实际问题的意识与能力。例如:课前让学生收集、整理生活中有关圆柱、圆锥的实例和信息资料,在课堂中交流;认识圆柱、圆锥后,让学生根据需要创设和制作一个圆柱或圆锥形物品,让大家欣赏或使用;引导学生经历知识的探索过程,在观察、操作、想象的过程中掌握知识、发展空间观念。

【资源与工具】

资源:《长方体和正方体的认识》微课;长方形旋转成圆柱、直角三角形旋转成圆锥的小视频;神州十五号飞船发射现场的视频。

工具:圆柱、圆锥模型;学习单;圆片。

【学习安排】

单元第1课时,用1课时完成教学。

【过程实施】

一、旧知迁移,做好铺垫

课前任务:观看微课,回顾五年级学习的《长方体和正方体的认识》。

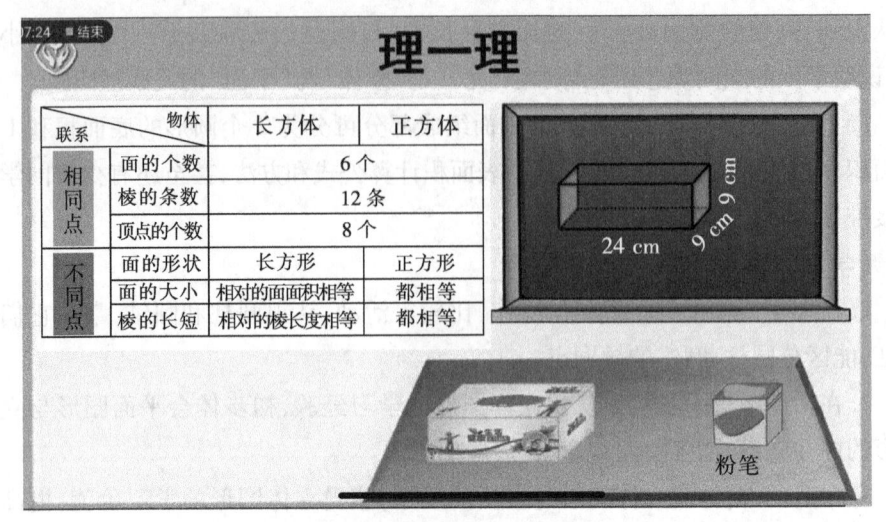

课前复习微课中的部分内容

1. 提问:学习长方体和正方体时,我们从哪些方面来研究这些图形?

根据学生的回答,教师结合课件,梳理长方体和正方体的特征,并总结:我们学了长方体和正方体的特征,它的特征是 8 个顶点、12 条棱、6 个面,我们可以从点、线、面、体来认识,再通过面的度量算侧面积和表面积,面的平移运动形成体,体的度量算体积。

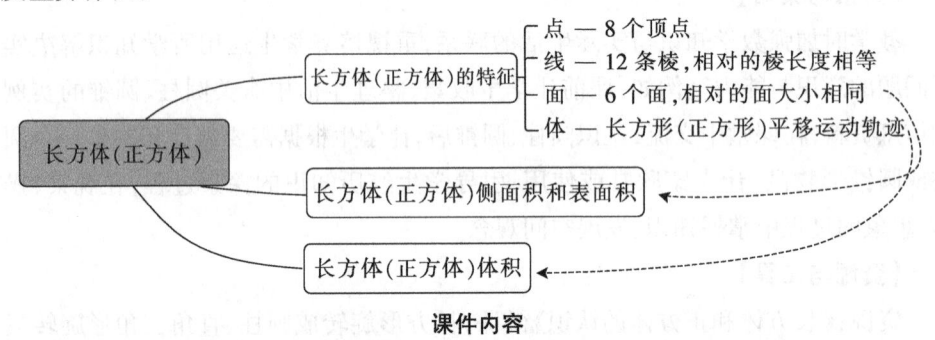

课件内容

2. 提问:今天我们来研究圆柱和圆锥,大家想研究圆柱、圆锥的哪些内容?

预设 1:圆柱、圆锥的特征。

预设 2:圆柱、圆锥的侧面积、表面积。

预设 3:圆柱、圆锥的体积。

根据学生的回答,将关键词在课件中呈现:特征、展开图、表面积、体积。

3. 师:今天我们先从顶点、线、面、体来研究圆柱和圆锥。

【环节点评:通过长方体(正方体)的知识,积累学习立体图形的经验,对学生进行学习方法指导,把它迁移到圆柱和圆锥的学习中。六年级的学生具备了一定

166

的自学能力,这样的学习能让学生的知识条理化、结构化、系统化。】

【技术/学科融合:采用线上网络空间与线下教学融合的方式,突破传统数学教育的时空限制,为学生学会自主学习创造条件。】

二、探究新知,沟通联系

(一)联系生活中的实物,揭示概念

1. 提问:生活中哪些物体的形状是圆柱形或圆锥形的?

预设:彩色铅笔、盒子、保温杯、柱子、砧板、台灯等都是圆柱形,斗笠、漏斗、通风孔帽、吊灯等都是圆锥形。

2. 课件出示圆柱和圆锥的实物图片,并介绍这些物体的形状就是圆柱、圆锥,同时课件演示,从实物图中抽象出圆柱和圆锥的几何图形。

(二)概念辨析,认识各部分名称

1. 师:圆柱由哪几部分组成,又有什么特征?请同学们两人一组,合作研究圆柱的特征,并把你们探究的结果写在学习记录单上。

学生合作探究圆柱的特征,通过看一看、摸一摸、滚一滚圆柱学具,明确特征,填写学习单。

2. 探究完成后,请学生代表汇报。

预设1:圆柱有两个圆形的面,圆形有圆心,所以圆柱有两个点。

预设2:圆柱是由两个圆形和一个曲面围成的,圆柱没有顶点。

师:有些同学说的点是圆柱面上的点、线上的点,而我们研究的是顶点的数量,看一看、摸一摸手中的圆柱,它有顶点吗?为什么?

师:圆柱除了有一个面,还有其他的面吗?

通过辨析使学生明确,圆柱由三个面围成,有两个圆形的面和一个弯曲的面,面与面相连的线也是曲线,所以圆柱没有顶点,有两条曲线。

3. 教师结合课件介绍:圆柱上下两个圆形的面叫作圆柱的底面,旁边的面(上下两个面除外)叫作侧面(板书:侧面)。

(三)探究圆柱的特征,认识圆柱的高

1. 提问:圆柱的两个底面有什么特点呢?你能用多种方法证明它们的关系吗?

先独立思考,再和同桌说一说你的验证方法。

预设1:用一个底面画一个圆,发现另一个底面的圆与它完全重合。

预设2:从上往下看,两个圆是完全重合的。

预设3:量出上下两个圆的半径,求出面积是一样的。

通过追问让学生思考,圆柱两个圆形底面的大小相等,并想办法验证。

2. 我们除了研究外围的这些曲线,还要研究它的高(板书:高)。圆柱的高在哪里?怎样测量圆柱的高?在什么地方测量圆柱的高最方便?

学生汇报,展示测量方法。

3. 结合课件出示介绍高的概念——上下两个圆心的距离叫作圆柱的高。

提问:圆柱有多少条高呢?它们的长度怎么样?

学生通过找一找、指一指、比一比、量一量等方法,发现:圆柱有无数条高,它们的长度相等。(板书)

教师运用课件演示:圆柱里有多条高,且这些高平移对比之后看出长度相等。

师补充:由此说明圆柱上下一样粗,且上下两个底面是平行的。

(四)从旋转角度,认识圆柱

提问:用你手中的长方形纸怎样形成一个圆柱呢?方法越多越好。先自主思考,再同桌交流。

预设1:用一张长方形纸卷一卷,注意要上下一样粗。

预设2:绕着长方形纸长或宽快速旋转。

预设3:剪出一个圆,圆平移运动形成的轨迹。

形成圆柱的方法可以用长方形纸卷,也可以绕长方形纸的长或宽旋转形成,还可以通过圆形平移形成。通过汇报交流打开学生的思路,发散思维,同时也让学生感悟"面动成体"的过程。这里着重引导学生理解长方形纸旋转形成圆柱的方法。

学生汇报完之后,利用学具旋转形成圆柱,并想象形成的圆柱的样子。

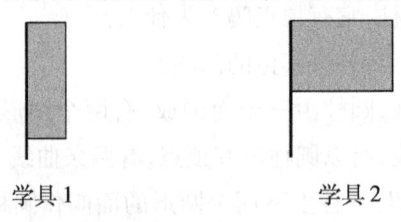

学具1　　　　　　学具2

师:想象一下旋转出来的两个圆柱的样子。

学生汇报,学具1旋转形成的圆柱是细细长长的,学具2旋转形成的圆柱是矮矮胖胖的。

师:想想长方形的长和宽与旋转后形成的圆柱有什么联系?

学生通过观察、想象发现:学具1,长方形的长就是圆柱的高,长方形的宽就是圆柱的底面半径;学具2,长方形的宽是圆柱的高,长方形的长是圆柱的底面半径。

教师追问:影响圆柱大小的因素可能是什么呢?

单元整体设计 "迁移"学习新知
——《圆柱和圆锥的认识》

学生回答后,课件展示:圆柱的高和底面半径影响圆柱的大小。补充板书。

名称	点	线	面	体
圆柱	0个	无数条高 长度相等	2个底面(大小一样的圆) 1个侧面(曲面)	长方形旋转

(五)迁移学习,认识圆锥

1.引导学生用研究圆柱的方法研究圆锥。

师:请同学们独立思考,填写学习单。

学生汇报结果,适时完善板书。

2.提问:圆锥的顶点可以在别的位置吗?想一想这个顶点其实是圆柱的哪个点呢?

通过思辨使学生明白,圆锥的顶点就是圆柱上底面的圆心。课件演示圆柱变成圆锥的过程。

3.提问:圆锥的高在哪?怎样测量圆锥的高?

预设1:认为从顶点到圆锥底面圆周上的任意一点的距离就是圆锥的高。

预设2:认为从顶点到底面圆心的距离就是圆锥的高。

生生辨析,明确:从圆锥的顶点到底面圆心的距离是圆锥的高。

学生测量圆锥的高,课件展示正确的测量方法。

4.怎样形成圆锥?

预设1:圆形平移的同时向圆心的位置缩小,最终缩成一个点,就能形成圆锥。

预设2:三角形旋转形成圆锥。

追问:怎样的三角形才能旋转成圆锥?

学生交流讨论,统一想法:绕直角三角形的直角边旋转能形成圆锥。

名称	点	线	面	体
圆锥	1个	1条高	1个底面 1个侧面(曲面)	直角三角形旋转

(六)发现圆柱与圆锥的异同点

提问:我们认识的圆柱与圆锥,这两个立体图形有什么相同点和不同点?

学生根据板书,对比发现:

圆柱与圆锥都有1个底面是圆形,侧面都是曲面。

不同点:

1.圆柱没有顶点,圆锥有1个顶点。

2. 圆柱有无数条高,圆锥只有1条高。

3. 圆柱由长方形旋转形成,圆锥由直角三角形旋转形成。

教师小结:点、线、面、体是立体图形的基本元素,从"面动成体"的角度思考立体图形,能找到面与体之间的联系,今后我们可以采用今天的学习方法去研究其他立体图形。

【环节点评:通过看一看、摸一摸、量一量、比一比等活动认识圆柱的基本特征,再用同样的方式推出圆锥的基本特征,这样能很好地对圆柱和圆锥进行对比,同时也能归纳出探究立体图形的特征都可以从点、线、面、体四个方面进行。沟通平面图形与立体图形之间的关联,发展学生的空间观念和应用意识。】

【技术/学科融合:运用信息技术对图像进行综合处理,将抽象的数学知识直观化,加深学生对圆柱、圆锥的认识,深化对数学概念的理解和数学知识的建构,丰富了教学场景,激发学生学习数学的兴趣和探究新知的欲望。】

三、练习巩固,强化新知

课件呈现以下练习,学生独立完成后,教师请学生汇报说明。

1. 请在圆柱的括号里画"√",在圆锥的括号里画"○"。

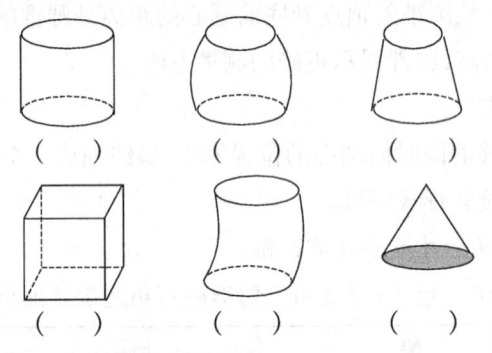

追问:第二个和第五个为什么不是圆柱?

学生在辨析中加深对圆柱特征的理解。

2. 用下面的长方形旋转形成圆柱,能形成怎样的圆柱? 说说它们分别是以长方形的哪条边为轴旋转而成的,底面半径和高分别是多少。

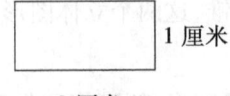

预设1:绕长方形的宽旋转一周形成圆柱,圆柱的底面半径是2厘米,高是1厘米。

预设2:绕长方形的长旋转一周形成圆柱,圆柱的底面半径是1厘米,高是2厘米。

预设3:绕长方形两条长的中点连线旋转半周也能形成圆柱,圆柱的底面半径是1厘米,高也是1厘米。

预设4:绕长方形两条宽的中点连线旋转半周形成圆柱,圆柱的底面半径是0.5厘米,高是2厘米。

运用课件直观呈现绕不同的边旋转形成圆柱的过程。

【环节点评:练习是学生掌握知识、形成技能的必要途径,第一题是巩固圆柱、圆锥的基本特征,使学生通过辨析能更加深刻地理解圆柱和圆锥的特点;第二题是平面与立体的沟通运用,发散思维,培养学生的空间想象能力和创新意识。】

【技术/学科融合:利用信息技术对图像动态演示的优势,将学生空间想象的部分进行直观呈现,有效辅助教学,提高课堂教学效率。】

四、生活应用,情感升华

播放神州十五号载人飞船发射的视频,提问:火箭为什么设计成上面是圆锥、下面是圆柱?(减少阻力,保持平衡)

【环节点评:让学生理解圆柱与圆锥在生活中的重要作用,感受生活中处处有数学,使学生学会用数学的眼光观察现实世界,培养学生的核心素养。】

【技术/学科融合:利用网络资源,让学生观看神州十五号载人飞船发射的视频,感受现场的气氛,了解科技人员对航天事业做出的巨大贡献,增加民族自豪感。】

【板书设计】

圆柱和圆锥的认识

名称	点	线	面	体
圆柱	0个	无数条高 长度相等	2个底面(大小一样的圆) 1个侧面(曲面)	长方形旋转、圆形平移
圆锥	1个	1条高	1个底面 1个侧面(曲面)	直角三角形旋转

【作业设计】

1.巩固性作业:人教版课本P34第1、2题。

2.应用性作业:生活中有很多"面动成体"的例子,比如有的酒店门口长方形玻璃在不停转动时会形成一个圆柱。请你做一个生活的有心人,找一找生活中"面动成体"的例子吧。

3.实践性作业:你心中有航天梦吗？搜集相关资料,了解火箭的构造,小组分工合作剪拼卡纸或者彩纸,制作一个简易版的火箭模型,并把制作过程中你们小组遇到的问题和解决方案记录下来。

【学习评价】

学习目标	评价任务	评价方法	评价标准
认识圆柱和圆锥,掌握它们的特征,能区分圆柱、圆锥的异同点。	找生活中圆柱与圆锥的物体,摸一摸、比一比、滚一滚,再说说它们各部分的名称及特征。	自我评价	优秀:★★★ 良好:★★ 加油:★
经历制作圆柱与圆锥的过程,感知立体图形与展开图之间的内在联系。	用卡纸制作一个圆柱和一个圆锥,思考平面图形与制作的立体图形的内在联系。	学生互评	优秀:★★★ 良好:★★ 加油:★
在旋转的过程中,感知面与体的关联,连通二维和三维,发展学生的空间观念。	用长是2厘米、宽是1厘米的长方形纸旋转形成圆柱,能形成怎样的圆柱？说说它们分别是以长方形的哪条边为轴旋转而成的,底面半径和高分别是多少。	教师评价	优秀:★★★ 良好:★★ 加油:★

读懂数据　发展意识　感受价值
——《平均数》教学设计

史翠翠　刘克群

【学习内容】

平均数的学习。

【知识定位】

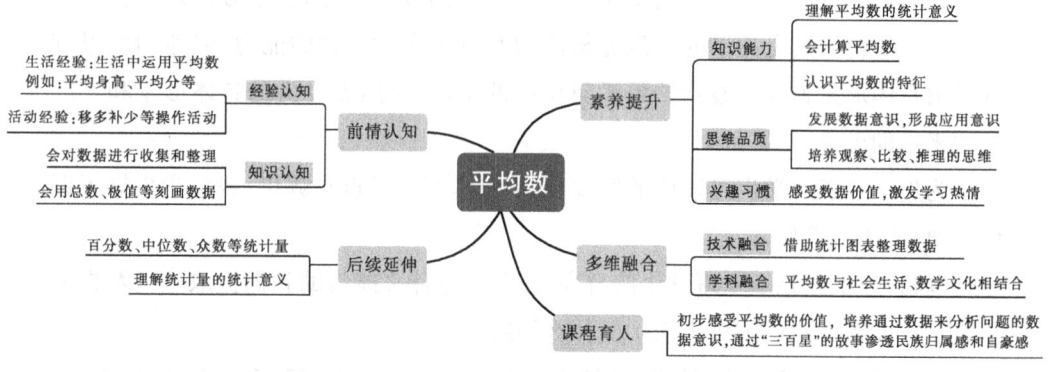

【设计理念】

《平均数》是人教版四年级下册第八单元的内容，它是统计学的一个重要概念。《义务教育数学课程标准（2022年版）》在该学段的学业要求中明确指出："知道用平均数可以刻画一组数据的集中趋势，知道平均数的统计意义；知道平均数是介于最大数与最小数之间的数，能描述平均数的含义；能用平均数解决有关的简单实际问题，形成初步的数据意识和应用意识。"因此，小学阶段的平均数教学，教师应致力于展示平均数作为统计量的意义和价值，为学生进一步学习统计学的相关知识打下基础。

【内容分析】

这节课在整个统计素养、统计思维的培养中处于怎样的地位呢？低年级教学聚焦在用各种统计图表收集、整理数据，并引导学生进行简单的数据表达。本节课之后的学习，聚焦更加复杂的统计图，并基于数据分析趋势以及预测推断。因此，平均数统计量的教学是数据意识初步形成的关键课例。

发展学生"数据意识"的过程

```
数据收集         数据整理      数据表达       数据分析       预测推断
(调查研究)      (统计表)      (统计图)      (趋势关系)    (解决问题)
                                                          中位数、众数、方
                              平均数         扇形统计图    统  差等统计量的统
                              复式条形统计图  百分数       计  计意义分析数据
                                                          量
  分类与整理   复式统计表
  ┌──┐     ┌──┐   ┌──┐  ┌──┐  ┌──┐ ┌──┐ ┌──┐ ┌──┐
  │一 │     │二 │   │三 │  │四 │  │四 │ │五 │ │六 │ │七 │ │八 │
  │下 │     │下 │   │下 │  │上 │  │下 │ │下 │ │上 │ │下 │ │下 │
  └──┘     └──┘   └──┘  └──┘  └──┘ └──┘ └──┘ └──┘
            单式统计表   单式条形统计图  ↑    折线统计图    抽样调查
                                     统   复式统计图    直方图
                                     计
                                     量
```

【学情分析】

平均数是统计中的一个重要概念,而求平均数是统计的基本方法之一。四年级学生已经初步具有简单的信息分析能力和解决实际问题的能力,但他们的思维处于由具体形象思维过渡到抽象逻辑思维的阶段,仍然需要借助具体形象和实际经验来帮助思考。

为进一步了解学生可迁移的经验有哪些、学习困难点在哪里,我对学生做了课前调研,调研结果如下:

题目一:下面是一个班学生的身高数据,通过什么能帮助我们提取这些数据的信息? 它能帮助我们解决生活中的什么问题?

135 148 143 137 141 146 135 122 130 128 139 136 137 121 136 127 126
141 140 146 135 138 135 138 131 140 141 134 133 134 143 125 137 136

调研意图:调研不同年级学生从数据中提取信息的能力及根据需求选择不同统计量刻画数据的能力。

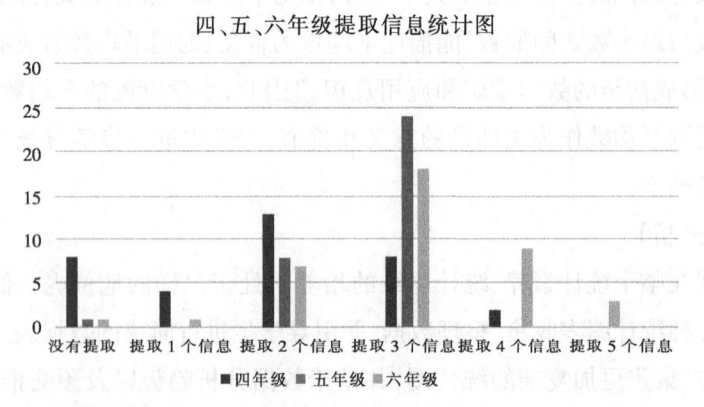

四、五、六年级提取信息统计图

题目二:在投篮比赛中,小宇的投篮结果如下:7个、7个、7个、6个、8个。用什么数可以代表他投中的个数？把你的想法尽可能多地记录下来。

调研意图：调研学生对平均数代表一组数据的理解水平及对统计量选择的能力。

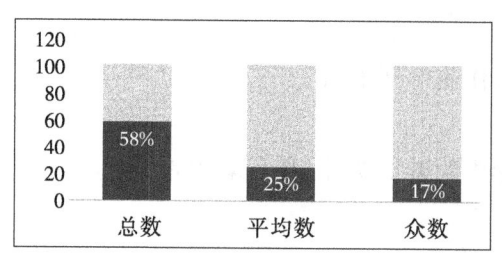

第一题的调研对象是四、五、六年级学生，目的是调研不同年级学生从数据中提取信息的能力。从数据可以看出，随着学生年级的增加，阅历不断增长，提取信息的能力也在逐渐增强。第二题通过对四年级学生进行课前调研，从结果可以看出，部分学生能够利用总数、平均数等统计量来刻画数据，虽然他们并不能直接说出平均数或众数这样的关键名词，但是已经有意识地用总数平均分或选择一组数据中出现最多的数。

【学习目标】

迁移目标：通过完成平均数的学习任务，在遇到新问题时能迁移到其他统计量的学习中，选择合理方案。

理解目标：在具体情境中经历平均数产生的过程，理解平均数的意义。

知能目标：会求一组数据的平均数，沟通"移多补少"和"先合后分"之间的联系。借助想象和直观图形认识平均数的特征，突出代表性，感受区间性和敏感性等其他特性，初步形成统计意识。

情感目标：初步感受平均数的价值，培养通过数据来分析问题的数据意识，通过"三百星"的故事渗透民族归属感和自豪感。

【学习重点】

理解平均数的意义，探索并掌握平均数的求法。

【认知难点】

结合贴近学生生活的现实情境体会平均数作为统计量的价值。

【方法与策略】

基于两个核心目标——理解平均数的意义、感悟平均数的特性，本课设计了3个指向核心目标的主要路径：创设对比情境，辨析平均数；创设变化情境，感受平均数；创设大数据情境，深化平均数。教师通过整体设计、分步实施、任务驱动、问题引领,引导学生独立思考、自主探究、操作体验、合作交流。

【资源与工具】

资源:央视新闻视频介绍儿童购票新规定、有关平均数的数学文化资料、三百星资料。

工具:PPT课件、作业单、小磁扣。

【学习安排】

本课是单元教学中的第 1 课时,用 1 课时完成教学。

【过程实施】

一、情境引入,激发平均数认知兴趣

21 世纪是大数据时代,数据在我们的生活中随处可见。在统计领域中有这样一句名言:"如果你拷问数据到一定程度,它会坦白一切。"数据本无用,就看你如何充分地去拷问它,让它服务于我们。今天这节课让我们一起来拷问数据,看看它会向我们坦白些什么。

我们国家的经济实力越来越强,国家出台了一些惠民政策,特别是老人和孩子的免票政策,其中有一项政策是你们曾经享受过的,就是 1.2 米以下的儿童可以享受免票待遇。关于免票央视播报了这样一条新闻,我们一起来看看。

播放央视视频:两个家庭一起去玩的时候,两家孩子一样大,曹女士家孩子身高比较高,朋友家孩子免票的时候,她家孩子就半票了。朋友家孩子半票的时候,曹女士家孩子就已经全票了。

提问:在这段视频中,这位妈妈的烦恼你有过吗?

生:有,因为我 5 岁时身高就超过了 1.2 米,不可以免票了。

追问:现在还以 1.2 米定为免票线合理吗?

明确:随着我们生活水平的提高,人们更重视锻炼身体,现在小朋友的身高和以前小朋友的身高相比发生了变化,还用身高不超过 1.2 米作为免票的标准显然不合理。关于新标准要怎么定? 学生小组合作充分发表意见。全班交流汇报,明确新政策的修改必须有依据,可以调查儿童的身高数据,根据身高制定标准。

【环节点评:真实的生活情境,引发学生对免票线的思考。个人的情况不能代表群体的情况,学会用数据说话,激发学生对数据的调查和收集的需求。】

二、深入探究,建构平均数的意义

针对曹女士反映的1.2米作为免票线不合理这个问题,我们随机抽取了某幼儿园大班不满6岁儿童的身高数据。

某幼儿园大班5名男生身高的统计表

姓名	胡问潇	康博	李雷	刘星辰	王齐
身高(cm)	121	114	115	119	116

提问:5名同学的身高不一样,用哪个数可以代表他们的身高呢?用121 cm合适吗?

生1:用121 cm不合适,因为虽然身高最高的孩子是121 cm,但其他人的身高都没达到这个水平。

生2:121 cm是最高的,114 cm是这组儿童里最矮的,我认为选择的这个数应该在121 cm到114 cm之间。

生3:可以选一个中间的数117 cm或118 cm。

生4:我认为可以把这几位同学的身高互相匀一匀,匀成一样高就好了。

一起借助直观图来看一看,用磁扣分别表示5位儿童的身高。请学生上来摆一摆,怎样匀得同样高。

介绍:像刚才这位同学一样,把多的补给少的,使每次的个数都相同,这样的过程叫作移多补少。除了移多补少,还可以怎么做?

生:把5个身高全部加在一起,再除以5。

学生说算式,教师板书算式。这种方法叫作先合后分。无论是移多补少还是先合后分,我们都是把5个不同的身高从高高低低,匀一匀变成了一样的。"117"表示什么意思呢?

生:反映了这组男生身高的整体水平。

介绍:这个117 cm就是这组数的平均数。它不是这组儿童中任意一位的身高,所以这个117 cm对于这组数据来说非常有代表性。它代表这组数据的总体水平。(板书:代表总体水平)

课件出示条形统计图,提问:刚才我们在移来移去的过程中什么变了?什么没变?

预设:我认为5位儿童身高的总数没有发生变化,但是每位的身高发生了变化。

对比移多补少和先合后分两种方法有什么相同之处？有什么不同？

生1：移多补少是把多的补给少的，先合后分是先算出总数，再把总数平均分。

生2：先合后分的括号里，其实就是移多补少的总分，再把总分平均分成5份就得到了平均数117。

【环节点评：学生带着对新知的渴求，通过移动条形图上面的虚线来形象直观地表达各自的观点，初步感知平均数在一组数据的最大数与最小数之间，有了"移多补少"的思维雏形。紧接着借助磁扣对5位儿童的身高"移多补少"，进一步借助几何直观体会平均数是几次"匀"出来的一个数，引导学生感受并思考平均数的意义，即它是一组数据的代表，代表了这组数据的总体水平。】

三、深度思辨，理解平均数的特征

（一）创设对比情境，辨析平均数

出示一组这个班女生的身高，比一比男生组身高的整体水平和女生组身高的整体水平。

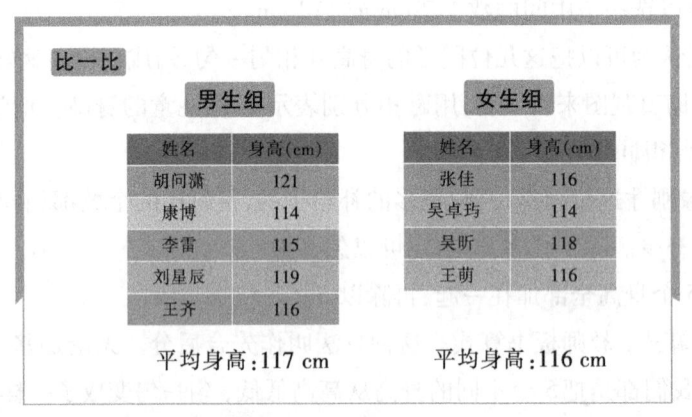

比一比

男生组		女生组	
姓名	身高(cm)	姓名	身高(cm)
胡向潇	121	张佳	116
康博	114	吴卓玛	114
李雷	115	吴昕	118
刘星辰	119	王萌	116
王齐	116		

平均身高：117 cm　　　平均身高：116 cm

生1：我觉得男生组高，因为他们组有一个孩子身高达到了121 cm，是最高的。

生2：虽然男生组有孩子身高是121 cm，但是不代表他们组整体水平是最高的。

生3：因为两个组人数不同，我们不能算总数进行比较，可以算他们的平均数，再比较才合理。

（二）创设变化情境，感受平均数

请学生分别算出两组的平均数。如果女生组再增加一名儿童，平均身高会发生怎样的变化？女生组的平均数会依然保持116 cm吗？你认为还有哪些可能？

根据学生的回答，依次出示不同数据，感受平均数的变化。观察三幅图你发现了什么？

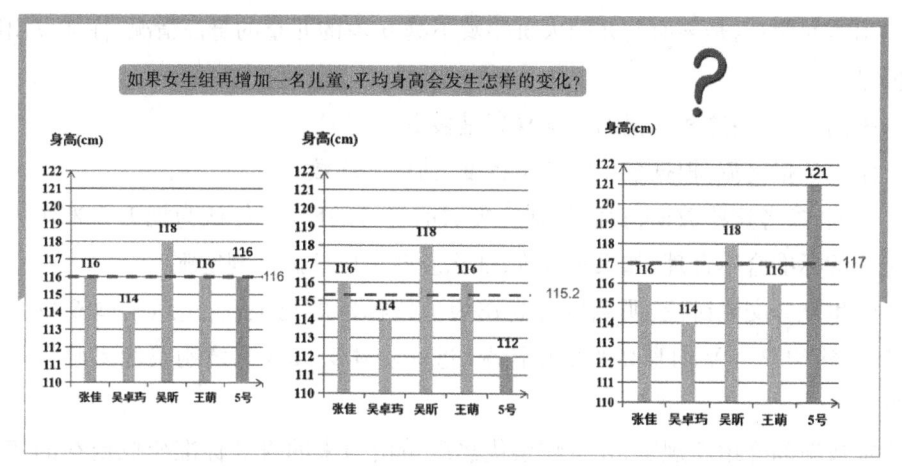

读懂数据 发展意识 感受价值
——《平均数》教学设计

看来平均数跟任意一个数据的变化都是密切相关的,平均数是很敏感的,会因为数据中的任何一个数据的变化而发生变化。想象一下有没有一种可能,这些数据都在发生变化,但平均数却不变呢?

生:如果其中的一位儿童换成高 2 cm 的,另一位换成矮 2 cm 的,也就是增加的和减少的相互抵消,平均数就不会变了。

【环节点评:本环节将数据理解和数据表达有效结合。要回答哪一组身高更高,让学生先理解数据。数据个数相同时,可以选择不同的代表量进行比较;数据个数不同时,平均数成为代表一组数据总体水平的良好代表量。学生充分经历数据理解的过程,自然决定选择平均数进行数据表达,深刻理解平均数的代表性。接着引导学生思考:"如果女生组再增加一名儿童,平均身高会发生怎样的变化?"学生认识到增加一个不同大小的数据会让整体水平发生变化,感悟平均数的敏感性。】

(三)创设大数据情境,深化平均数

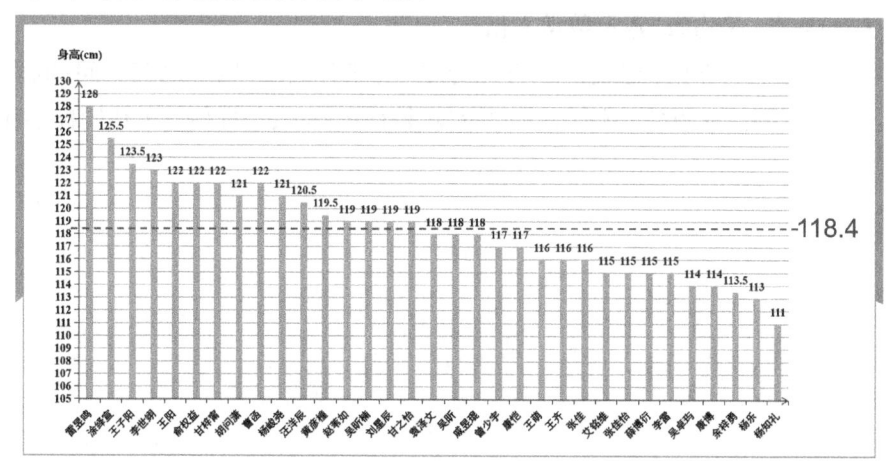

179

出示问题:这是某所幼儿园大班年龄不满 6 岁的儿童的身高情况,你能读出哪些信息?

提问:估一估这些儿童的平均身高是多少?

学生汇报交流,根据数据的集中程度,估计平均数。

提问:参考这些数据,我们尝试解决课前思考的问题,你认为把 1.2 米作为儿童免票的标准合不合理,如果不合理,那么新政策应该怎么规定呢?

学生充分交流讨论,明确以身高作为免票标准的局限性,出示全国 6 岁儿童 2005 年至 2022 年平均身高的变化情况,进一步体会改变儿童购票优惠政策的必要性。

播放新闻介绍新规定,儿童购票优惠政策由原来的身高标准变成现在的年龄标准,不仅让所有 6 岁以下儿童享受了优惠政策,更凸显了我国经济实力的不断提升。

提问:生活中你们还在哪听说过或用过平均数呢?

学生交流汇报生活中常用的平均数,感受平均数在生活中的广泛应用,体会数学的价值。

【环节点评:通过分析大量数据,学生进一步感受平均数是表示一组数据集中趋势的量,从"形"的角度理解平均数的深刻含义。如果按照以前的标准进行购票,以现在的身高会有一部分 6 岁以下的儿童无法享受免费的优惠政策。国家制定的新规定以年龄为标准,可以让所有不满 6 岁的儿童享受优惠政策,更彰显了我们国家的经济实力越来越强。】

四、拓展延伸,深化平均数的应用

(一)古代"平均数"渗透数学文化

《九章算术·方田》记载:"今有三分之一,三分之二,四分之三。问:减多益少,各几何而平?"这里的"减多益少"其实就是移多补少,怎样使三个数同样多呢?

今有三分之一,三分之二,四分之三。问:减多益少,各几何而平?

$$\frac{7}{12}$$

$\frac{1}{2}$ ●●●●● | ●●● ○ | ○○○○
$\frac{2}{3}$ ●●●●● | ●●● ● | ○○○○
$\frac{3}{4}$ ●●●●● | ●●●●● | ●●● ○○○

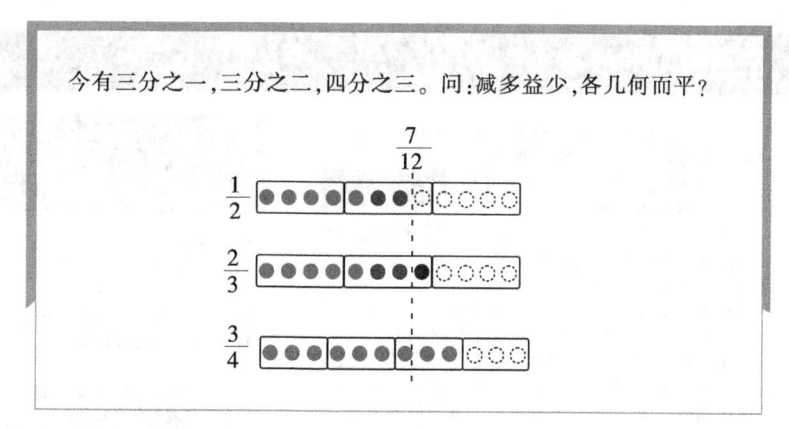

课件演示分的过程。

(二)"童心向党"歌唱比赛

"童心向党"歌唱比赛活动中6号选手的得分情况如下图,请算出6号选手的平均分。

评委	1	2	3	4	5	6	7
分数	92	99	91	93	82	95	94

生1:把7次分数相加,再除以7,6号选手的平均分是92.3分。

生2:去掉一个最高分99分,去掉一个最低分82分,6号选手的平均分是93分。

通过交流辨析,了解平均数受极端数据影响的特点。

(三)"三百星"的故事

阅读资料,根据今天学习的平均数知识,提取相关信息,提出数学问题。50年发射300颗星,平均每年发射多少颗星? 第一个"百星"用41年,这段时间每年平均发射多少颗星? 第二个"百星"用6年,这段时间每年平均发射多少颗星? 第三个"百星"用3年,这段时间每年平均发射多少颗星?

算出数据后,提问:现在请同学们向这些平均数发出拷问,看看它在向你诉说些什么?

> **"三百星"的故事**
>
> 资料：摘编自《人民日报》2021年1月18日《科技视点》栏目，文字有修改。
>
> 1970年4月24日，中国发射了独立自主研制的第一颗航天器东方红一号卫星，迈出了走向太空的第一步。2020年11月24日到12月17日，嫦娥五号完成了23天的月球采样返回之旅，创造了中国航天史上又一个里程碑式的成就。从东方红一号到嫦娥五号，中国空间技术研究院研制并成功发射了300个航天器，俗称为"三百星"，包括第一颗人造卫星、第一艘飞船、第一颗导航卫星、第一颗月球探测器、第一个空间实验室、第一艘货运飞船……其中，发射第一个"百星"用了41年时间，完成第二个"百星"用了6年时间，而达成第三个"百星"只用了3年时间。
>
> 阅读资料，根据今天学习的平均数知识，提取相关信息，提出数学问题。
>
> 50年发射300颗星，平均每年发射多少颗星？
>
> 第一个"百星"用41年，这段时间年平均发射多少颗星？
>
> 第二个"百星"用6年，这段时间年平均发射多少颗星？
>
> 第三个"百星"用3年，这段时间年平均发射多少颗星？

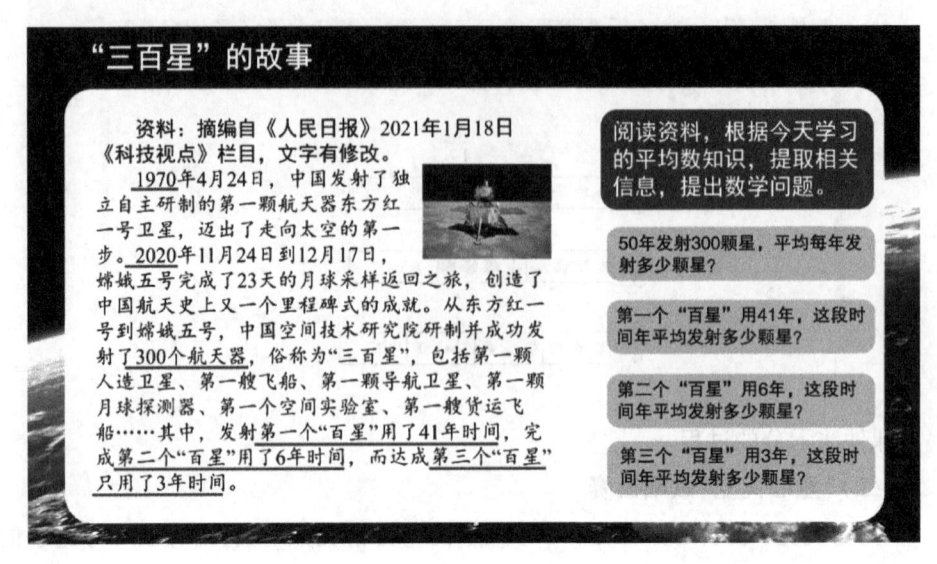

生1：每一个"百星"时间段内年平均发射星的数量成倍数增加。

生2：与平均每年发射6颗星比较，后两个"百星"时间段内年平均发射星数量增速惊人。

生3：我国航天事业飞速发展。

请学生猜测，第四个100星可能需要几年呢？3年、1年……2023年3月10日，中国空间技术研究院宣布：中国自主研制并成功发射的航天器达到了400颗。真的只花了2年多的时间。

谈谈这节课你有什么收获？总结：今天我们向数据发出拷问，平均数向我们诉说了这么多的信息，给我们带来了这么多的感受，看来数据真的会向我们坦白一切。数学中还有哪些数据值得我们去拷问呢？同学们今后去了解。

【环节点评：了解生活中去掉一个最高分和一个最低分的目的是避免极端数据对平均数的影响；体会平均数作为统计意义的量，能反映出一组数据的集中趋势；分析数据背后提供的信息，感受平均数的价值和统计意义。】

【板书设计】

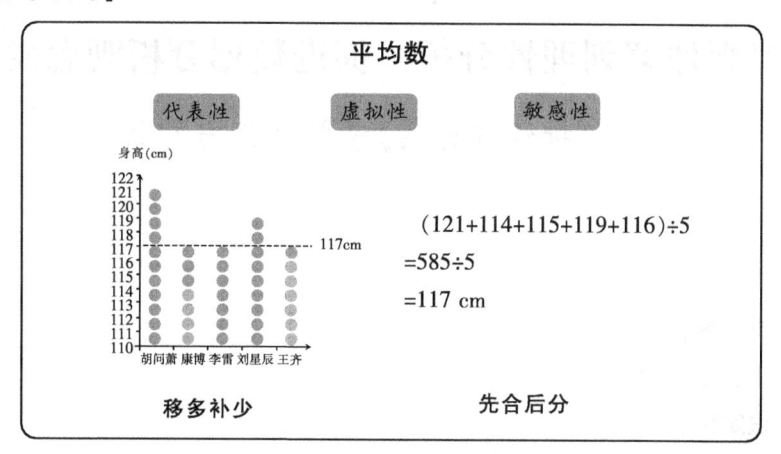

平均数

代表性　　虚拟性　　敏感性

身高(cm)

(121+114+115+119+116)÷5
=585÷5
=117 cm

117cm

胡问萧　康博　李雷　刘星辰　王齐

移多补少　　　　　　　　先合后分

【作业设计】

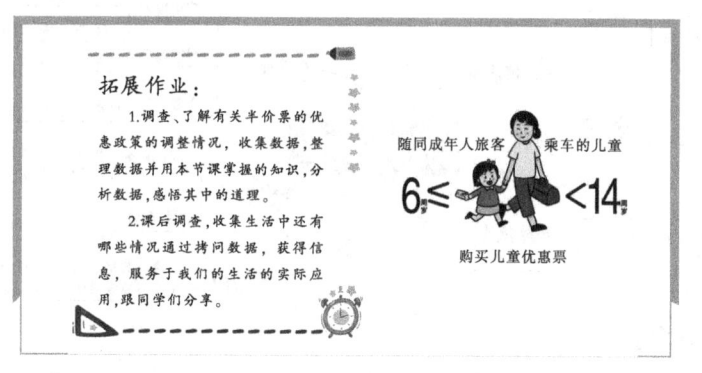

拓展作业：
1. 调查、了解有关半价票的优惠政策的调整情况，收集数据，整理数据并用本节课掌握的知识，分析数据，感悟其中的道理。
2. 课后调查，收集生活中还有哪些情况通过拷问数据，获得信息，服务于我们生活的实际应用，跟同学们分享。

随同成年人旅客乘车的儿童
6岁≤　<14岁
购买儿童优惠票

【学习评价】

学习目标	评价任务	评价方法	评价标准
理解平均数的意义。	能用平均数表示一组数据的整体水平，并能说出准确的理由：我为什么选择用平均数来表示？	自我评价	优秀：★★★ 良好：★★ 加油：★
掌握平均数的算法。	会用移多补少或求和均分的方法计算一组数据的平均数，会用平均数推算出部分数据。	教师评价	优秀：★★★ 良好：★★ 加油：★
能用平均数解释和分析实际问题。	收集生活中的平均数，例如人均阅读量、平均近视人数等，能读取出平均数背后的实际含义并做出合理决策。	学生互评	优秀：★★★ 良好：★★ 加油：★

从直观理解到理性分析 促进数据分析观念发展
——《折线统计图》教学案例与赏析

刘克群

【学习内容】

折线统计图的学习。

【知识定位】

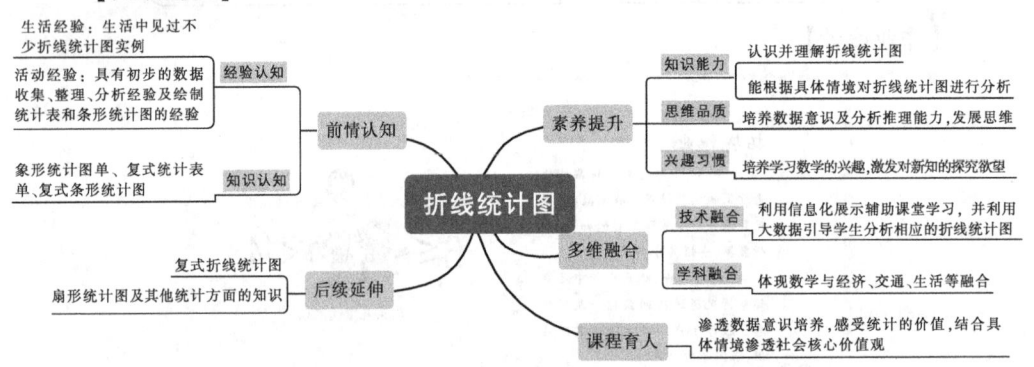

生活经验：生活中见过不少折线统计图实例

活动经验：具有初步的数据收集、整理、分析经验及绘制统计表和条形统计图的经验

象形统计图单、复式统计表单、复式条形统计图

经验认知

知识认知

前情认知

复式折线统计图

扇形统计图及其他统计方面的知识

后续延伸

折线统计图

素养提升

知识能力：认识并理解折线统计图，能根据具体情境对折线统计图进行分析

思维品质：培养数据意识及分析推理能力，发展思维

兴趣习惯：培养学习数学的兴趣，激发对新知的探究欲望

多维融合

技术融合：利用信息化展示辅助课堂学习，并利用大数据引导学生分析相应的折线统计图

学科融合：体现数学与经济、交通、生活等融合

课程育人：渗透数据意识培养，感受统计的价值，结合具体情境渗透社会核心价值观

【设计理念】

课程标准指出,学生能够经历提出问题、收集和处理数据、做出决策和预测的过程,掌握统计与概率的基础知识和基本技能,并能解决简单的问题;经历运用数据描述信息、做出推断的过程,发展统计观念。东北师范大学史宁中教授曾说,统计学的基本思路是,根据所关心的问题寻求最好的方法,对数据进行分析和判断,得到必要的信息去解释实际背景。如何从学生的角度出发,借助学生熟悉的生活场景,从旧知过渡到新知,引发思考,引导分析、推理、预测……个人认为可以从以下几方面入手：

一、选取学生熟悉的富有现实意义的生活素材

教材采用的是全国青少年机器人大赛参赛队伍近几年的数据。个人认为还可以选取其他一些和学生生活实际贴近的数据。比如在本课例中我选取的就是学生所处的地区——红谷滩新区近几年接待外来参观游客的数据。红谷滩作为2002年成立的新区,随着城市的发展,人文景观、科技景观不断增多,娱乐设施、交通建设不断完善等,接待外来游客的数据每年都在变化。这组与学生生活密切贴近的景象及数据在开课前以短片的形式呈现,课一开,学生的心被抓住,学习的积极性和求知欲望很容易被激发,同时,也能让学生真切地感受到数学就在身边,感受学习数学的价值。

二、加强新旧知识之间的衔接和对比

本课时内容是学生在已经学习了收集、整理、描述、分析数据的基本方法,会用统计表(单式和复式)和条形统计图(单式和复式)来表示统计结果,并能根据统计表、条形统计图解决简单的实际问题的基础上进行教学的,因而,教学时,可以充分利用学生已有的知识经验,以知识迁移的方式建立新旧知识之间的联系。旧知识既是过渡,也是桥梁,同时,在学生对新知有一定了解之后,还是促进对新知识深层次理解的媒介。适时地进行对比,能更好地让学生深入体会两种统计图的特点和优势,加深对统计知识本身深层次的理解,培养学生科学、客观、辩证地看待问题的能力。

三、重视统计学习的现实意义和核心思想

统计与我们的生活是紧密相连的,折线统计图能更清楚地反映出数据的增减变化。认识折线统计图反映的现实意义,学会根据数据的变化合理地进行预测,增强数据分析观念,这些应是本堂课的重点所在。另外,作为学习统计知识的重要目标,让学生经历简单的收集、整理、描述和分析数据的过程,也应在这堂课中体现。比如在课前,组织学生调查自己所穿鞋子的尺码、某段时间的零花钱使用情况、课外书阅读量等等。统计分析是建立统计数据的客观基础,让学生经历统计的全过程,有助于学生建立数据分析观念,感受学习统计的现实意义。

四、注重开展统计活动的过程性评价

开展统计活动的过程性评价,教师的引领、指导作用的发挥有助于学生在自主探索的过程中,促进数学思维的发展。适时的点拨有助于学生在尝试解决问题的过程中促进个性化的发展,感悟知识的生成、发展与变化,也有利于进一步激发学生主动进行探究和合作交流的欲望,使学生在知识、情感、态度、价值观等方面均得到提高,从而促进学生数据分析观念的形成,促进学生数学核心素养的发展。

【内容分析】

单式折线统计图是义务教育小学数学(人教版)五年级下册的教学内容。这部分内容属于四大领域中"统计与概率"的范畴,是学生在小学阶段"统计与概率"领域内容的重要组成部分。它既是对学生前期学习过的统计知识的一次扩展,同时也是一次提升,除了"形"上的绘制,它更注重对数据的分析,对统计分析观念的培养。从教材编排来看,本课时内容的编排体现了数学来源于生活、运用于生活的特点。教材的编排突出体现了三个特点:一是以已有的知识经验为基点,引导学生探究学习新知识;二是以丰富的生活素材为基础,在学习中体现统计的价值;三是经历统计的过程,培养学生发现问题、解决问题及进行合理推测的能力。教材首先编排了近7年中国机器人大赛队伍的数据,一方面是为了激发学生参加科普活动的兴趣;另一方面,通过回顾条形统计图能直观看到数据多少的特点,初步感悟数据的变化情况,为引出折线统计图提供途径。接着,通过两个问题启发学生思考,再引导学生结合折线统计图对数据进行分析,并进行预测,让学生进一步体会折线统计图的适用性和它的优势。最后,通过绘制折线统计图,巩固知识,并为后面学习复式折线统计图埋下伏笔。

【学情分析】

本课时内容是学生在已经掌握了收集、整理、描述、分析数据的基本方法,会用统计表(单式和复式)和条形统计图(单式和复式)来表示统计结果,并能根据统计表、条形统计图解决简单的实际问题的基础上进行教学的,目的是帮助学生了解单式折线统计图和复式折线统计图的特点和统计思想。通过本堂课的教学,可以让学生初步认识折线统计图的特点和作用,根据折线的变化、特点对数据进行简单合理的分析、判断和预测,这也是进一步学习复式折线统计图的基础。同时,通过本堂课的教学可以进一步帮助学生提高统计能力,形成统计思想,并运用统计思想分析获得的数据,更好地了解统计在现实生活中的意义和作用,从而有效发展数据分析观念。

【学习目标】

1. 认识单式折线统计图及其特点,能够根据统计表正确绘制单式折线统计图。

2. 能够看懂单式折线统计图,能够根据单式折线统计图中的数据进行简单的分析,对数据的变化做出合理的推测,并能提出和解决数学问题。

3. 通过已有的统计经验迁移学习单式折线统计图,并通过条形统计图和折线统计图的比较,了解折线统计图的特点和优势。

4. 培养学生观察、分析数据和合理推测的能力,体会统计在生活中的作用和意义。进一步渗透统计思想,培养学生观察、操作和分析的能力。

【学习重点】

认识单式折线统计图,了解折线统计图的特点和优势,能结合具体情境分析具体的折线统计图。

【认知难点】

能够根据折线统计图提出和解决数学问题。

【方法与策略】

引导学生开展多样的学习活动,在活动中感受学习折线统计图的必要性,认识折线统计图;结合具体的情境对相应的折线统计图进行数据分析,培养学生的数据意识和应用意识。

【资源与工具】

资源:多媒体课件一套。

工具:尺子、铅笔以及学生课前完成的数据调查表。

【过程实施】

一、新课导入

(一)谈话引入

师:我们现在所在地是红谷滩,红谷滩近年来的发展非常快,一起去看看吧。(课件播放视频30秒)

师:随着红谷滩的发展,来红谷滩参观旅游的人也日益增多。老师收集了一些数据,请看,是不是比较熟悉?

生:统计表、统计图。

师:谁来说说你从统计表中知道了什么?怎么知道的?

生:我从统计表中知道了2013—2023年来红谷滩的参观人数。

师:你从统计表中的数据获得了什么信息?你从统计图中又获得了什么信息?

学生发言。

师小结:的确,条形统计图通过直条的高低就能直观地看出数量的多少。

(二)引导回忆,引出折线统计图

师:再来看看,每一年来参观旅游的人数有变化吗?(有)我们边读数边比画,你能用手势来比画一下吗?

学生比画。

教师在学生比画的过程中,课件演示,顺势引出折线统计图。

(三)小结揭题

知道这幅统计图的名字吗?(折线统计图)对,我们今天就一起来认识"折线统计图"。(板书课题)

【环节点评:教师从学生熟悉的生活环境入手,呈现参观旅游的数据,引入课题,很直接地抓住学生对家乡的情感,有助于调动学生学习探究的欲望。同时,教师借助所创设的情境,通过学生手势比画,将旧知自然过渡到新知,这样既能让学生初步感受折线统计图,又能为后续直观从图中理解折线统计图做好铺垫。】

【技术/学科融合:采用多媒体技术呈现家乡的变化及参观旅游的数据,让学生直观感受家乡的变化,增强对家乡的自豪感。同时,将静止的数据变换为直观的图表,有助于学生回顾知识,为新知学习做铺垫。】

二、探索新知

1. 质疑启思:看到这幅折线统计图你有什么疑问吗?

2. 互助互学:同学们可以拿出统计图,带着这个数学问题,和同桌之间说一说,开始吧。(学生交流讨论)

3. 答疑解惑:汇报"点表示什么""线表示什么"。

【环节点评:教师借助"质疑启思、互助互学、答疑解惑"这三个活动,很好地诠释了核心素养观念下对学生"问题意识""创新意识"的培养。教师鼓励学生自主提问,并尝试自主发现、解决问题,这既很好地培养了学生的自主探究、合作交流的能力,同时,更有助于学生问题意识的培养,在"质疑、释疑"过程中发展了学生的数学核心素养。这三个活动,能引导学生从"直观表象"分析理解折线统计图的特点。】

4. 分析趋势

师:那你能看出这组数据整体呈什么变化趋势吗?

生:上升趋势。

5. 剖析原因

师:是啊,这是什么原因呢?谁来说说看。

(课件出示:红谷滩大事记)

学生发言。

师:是啊,城市的建设推动了旅游事业的发展,人们生活水平的提高、消费观念的转变等都推动着旅游事业的发展。正如同学们刚刚所说的,红谷滩近几年发展中人文景观、科技景观的增多,交通的便利等诸多原因吸引了更多人来红谷滩参观旅游。

师小结:我们分析数据、剖析原因,这样有利于提高数据的使用价值。

6. 预测趋势

师:那你能预测一下明年将有多少万人来红谷滩旅游参观吗?

学生猜测,并且说出猜测这个数据的原因。

师:那我现场采访一下,如果你是红谷滩的主人,你有什么想说的吗?

如果你是来旅游的人,你又有什么想说的?

学生讨论交流。

7. 对比,归纳特点

课件出示:折线统计图不仅能反映数量的多少,更能清晰地反映数量的增减变化。

【环节点评:如果说前面三个活动是学生借助直观进行理解,那接下来的"分析趋势、剖析原因、预测趋势"三个活动,则是教师引导学生理性地分析折线统计图的特点,更深入地帮助学生理解知识的内涵。学习折线统计图不是让学生"依葫芦画瓢",比画了,会画了就够了,更重要的是帮助学生理解折线统计图的现实意义和它的核心思想:挖掘数据背景的价值,剖析原因,进行合理的预测,为后续的活动提供很好的数据支撑,更为后续事物的有利发展提供有价值的依据和建设性建议。这三个活动的安排则很好地突显了学习折线统计图的现实意义及核心思想,有助于增强学生的数据分析观念,培养学生的分析、推理及辩证看待问题的能力。观察数据走势的确能进行合理的预测,但这个预测的过程是不排除意外的,因而,在分析预测过程中也需要客观辩证地看待问题。】

【技术/学科融合:结合信息技术的使用,引导学生分析数据产生背后的原因,有助于培养学生的数据意识,并且适时的情感交流,有利于社会主义核心价值观的渗透。】

三、巩固新知

1. 教材第 105 页"做一做"

(1)学生动手画

(2)课件演示画的过程,分析数据

(课件出示陈东 0~10 岁的折线统计图。)

师引导思考:陈东哪一年长得最快?长了多少厘米?

用手比画一下陈东身高生长的变化趋势,11 岁时的身高是多少? 15 岁呢? 20

岁呢? 30 岁呢? 50 岁呢?

师:通常情况下,男孩长到 22 岁、女孩长到 20 岁就不再长了,身高趋于平稳,到了晚年身高还会萎缩一点。

小结:是啊,我们在利用折线统计图进行预测时,既要考虑它的发展趋势,也要注意联系生活实际,这样学习数学才更有价值。

【环节点评:这是教材配套练习,教师要尊重教材,灵活地处理教材,适当的问题设置注意挖掘教材的潜在育人价值,有助于让学生感受函数思想,同时体会在利用折线统计图进行合理预测时,还要注意联系生活实际,这样学习数学才更有价值。】

2. 学生课前收集数据,电脑画图展示,分析交流

师:课前让大家收集、整理了身边的数据,我选了两位同学收集的数据。我们绘制折线统计图时,除了动笔用手画,还可以直接把数据输入电脑,自动生成折线统计图。(课件操作)

师:那你能不能从中任意挑选一幅进行分析呢?

要求:

①你从这幅折线统计图中获得了哪些数学信息?

②你能说一说这组数据的变化情况吗?(如怎样变化的、什么时候数据变化最大或最小、变化趋势……)

③你还有什么发现或感想?

学生汇报。

师小结:的确,收集、整理身边的数据,制图做分析,能给我们的生活提供不少宝贵的建议,为我们的生活提供便利,这也是统计的意义和价值所在!

【环节点评:这部分练习其实是从课前调查活动开始的,目的是让学生经历简单的数据收集、整理、描述及分析数据的过程,这也是学习统计知识的重要目标所在。这个练习让学生亲身经历统计的全过程,有助于学生统计意识和数据分析观念的形成,体会统计的价值所在,同时也能让学生很好地感受到任何统计数据的分析都应是建立在真实有价值的数据基础之上的,没有真实的数据,任意编造的数据是没有分析价值的。】

【技术/学科融合:信息技术的恰当使用,能让学生感受到科技的发展给数学、给生活带来的便利。】

3. 合理选择

师:今天我们认识了折线统计图,那是不是在哪儿都能用呢?老师还收集了两

组数据,一组是南昌近几个月接待旅游的人数,一组是部分城市旅游的人数。观察两张统计表中的信息,上面两组数据分别绘制成哪种统计图更合适?为什么?

同桌互相说一说。

小结:是啊,同一主体在不同时间发生的数据通过折线统计图更能看出它的增减变化。看来选图还需要根据数据的特征和需要来选择。

【环节点评:这个练习通过两组数据的对比,能让学生感受到条形统计图、折线统计图的特点,对比分析,更客观地把握两种统计图各自的优势和使用范围。】

4.联系生活举例

师:你在生活中还看见过哪些折线统计图呢?

四、全课总结

师:同学们,今天我们一块儿认识了折线统计图,它不仅能表示数量的多少,还能清楚地看出数量的增减变化趋势。

师:如果请你用折线统计图来描绘今天你对折线统计图的学习过程,伸出手来比画一下吧!

师:今天的课就上到这里,下课!

【环节点评:数学来源于生活,教师让学生以手绘形式描述今日的学习过程,有趣地结束本课教学,符合学生的年龄特点,又为下堂课的学习埋下伏笔。数学的学习是一个生动、有趣又富有挑战性、理性的思考过程。本堂课将数学的学习以生动的方式、有趣的问题、丰富的活动呈现,让学生从直观理解走向理性分析,培养学生的数据意识、应用意识、创新意识,促进学生数学核心素养的发展。】

【板书设计】

> **折线统计图**
>
> 点:数据的多少　　　　　线:增减变化趋势

【作业设计】

1.基础性作业

完成课本相应内容的练习,并独立绘制折线统计图。

2.拓展性作业

收集生活中的有关数据,试着绘制一张折线统计图,和同伴交流说一说数据产生背后的原因。

【学习评价】

学习目标	评价任务	评价方法	评价标准
认识折线统计图。	能正确理解折线统计图点、线表示的意思。	自我评价	优秀：★★★ 良好：★★ 加油：★
掌握折线统计图的特点。	掌握折线统计图的特点，理解折线统计图可以反映一组数据的增减变化趋势，能绘制简单的折线统计图。	教师评价	优秀：★★★ 良好：★★ 加油：★
能结合具体的折线统计图实例分析数据，并进行合理的预测。	了解折线统计图在生活中的应用，并能根据现实生活中折线统计图具体的实例，分析数据的特点，进行合理的预测。	学生互评	优秀：★★★ 良好：★★ 加油：★

经历过程 积累经验 感悟价值

——《身体上的"尺"》教学设计

史翠翠

【学习内容】

综合实践活动课"量一量 比一比"(身体上的"尺")。

【知识定位】

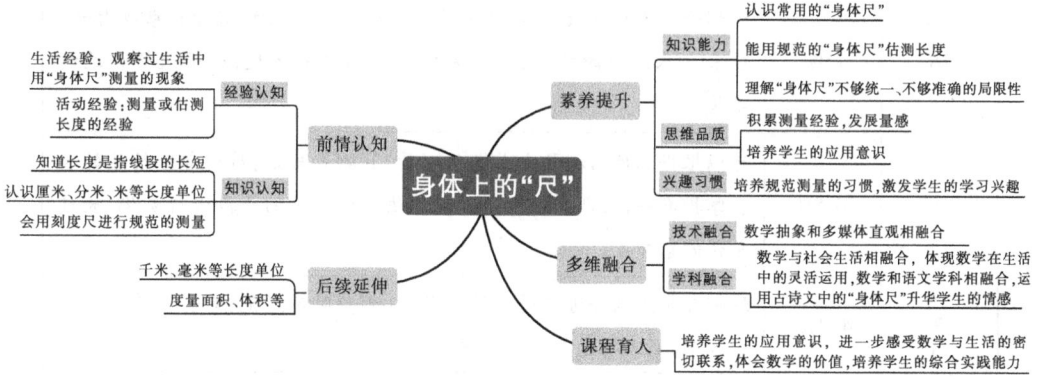

```
                                              ┌─ 知识能力 ─┬─ 认识常用的"身体尺"
                                              │            ├─ 能用规范的"身体尺"估测长度
        生活经验：观察过生活中                  │            └─ 理解"身体尺"不够统一、不够准确的局限性
        用"身体尺"测量的现象 ─┐               ├─ 素养提升
        活动经验：测量或估测    ├─ 经验认知 ─┐ │            
        长度的经验           ─┘          │  │ 思维品质 ─── 积累测量经验，发展量感
                                         ├─ 前情认知    
        知道长度是指线段的长短 ─┐          │  │ 兴趣习惯 ─── 培养规范测量的习惯，激发学生的学习兴趣
        认识厘米、分米、米等长度单位 ├─ 知识认知 ─┘ │
        会用刻度尺进行规范的测量 ─┘         身体上的"尺" ─┤
                                                         │            ┌─ 技术融合 ─── 数学抽象和多媒体直观相融合
        千米、毫米等长度单位 ─┐            ├─ 多维融合 ─┤
        度量面积、体积等    ─┴─ 后续延伸 ─┘            └─ 学科融合 ─── 数学与社会生活相融合，体现数学在生活
                                                                      中的灵活运用，数学和语文学科相融合，运
                                                                      用古诗文中的"身体尺"升华学生的情感
                                                         │
                                                         └─ 课程育人 ─── 培养学生的应用意识，进一步感受数学与生活的密
                                                                        切联系，体会数学的价值，培养学生的综合实践能力
```

【设计理念】

综合与实践是小学数学学习的重要领域。学生将在实际情境和真实问题中，运用数学和其他学科的知识与方法，经历发现问题、提出问题、分析问题、解决问题的过程，感悟数学知识之间、数学与其他学科知识之间、数学与科学技术和社会生活之间的联系，积累活动经验，感悟思想方法，形成和发展模型意识、创新意识，提高解决实际问题的能力，形成和发展核心素养。本节课是二年级上册的综合与实践活动课之一。实践活动能加深学生对长度单位的概念理解，提升学生的动手操作能力，促进学生综合素养的发展。

【内容分析】

作为一节"综合与实践"活动课，这节课的学习基础是学生认识了厘米和米，建立了厘米和米的表象，能够用厘米和米为单位测量和估测物体的长度。这节课贴近学生的生活，一拃、一庹、一脚、一步是学生在生活中可以立即取用的"身体尺"，在测量或比较物体长度的精确度要求不高时，能快捷地解决问题。教材提供了

丰富的实践活动,引导学生认识"身体尺",量出"身体尺"的长度,学会选择合适的"身体尺"测量周围的物体,培养学生初步的估测意识和估测能力。

【学情分析】

调查问题:

1.你知道1厘米和1米分别有多长吗?试着描述一下。

2.用直尺测量物体的长度时应该注意什么?

3.测量物体时我们应该如何选择长度单位?

调查对象:二年级(8)班48名同学。

调查时间:教学二年级《身体上的"尺"》之前。

人数	比例	完成情况
36	75%	这部分孩子数感较好,对相应长度的测量十分规范,且能抽象地指出1厘米、1米对应的物体,可以大概估计物体的长度,从而选择合适的单位。
10	20.8%	可以根据正确的测量方式进行测量,且测量规范,对少部分物品的长度掌握准确,大部分物体的长度无法通过估计的手段进行量化,长度单位的感知差。
2	4.2%	这部分学生只会进行简单的测量,且测量时不规范,对长度单位的概念模糊,还未构建1厘米、1米的表象。

从前测发现学生能通过观察的方式判断物体的长短,但"量化长度"的经验还有些模糊,用刻度尺测量时,大部分学生的测量方法、实操经验还是十分规范的,在选择合适单位的时候,只有少部分学生表现模糊。

【学习目标】

迁移目标:迁移学过的测量长度的知识,发现自己身体上的一些"长度"。

理解目标:经历测量、比较和交流等实践活动,了解自己身上的"尺",对测量数据进行分析,发现身体各部位之间的关系,理解"身体尺"不够准确、不够统一的局限性。

知能目标:经历运用"身体尺"测量物体长度的过程,感受"身体尺"方便、快捷的特点,会灵活运用"身体尺"进行测量。利用这些"身体尺"作为单位,测量空间或其他物体,积累测量经验,发展量感。

情感目标:了解"身体尺"在生活中的广泛应用,培养学生的应用意识,进一步感受数学与生活的密切联系,激发学生的学习兴趣,培养热爱数学的情感。

【学习重点】

运用尺子进行测量,用"身体尺"测量长度。

【认知难点】

运用尺子进行测量时尽量做到准确,减少误差。

【方法与策略】

"综合与实践"的教学应重视实践活动的设计和组织,力求让每个学生都在操作活动中积累经验,获得感悟。每一次操作活动,都充分考虑学生可能存在的问题,通过四个实践活动让学生明确自己本节课要学什么,为什么学,学到什么程度,怎样学。教师通过整体设计、分步实施、以问导学、引发思考,引导学生独立思考、合作探究、综合运用。

【资源与工具】

资源:图片或视频呈现使用"身体尺"的生活实例,中国传统文化中有关"身体尺"的知识。

工具:米尺、直尺。

【学习安排】

用1课时完成教学。

【过程实施】

一、聚焦生活应用,引出"身体尺"

1. 提问:测量长度可以用什么工具?了解关于"尺"的哪些信息?(板书:尺)

(1)尺子上有刻度。

(2)尺子是用来测量长度的工具。

(3)尺子上有刻度线。

2. 观察图片说说人们在做什么。图一,用拃量裤长;图二,用抱量树的粗度;图三,炮兵用拇指量目标距离。

图一 图二 图三

提问:生活中你还看过类似的现象吗?

预设:体育老师用步子量出50米,姥姥做衣服时用拃给我量衣袖长……

质疑:刚才不是说测量长度要用尺子吗?这些时候都没用到尺子呀?

小结:原来我们的身体上就有尺子,当我们没有随身携带刻度尺,又不需要太精确的测量时,可以使用"身体尺",今天这节课我们就一起来认识神奇的"身体尺"。(揭示课题)

【环节点评:结合教学内容,回顾前情知识,联系生活经验,介绍测量大树周长、裤子长度,炮兵测量目标距离的情境,拓展学生有关测量的知识面。让学生知道在生活中,当身边没有尺、测量也不需要太精确时,通常可借助"身体尺"测量长度是比较方便的。引出课题的同时,让学生感悟用"身体尺"测量长度的必要性。】

【技术/学科融合:信息技术的恰当使用,真实地再现生活场景,让学生感受"身体尺"的妙用,为进一步探究新知打下基础。】

二、实践操作,探究"身体尺"

(一)提问质疑,明确学什么

关于身体上的"尺"你想知道些什么?

预设1:身体哪些地方有尺?

预设2:身体上的尺有多长呢?

预设3:怎样用身体上的尺来量东西?

小结:身体上有哪些尺?怎样用"身体尺"来测量?我们已经认识了米尺,身体上的尺和米尺有什么关系呢?

(二)找一找,认一认:初步感受"身体尺"

> **实践活动一**
>
> 4人合作
> 1.找一找:人身体上有哪些"尺"?
> (给它取个名字或比画一下)
> 2.说一说:身体上的"尺"分别是怎么规定的?

学生分享汇报。

小组1:一拃、一庹。(学生边比画边汇报)

小组2:一步。(学生演示一步)

小组3:一脚。

梳理:刚才找到的"身体尺"有一拃、一庹、一步、一脚。今天就来研究这些"身体尺",刚才有的同学说得很清楚,有的同学表达得不是很准确,下面一起来听一听、看一看,模仿着比一比。

介绍:一拃——手指用力张开,大拇指指尖到中指指尖的距离是一拃。学生一起比画。

一庹——两臂伸直,两个中指指尖的距离是一庹。学生一起比画。

一步——步行时两脚尖之间的距离是一步。

学生比画一步,老师看见有的同学在比画一步时步子太大了。

预设:比画一步要是正常走的一步,不用把步子跨得那么大。

出示一张错误的测量一步的图片,请学生辨析。

一脚——脚尖到脚后跟之间的长度是一脚。

提问:你对自己身上的"尺"有什么感觉呢?

预设:我感觉到身体上的"尺"有长的,也有短的,一庹最长、一拃最短。

【环节点评:在前面的学习中学生已经接触到一些"身体尺",但那只是一个初步的了解,我们身体上的"尺"究竟还有哪些,这些"身体尺"又是如何规定的,学生并不完全知道。教师要让学生找一找身体上的"尺",激发学生了解自己的"身体尺"的兴趣。】

(三)比一比,量一量:体验"身体尺"的长度

实践活动二

要求:两人一组,互相合作,仔细测量,认真记录。

一拃(zhǎ)	一庹(tuǒ)	一步	一脚
大约(　)厘米	大约(　)米(　)厘米	大约(　)厘米	大约(　)厘米

在测量之前,先估一估。

预设1:我的一拃大约6厘米、14厘米、16厘米……

请学生先估一估自己一庹、一步、一脚的长度,估完之后动手量一量。

活动后交流汇报:

预设2:我的一拃大约16厘米,一庹大约1米25厘米。

选择三位学生的数据展示并交流:你有什么发现?

一拃(zhǎ)	一庹(tuǒ)	一步	一脚
大约(17)厘米	大约(1)米(51)厘米	大约(50)厘米	大约(26)厘米
大约(16)厘米	大约(1)米(20)厘米	大约 58 厘米	大约(30)厘米
大约(15)厘米	大约(1)米(22)厘米	大约(37)厘米	大约(20)厘米

预设3：每个人的数据都不一样，因为每个人的身高都不同。

预设4：我发现一拃、一庹、一步、一脚里面一庹是最长的，一拃是最短的。

测量之前就有同学说，他有一种感觉，一庹最长、一拃最短，这位同学的感觉真准呀。

预设5：我发现有一个数据可能有问题，第二位同学的一庹只有1米20厘米，比第一位同学的短，那为什么他的一步有58厘米呢？我认为他的数据写错了。

追问：你觉得他可能怎么弄错了呢？

预设6：步子迈太大。

预设7：他算的步长不是前脚尖到后脚尖，而是前脚尖到后脚跟的距离。

原来这位同学量错了一步的起点和终点，那你能不重新量直接算出他一步的长度吗？学生根据脚长算出第二位学生的一步。还有什么发现呢？

预设8：第一位同学的每一把"身体尺"都是最长的。

猜一猜：为什么呢？请学生上来看一看，根据身高判断三组数据分别是哪一位同学的。老师能猜出他们的身高大约是多少厘米，第一位同学大约1米51厘米，第二位同学大约1米20厘米，第三位同学大约1米22厘米。老师是根据什么猜身高的？你有什么发现？

预设：一庹和身高差不多。请学生看看自己的一庹长是不是和自己的身高差不多。

小结：不同的人"身体尺"的长可能是不一样的。那么，对于同一个人来说，5年后、10年后"身体尺"的长度会有变化吗？"身体尺"长度不是一成不变的，随着身体的增高，"身体尺"也会发生相应的变化。

【环节点评：用"身体尺"测量的前提是正确认识"身体尺"。在测量"身体尺"之后，组织学生观察数据、交流发现，体会不同的人"身体尺"的长度可能不一样，同一个人"身体尺"的长度也会因身高的变化而发生变化，从而辩证地认识"身体

尺"——它具有随时可用的特点,但由于长度不固定,交流起来不够方便。】

(四)估一估,测一测:构建"身体尺"与米尺的关系

提问:"身体尺"与米尺之间到底有怎样的关系呢?请你先估一估1米大约有几拃?学生估计。

实践活动三

要求:两人一组,互相合作,仔细测量,认真记录。

1米大约有	1米大约有	1米大约有
我的( )拃	我的( )步	我的( )脚

①讨论测量方法。

提问:同学们先想一想,自己测量的过程中会遇到什么问题?有什么要提醒大家的?

学生先同桌讨论,再集体交流。

②展开测量活动。

让学生两人一小组,互相测量。(学生测量,教师巡视)

教师听取学生汇报,并整理数据。

预设:一米大约有我的(7)拃,一米大约有我的(2)步,一米大约有我的(5)脚。

总结:1米大约有几拃、几步、几脚,记住这些我们就能用"身体尺"测量物体的大概长度了。

【环节点评:通过明晰测量规则展开测量、交流等活动,建立1米和不同"身体尺"之间的联系,一方面使学生获得并记忆1米大约有几个我的"身体尺",为"身体尺"测量解决实际问题打基础;另一方面也突出了1米这个标准的重要性,进一步明晰1米的概念。】

【技术/学科融合:这一部分内容以学生的探究活动为主,但信息技术的恰当使用,引导学生进行适当的数据对比分析,有助于帮助学生进一步理解"身体尺"的妙用。】

三、联系实际,运用"身体尺"

在生活中,我们想知道一条路大概有多长、一张桌子大概有多高,可以用我们的"身体尺",下面请你们用"身体尺",试着测量这间大教室里你感兴趣的物品的长。

1. 提出问题:你想用"身体尺"测量什么?为什么?

2. 独立思考,同桌交流。

预设:有的同学要量课桌,有的同学要量黑板,有的同学要量教室。

3. 教师组织交流,选一选。

课桌比较短,可以用拃来量;黑板比较长,可以用庹来量,因为用脚和步测量不方便,用拃测量又太麻烦了;教室虽然较长,但用庹测量不方便,一般用步测,或者用脚量。

小结:在实际测量中,我们要根据测量物体的特点,灵活选择合适的"身体尺"来测量。

4. 实际操作。

在教室里选择一些物体,用"身体尺"量出它们的长度。

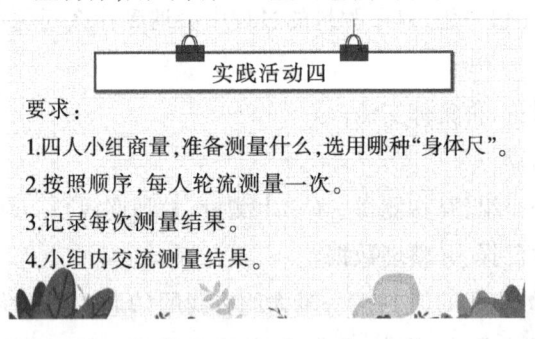

实践活动四

要求:
1. 四人小组商量,准备测量什么,选用哪种"身体尺"。
2. 按照顺序,每人轮流测量一次。
3. 记录每次测量结果。
4. 小组内交流测量结果。

交流汇报:

①测量了什么,用哪种"身体尺"。测量结果是多少,能不能得出大约多少厘米或米。

②汇报时结合"身体尺"的长度以及与1米的关系,说说实际长度。

总结:通过刚才的活动,我们已经选择合适的"身体尺"进行大概的测量,来解决一些实际的问题。要精确测量长度时,还是需要尺子的,用"身体尺"只能测量一个大约的长度。

【环节点评:通过交流,学生进一步认识到利用"身体尺"测量时,要根据测量物体的长短以及场地的特点来选择合适的"身体尺",知晓每种"身体尺"的主要作用,同时明白选择方法亦可多元,需要联系实际应用来合理选择。这一环节既为下一环节学生用"身体尺"测量提供了保障,也有利于学生学会选择策略,提高他们的问题解决能力。】

请多组汇报:我们小组测量的是教室的长,我们选用的"身体尺"是步,大约16

步。因为1米大约是2步,16步有8个2步,也就是大约8米。

【环节点评:充分利用学生周围的物体,通过对测量目标的选择和测量工具的选择展开讨论,引导学生经历提出问题、分析问题的过程,使学生体会到"身体尺"是非常有用的。】

四、整理拓展,升华"身体尺"

1.请学生回顾找"身体尺"和用"身体尺"测量的过程,想想你有哪些体会和收获?

组织交流,明确:用"身体尺"测量很方便,能帮我们解决一些实际问题,还能帮我们记住长度单位等,只不过不太准确,如果要得到准确的结果,还得用尺量。

2.介绍更多的"身体尺",拓展知识面。

除了我们刚才认识的4把"身体尺",每个人身上还有其他的"身体尺"。电脑展示食指宽、手掌宽、身高……这些"身体尺"同学们可以课后用今天的学习方法去认识。除了"身体尺",我们的身体还藏着其他数学工具,出示徒手画圆视频(这是身体圆规)、天文学家用手测量不同星星之间的夹角(这是身体量角器)。

测量星星
天文学家会用手来测量不同的星星之间的夹角,这样能得到一个大致的角度。把手臂伸直平举,一臂之外两颗星星的距离为一根手指的宽时,它们之间的角度大约是1°,距离一拳宽时,角度约为10°,距离一掌宽时,角度约为20°。

3.介绍传统文化中关于"身体尺"的记载。

中国古代也有关于"身体尺"的记载。

布指知寸,布手知尺,舒肘知寻。
——《大戴礼记》

kuǐ
不积跬步,无以至千里;
不积小流,无以成江海。
——《劝学》

我们一起读一读,用手比画比画,感受古人的智慧。但是"布手知尺"仅限于男子,女孩子的手小怎么办呢?古时候人们把女孩子拇指指尖到食指指尖的距离

叫作咫尺，因此距离之近则称为"近在咫尺"。"跬"是半步的意思，"不积跬步，无以至千里"这句话的意思是：没有一步半步的积累，就没有办法到达千里的地方。形容我们做事情、学知识要持之以恒地去积累，因为只有这样才能充实、丰富、完善自己，可不能半途而废哟！

4. 课外探索。课后同学们继续积累有关"身体尺"的测量经验：用"身体尺"量一量你家地砖、房间或其他物品大约有多长；沿着学校操场走一圈，数一数你走了多少步，估计一周大约有多长。

【环节点评：学生综合能力的培养，需要不断去实践。将课内学到的知识、技能延伸到课外、应用于生活，有利于学生到更广阔的空间去探索、去实践，去感受数学知识在生活中的广泛运用。】

【技术/学科融合：这一部分内容充分利用信息技术，并与天文学以及中国古代传统文化进行整合，让学生充分感受"身体尺"独特之处，感受数学就在身边，激发学生学习数学的兴趣。】

【板书设计】

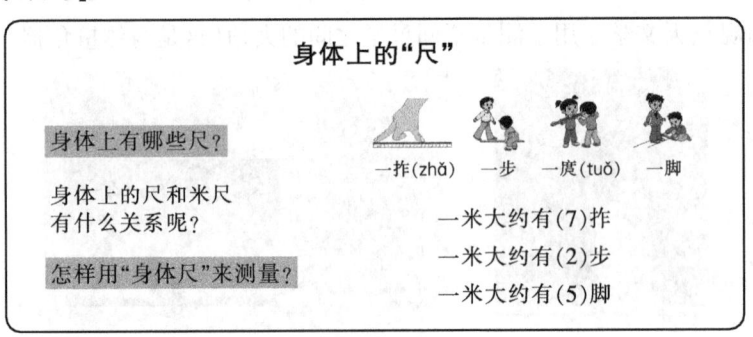

身体上的"尺"

身体上有哪些尺？

身体上的尺和米尺有什么关系呢？

怎样用"身体尺"来测量？

一拃(zhǎ)　一步　一庹(tuǒ)　一脚

一米大约有(7)拃

一米大约有(2)步

一米大约有(5)脚

【作业设计】

实践作业：

1. 用"身体尺"量一量你家地砖、房间或其他物品大约有多长。

2. 沿着学校操场走一圈，数一数你走了多少步，估计一周大约有多长。

【学习评价】

学习目标	评价任务	评价方法	评价标准
迁移学过的测量长度的知识，发现自己身体上的一些"长度"。	找"身体尺"，了解身体上的"尺"分别是怎么规定的，测量"身体尺"和米尺有什么关系。	自我评价	优秀：★★★ 良好：★★ 加油：★
利用这些"身体尺"作为单位，测量空间或其他物体，积累测量经验，发展量感。	研究"身体尺"与1米之间的关系，并用"身体尺"测量教室空间或物品的长度。	学生互评	优秀：★★★ 良好：★★ 加油：★
了解"身体尺"在生活中的应用，培养学生的应用意识，进一步感受数学与生活的密切联系，积累数学活动经验。	在生活中选择一些物体，用"身体尺"量出它们的长度。	教师评价	优秀：★★★ 良好：★★ 加油：★

尊重经验　鼓励质疑　自主建构

——《年、月、日》教学实践与思考

来　群　史翠翠

【学习内容】

时间单位年、月、日的学习。

【知识定位】

这节课以核心素养为导向，强调真实问题情境，立足于学生已有的知识经验，抓住学生的兴趣点和困惑点，围绕学生提出的真实问题展开教学。充分利用信息技术的可视性、直观性，设计教学课件、教学环节，帮助学生理解抽象的知识；利用智慧平台检测学生对知识的掌握情况，及时反馈，评价学习效果，及时调整教学进度；多学科融合教学，提升了课程学习的深度和广度，充分发挥义务教育阶段各学科课程的育人功能。课程设计遵循学生身心发展规律，注重知识的运用，在解决问题的同时逐步形成和发展模型意识、创新意识，落实核心素养的培养目标。

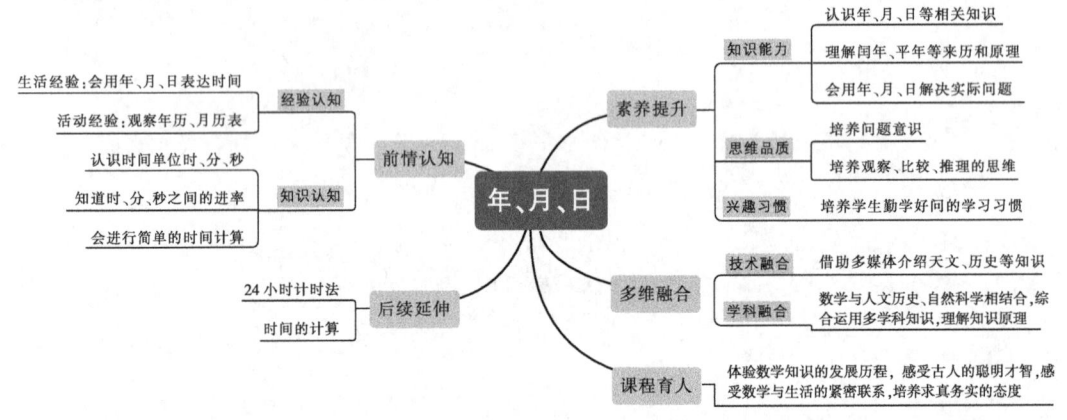

```
生活经验：会用年、月、日表达时间 ┐
活动经验：观察年历、月历表       ├ 经验认知 ┐
                                          ├ 前情认知
认识时间单位时、分、秒           ┐         │
知道时、分、秒之间的进率         ├ 知识认知 ┘
会进行简单的时间计算             ┘

                    年、月、日

                          ┌ 素养提升 ┬ 知识能力 ┬ 认识年、月、日等相关知识
                          │          │          ├ 理解闰年、平年等来历和原理
                          │          │          └ 会用年、月、日解决实际问题
                          │          ├ 思维品质 ┬ 培养问题意识
                          │          │          └ 培养观察、比较、推理的思维
                          │          └ 兴趣习惯 ── 培养学生勤学好问的学习习惯
                          │
                          ├ 多维融合 ┬ 技术融合 ── 借助多媒体介绍天文、历史等知识
                          │          └ 学科融合 ── 数学与人文历史、自然科学相结合，综
                          │                        合运用多学科知识，理解知识原理
                          │
                          └ 课程育人 ── 体验数学知识的发展历程，感受古人的聪明才智，感
                                         受数学与生活的紧密联系，培养求真务实的态度

24小时计时法 ┐
             ├ 后续延伸
时间的计算   ┘
```

【设计理念】

"综合与实践"是小学数学学习的重要领域。在《义务教育数学课程标准（2022年版）》中，年、月、日这部分内容从"数与代数"移至"综合与实践"领域，教学内容、学习目标、评价方式也随之发生变化。新内容更加注重知识的产生与联系，并能运用年、月、日知识解释生活中的实际问题，提高应用意识。

尊重经验 鼓励质疑 自主建构
——《年、月、日》教学实践与思考

在教学本课时,首先要确定一个教学创新的基本方向:教学的内容要贴近学生生活,通过前置学习,引导学生分享年、月、日相关知识,充分给予学生提问的机会,激发探究欲望,基于学生提出的问题分类,再围绕其中的关键问题进行新知探索,自主建构知识体系。在探究过程中要注重培养学生的探究能力、交流能力、解决问题能力,尤其是要培养数学思考能力。

【内容分析】

《年、月、日》是现行人教版小学数学第二学段的内容,在《义务教育数学课程标准(2022年版)》中以跨学科主题活动呈现。这指导我们的教学应向主题化、活动化、跨学科式方向发展。教材在编排上是有梯度的,从认识钟表(整时和半时)到认识分、秒。时间单位是比较抽象的计量单位,学生不易理解,但是随着学生年龄的增长和知识的积累,年、月、日知识越来越多地出现在他们的生活和学习中,为后续学习做好铺垫。

教材关注学生对已有经验的把握,注意选取与生活密切联系的素材,从学生熟悉的一些有意义的日子引入,让学生初步认识年、月、日。教材的编排注重学生的自主探究,利用年历和月历组织学生开展一系列探究活动,通过观察、分析、填表、对比等数学活动,独立思考、合作交流,进一步感知年、月、日的含义和关系。教材还介绍了区分大小月的拳头记忆法和歌诀,借用生动有趣的方式,既加深学生对知识的理解,又能帮助他们提高学以致用的能力。

【学情分析】

"学起于思,思起于疑",问题来源于学生的困惑,学习才会更加真实。为了更好地探明学习的起点,我设计了一张课前预习单(如下图),让学生借助已有的知识经验,通过课本、网络等途径完成前置学习。

1. 我调查的是（2019）年,这一年有（12）个月,（365）天。
2. 把每月的天数填入下表:

月份	1	2	3	4	5	6	7	8	9	10	11	12
天数	31	28	31	30	31	30	31	31	30	31	30	31

二、关于年、月、日,你还知道什么?

我还知道:
1. 有31天的月份是大月,一年有7个大月,分别是1月、3月、5月、7月、8月、10月、12月。
2. 有30天的月份是小月,一年有4个小月,分别是:4月、6月、9月、11月。
3. 一年只有7月、8月是连续的大月。

三、关于年、月、日,你还好奇哪些问题?你能查阅资料自己解决吗?

我还想知道:二月不是大月也不是小月,那么,二月叫什么呢?
我查资料发现,二月叫平月。

学情告诉我们,关于年、月、日,学生的已有认知不是一张白纸。在此之前,学生已经学习了时、分、秒等时间单位,并在实际生活中积累了一些年、月、日的相关经验,知道一年有365天或366天,知道平年、闰年,一个月的天数有不同情况。但是年、月、日的知识对于学生来说是零散的、不系统的,他们还存在很多困惑,比如:年、月、日是怎么来的?为什么一年是12个月?为什么一个月的天数不同?……利用学生已有的知识经验做支撑,准确把握学生的认知"生长点",抓住这些"关键问题",顺着学生提出的问题开展教学,学生的探究欲望就会被激发,数学课堂也会因为学生的主动投入、积极思考而迸发思维的火花,变得生动而有深度。

【学习目标】

1. 在迁移已有时间单位的经验基础上认识时间单位年、月、日,理解它们的关系。

2. 通过前置性学习,能够说出每个月的天数。认识大月和小月,并能够正确分辨大月和小月。了解闰年产生的原因,理解平、闰年的判定方法。

3. 在探究年、月、日相关知识的过程中,增强发现问题和提出问题的意识与能力,发展比较、推理等数学思维。

4. 在体验数学知识的发展历程中,感受古人的聪明才智以及数学与生活的密切联系。

【学习重点】

认识时间单位年、月、日,知道平年、闰年、大月、小月等相关知识,初步了解其来历。

【认知难点】

理解年、月、日之间的关系,学会平年、闰年的判定方法。

【方法与策略】

教学有法,教无定法。课堂教学依据学情切入,立足于学生的已有知识经验,引导学生主动地发现问题、提出问题;在真实的问题情境中,引领学生深入地探究,积极地思考;在探究的过程中,通过观察、比较、计算、推理等方式逐步培养数学思维。微课、课件等可视化信息技术的使用,激发学生的学习兴趣,有利于学生理解抽象知识,拓宽视野。教师通过整体设计、分步实施、以问导学,引导学生独立思考、合作交流、实践探究、综合运用。

【资源与工具】

资源:太阳、月亮、地球自转的科普视频,月相的微课视频,二十四节气相关资料。

尊重经验 鼓励质疑 自主建构
——《年、月、日》教学实践与思考

工具:希沃课件,预习单(印有不同年份的年历),学习单。

【课时安排】

1课时。

【过程实施】

一、梳理已有认知,展现疑惑

(一)梳理已有认知,初步形成知识框架

昨天同学们通过课本、网络等方式来了解年、月、日的知识,关于年、月、日,你已经知道了什么?

生1:一年有365天,是平年,有366天的,是闰年。

生2:一个月有30天,也有31天。大月、小月……

生3:2月有28天,还有29天。

生4:地球绕太阳公转一圈是1年,地球自转一圈是1天。

生5:星期、公历、农历等。

给予学生充分表达的机会,根据学生的分享,教师相机板书,形成初步的知识框架。

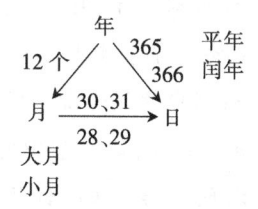

```
              年
        12个 ╱ ╲ 365  平年
            ╱   ╲ 366  闰年
           月────日
           30、31
           28、29
           大月
           小月
```

【环节点评:课始通过学生的分享,充分展现学生对于年、月、日知识的已有认知,并通过板书形成知识结构图。】

提问:1个月的天数真的有这么多种情况吗? 拿出预习单,说说你调查的是哪一年份的? 每个月是多少天? 跟着表格一起来梳理。

月份	1	2	3	4	5	6	7	8	9	10	11	12
天数												

师:通过对年历的调查你发现了什么?

学生根据年历表很容易知道每月的天数有30天、31天,还能发现2月很特殊,有的是28天,有的是29天。

【环节点评:对于学生能自主解决的问题,利用预习单的形式将学习内容前置,不仅能展现学生对于年、月、日知识的已有认知,还激发了学生学习的兴趣。】

(二)提出问题,以"问"引学

爱因斯坦说过,提出一个问题往往比解决一个问题更重要。

提问:关于年、月、日,你们已经知道了这么多,那还有什么感兴趣、好奇的问题吗?(对于学生提出的疑问进行肯定,鼓励更多学生大胆提问)

生1:为什么2月有28、29天,其他月份是30、31天?

生2:年、月、日是怎么来的?

生3:什么是平年、闰年?怎么区分?

生4:为什么有大月、小月?

生5:为什么1年有12个月?

生6:……

教师在学生有疑问的地方用红笔标注上"?",根据学生提问进一步完善板书。

```
        年
  12个? ↙ ↘ 365?   平年?
              366    闰年
  ?月 → 30、31? → 日
        28、29?
  大月
  小月?
```

【环节点评:通过知识分享,学生对于年、月、日的知识看似知道了很多,但是对于这些知识仍然存在很多疑问。要引导学生大胆表露心中的疑惑,并通过有效的激励,让更多的学生勇敢表达。板书中的问号源于学生内心的疑问,这些困惑点实际上正是学生思维受阻并渴求疏通之处,是教学中能够帮助学生升华认知的重要资源。在教学中要基于学生,以问导学,以问促思,让数学学习在课堂上真正发生。】

二、分层探究,获取新知

微课视频出示:太阳、地球、月亮三者之间的运动关系。

师:年、月、日和这3个星球有关。大家认识吗?

根据老师的引导和原有的知识储备,学生不仅能说出太阳、月球、地球,还知道地球每天都在自转,月球在绕地球公转,地球在绕太阳公转。

(一)探究年和日的关系

地球的自我介绍:大家好,我是地球,我绕太阳公转一圈的时间是一年。

师:一年是如何产生的?

生:地球绕太阳公转一圈的时间是一年。

尊重经验 鼓励质疑 自主建构
——《年、月、日》教学实践与思考

师：一年到底是多长呢？（继续出示：大约是365天6时）明明一年约是365天6时，为什么之前大家都说一年是365天、366天呢？人们为什么要做这两种天数的规定呢？

出示表格：

师：地球绕太阳转一圈的时间约是365天6时，如果把2017年记作365天，会怎么样？（学生很容易发现少算了6时。）

追问：2018年、2019年、2020年也记作365天，又会怎么样？

生1：偏差会越来越大。

生2：一年若是365天，那就少算6时；2年少算了2个6时，到第四年时，一共少算24时，也就是1天。

年份	全年天数
2017	365
2018	365
2019	365
2020	365+1
2021	

地球绕太阳一圈大约需要365天6时。
约少算6时
约少算6时
约少算6时 少算24时=1天
约少算6时

师：这就是古人的智慧，一年的天数不是整数，把1年的天数记作365天，为了减少误差，制定历法时规定在第四年增加1天，变成了366天。这两种天数的产生是通过数学的方法计算、调整得来的。

引导学生继续完善表格，并预测2024年、2025年的全年天数。

学生分享自己的答案。

师：正是因为一年的天数有两种情况，人们为了便于区分，于是把1年有365天的叫作平年，有366天的叫作闰年。

再次回到表格（圈一圈），引导学生观察并总结平年和闰年出现的规律——闰年每4年出现一次，进而理解课前交流的"四年一闰"这一规律。

师引导学生回忆和年有关的知识，擦去已经解决的问题。

【环节点评：年、月、日虽然是规定性知识，但任何一个知识的规定，背后都有一定的道理。此环节中，引导学生通过感知、观察、比较、计算、推理等一系列活动，去发现一年的天数为什么不一样的数学原理，体会到古人的智慧以及知识背后蕴含的科学道理。这样教学，不仅让学生获得数学知识，发展思维能力，也充分体现了各学科知识间的融合。】

【技术/学科融合：这一部分内容充分利用信息技术，将数学与天文科技融合，

直观地理解年的由来以及年与日的关系。】

(二)探究年和月、月和日的关系

1.年和月的关系

介绍:接下去的几个问号都跟"月"有关,让我们来听听月球是怎么说的吧!

课件出示:我是月球,绕地球公转,我的圆缺变化也是有规律的,这个周期大概是30天,于是古人把这段时间叫作一个月。(链接到微课视频介绍:月相变化的规律)一年中,人们能看到12次圆缺变化。

师:通过月球的自我介绍,同学们知道了什么?哪些问题我们已经解决了呢?

生1:一个月大约是30天。

生2:知道了一年有12个月。(师相机擦去此处的问号)

【技术/学科融合:利用月相的微课视频,联系生活中观察到的月亮变化,体会"月"的由来。】

2.引导学生发现问题

师:很早以前,人们根据月相变化的规律,规定一年有12个月,每月都是30天。这样安排,会有什么问题吗?

月份	1月	2月	3月	4月	5月	6月	7月	8月	9月	10月	11月	12月	全年天数
假设天数	30	30	30	30	30	30	30	30	30	30	30	30	

生:12个月的天数加起来不是365天或366天了。

师:你们会算吗?

学生自由表达,算出是360天。

引发思考:以闰年为例,少了6天。12个月的天数跟一年的天数对不上了,怎么办呢?如果你是古人,你想怎么解决这个问题?

出示学习单(如下图),学生思考后讨论、交流看法。

《年、月、日》学习单

小组活动——我是小小历法官

1.以闰年(366天)为例,你想把剩余的6天分配到哪几个月?请在这个月的下面+1。

月份	1	2	3	4	5	6	7	8	9	10	11	12
假设天数	30	30	30	30	30	30	30	30	30	30	30	30

2.分好后,把你的想法和同桌说一说。

生1:单数月改为31天。

生2:双数月改为31天。

尊重经验 鼓励质疑 自主建构
——《年、月、日》教学实践与思考

生3：随机选择了6个月各增加1天，改为31天……

师：通过你们的调整，一年的天数又变成了366天，非常有数学的眼光。（教师表扬学生的个性化探究，指出只要在这个过程中保持总天数366不变，均是好方法。）

3. 借助历法修订历史，探究月与日的关系

过渡：现在和我们黑板上每月的天数比较，怎么样？（不一样）其实，我们现在的历法源于欧洲的古罗马，让我们一起跟着古人参与这次历法的修订吧！

课件出示：历史故事——公元前46年，凯撒大帝率领他的军队征服了希腊和古埃及，创建了罗马帝国，凯撒决定重新修订历法。

师：他的生日在7月，你知道他做了什么决定吗？

引导学生猜想将7月多加1天，改为31天。

师：凯撒觉得自己的生日是大月，比较尊贵，于是把所有单数月都多加1天，改成31天，我们称之为大月。30天的就叫小月。（相机板书）

师：修改调整后，一年有多少天？（366天）我们还知道366天每4年出现一次，那365天的年份该怎么办呢？（再减去1天）

师：从哪个月减呢？凯撒提出从2月扣除1天，为什么是2月呢？

继续介绍历法修订的历史缘由：那时候2月是处决犯人的月份，大家希望这个月短一点，所以从2月扣除1天。

	1月	2月	3月	4月	5月	6月	7月	8月	9月	10月	11月	12月	全年天数
	30	30	30	30	30	30	30	30	30	30	30	30	
凯撒	㉛	30	㉛	30	㉛	30	㉛	30	㉛	30	㉛	30	366
凯撒	31	㉙	31	30	31	30	31	30	31	30	31	30	365

师：罗马政府为了纪念凯撒，用他的名字July给七月命名。这部历法一直沿用到凯撒去世，他的养子奥古斯都继位，他的生日在8月，8月是大月还是小月？（小月）他觉得不够尊贵，于是把8月也加了1天，成大月。

引导学生发现并猜想：8月改为大月后，每年又多了1天。奥古斯都会怎么做？

生：从2月再减去1天，这样闰年的2月就是29天，平年是28天。

211

1月	2月	3月	4月	5月	6月	7月	8月	9月	10月	11月	12月	全年天数
31	29	31	30	31	30	31	31	31	30	31	30	366
31	28	31	30	31	30	31	31	31	30	31	30	365

介绍:因为7、8、9连续3个大月,所以奥古斯都决定把8月后的大、小月交换,9月和10月交换,11月和12月交换。

1月	2月	3月	4月	5月	6月	7月	8月	9月	10月	11月	12月	全年天数
31	29	31	30	31	30	31	31	30	31	30	31	366
31	28	31	30	31	30	31	31	30	31	30	31	365

奥古斯都

后来这部历法就传向了全世界,也传到了中国。为了纪念奥古斯都,8月也用他的名字命名:August。

师生共同归纳大月、小月、特殊月的知识。

现在我们又解决了什么问题?(1个月为什么有30、31、28、29天)一个月天数不同,里面有许多历史和人为的原因,也是不断调整的结果。

4. 大、小月记忆方法

介绍:原来月份的设置这么曲折,古罗马的历法传承至今,是现在世界上最通用的历法,那我们有什么好的办法记住月份是大月还是小月呢?学生分享介绍拳头记忆法或口诀记忆法。

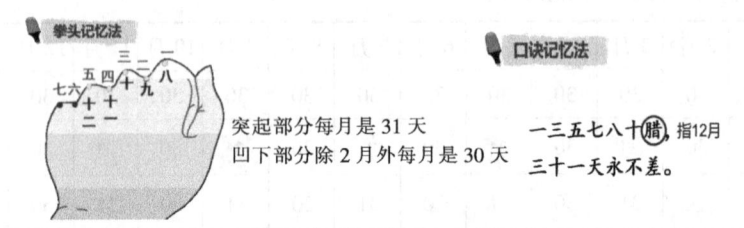

拳头记忆法
突起部分每月是31天
凹下部分除2月外每月是30天

口诀记忆法
一三五七八十腊,指12月
三十一天永不差。

关于其他记忆方法,感兴趣的同学课后可以查询了解。

小游戏:快问快答(星星上出示月份,学生一起说出大、小月)

【环节点评:在探究"每月的天数为什么不一样"的过程中,继续创设真实的问题情境,引导学生发现问题、提出问题。在小组合作环节中,引导学生自主尝试,并以历法故事加深学生对天数不同的理解。在这个基础上总结大、小月规律,再进行记忆训练,介绍"拳头记忆法",并通过大、小月判断的小游戏及时巩固,学生能有效记忆大、小月。】

【技术/学科融合:这一部分内容借助信息技术,将数学与历法小故事结合,让学生了解数学文化,感受数学来源于生活、用于生活的神奇魅力。】

三、知识运用,练习巩固

1. 时间感受区:从年、月、日中,选择合适的时间单位填空。(结合情境引导学生感受年、月、日表示的时间长短)

(1)学校要开展为期2( )的研学旅行。

(2)我们已经度过了3( )的小学时光。

(3)暑假持续2( )。

2. 小明的日记:请你帮他找出日记中的错误,并修改。

> 5月30日 星期二 晴
> 今天的数学课学习了年、月、日,我很感兴趣。我知道了一年有12个月,有7个大月,其余都是小月,还知道了每年都有365天。今天是5月30日,明天就是儿童节了,好期待呀!

3. 时间游戏区:生日猜猜看。

游戏"生日猜猜看":根据相关提示,运用年、月、日的相关知识,猜老师的生日。如:①我的生日是连续两个大月之一;②我的生日月份是单数;③我的生日是这个月的倒数第三天。

根据自己的生日,编一些提示,和同桌相互玩这个游戏。

【环节点评:从简单的大、小月判断(操作记忆水平),到填时间单位去感受年、月、日的时长(概念记忆水平),再到推理分析生日月份(说明和理解水平),层层递进,知识从单一到综合,不仅让学生巩固了所学知识,促进学生思维的发展,还让学生感受到数学与生活的密切联系。】

四、拓展提升,总结全课

师:今天我们学习了年、月、日,你知道了什么?

学生结合板书分享收获。

师:你们知道吗?在公历历法没有传到中国之前,古人一直怎么记录日子并安排农事活动呢,一起来看看吧!

播放微课视频:二十四节气的由来。

学完今天的知识,关于年、月、日你还想知道什么?(生继续提出感兴趣的问题)

生1:有没有比年更大、比秒更小的时间单位呢?

生2:我们生活中使用的农历又是怎么来的呢?

对于学生的提问表示肯定,老师适当解释,把更多的思考空间留给学生。

【技术/学科融合:利用微课,拓宽学生的视野,让学生感知数学知识的发展,体会数学与生活的密切联系。学生不应该局限于知识的学习,课中的问题都解决了,走出教室,学习还在持续发生……学生的学习,就应该在这样不断提出问题、解决问题的过程中,走得更高、更远。】

【板书设计】

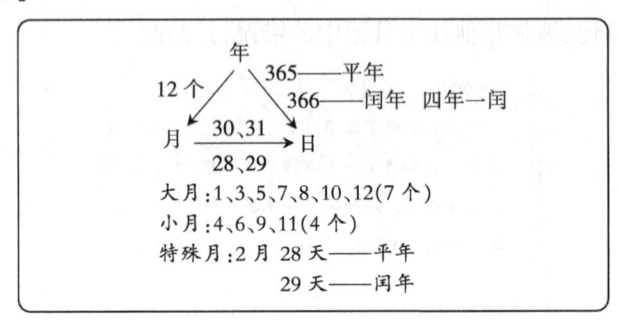

```
              年
         ╱       ╲
     12个    365——平年
      │     366——闰年  四年一闰
      ↓    30、31   ↓
      月  ─────→  日
          28、29
大月:1、3、5、7、8、10、12(7个)
小月:4、6、9、11(4个)
特殊月:2月 28天——平年
            29天——闰年
```

【作业设计】

实践作业:(选择感兴趣的完成)

A.制作2023年年历

B.制作年、月、日手抄报或思维导图

C.查阅农历历法的知识,了解中国传统节日

【学习评价】

学习目标	评价任务	评价方法	评价标准
认识时间单位年、月、日,知道平年、闰年、大月、小月等知识,初步了解其来历和原理。	①快问快答,判定大、小月;②完成课堂巩固训练1、2。	自我评价	优秀:★★★ 良好:★★ 加油:★
理解年、月、日之间的关系,会利用年、月、日知识解决实际问题。	根据相关数学知识,编一个谜题,请同学猜一猜自己的生日并猜出对方的生日。	组内互评	优秀:★★★ 良好:★★ 加油:★
在探究年、月、日相关知识的过程中,增强发现问题、提出问题、解决问题的能力。	组织学生观察整个板书,引导学生提出更多有价值的问题。	教师评价	优秀:★★★ 良好:★★ 加油:★

214

探秘"定位神器"北斗 实现数学学科育人
——《定位神器》

史翠翠 刘克群

【学习内容】

方向与位置拓展性学习内容。

【知识定位】

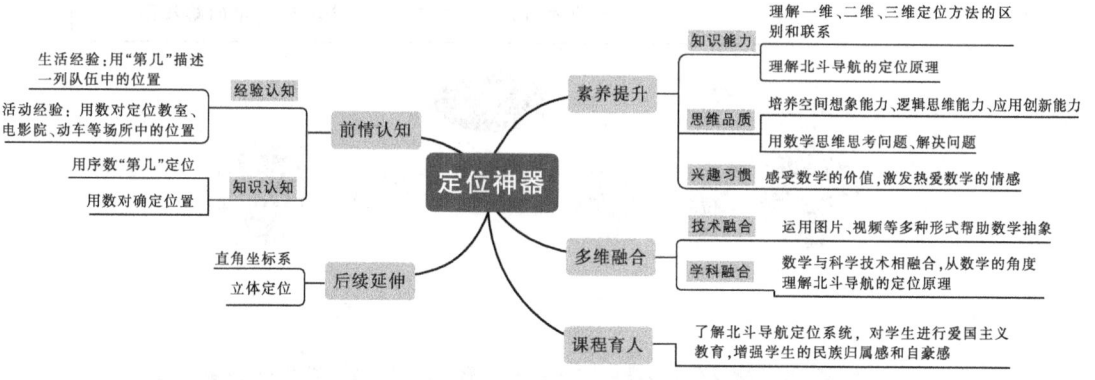

【设计理念】

《义务教育数学课程标准(2022年版)》指出:"教学内容是落实教学目标、发展学生核心素养的载体。""通过合适的主题整合教学内容,帮助学生学会用整体的、联系的、发展的眼光看问题,形成科学的思维习惯,发展核心素养。"本单元教学前,根据调查发现学生在生活中已经具有大量的用数对确定物体位置的经验,通过前面的学习也获得了确定物体位置方面的许多知识。基于新课标的建议和学生的已有认知,我将本单元的教学内容进行整合,设计出一节定位神器主题活动课。设计本课教学时,我充分利用学生已有的经验和知识,帮助学生拓展探究并理解空间立体定位,增强空间观念和应用意识。

【内容分析】

本节课是以现行2022年修订的人教版教材五年级上册第二单元《位置》的知识内容为载体设计的主题活动课,本单元学习用数对确定物体的位置,它属于"图形与几何"领域中"图形的位置与运动"的主题内容。纵观教材,以人教版教材为例,教材在"位置与方向"领域在不同年段安排了 4 个内容。

年段	所属章节	课程内容
一年级上册	位置	会用上、下、左、右、前、后描述物体的相对位置。
三年级下册	位置与方向(一)	给定东、南、西、北四个方向中的一个方向,能辨认其余三个方向,知道东北、西北、东南、西南四个方向,会用这些词语描述物体所在的方向。
五年级上册	位置	在具体情境中,能在方格纸上用数对(限于正整数)表示位置,知道数对与方格纸上点的对应。
六年级上册	位置与方向(二)	了解比例尺,在具体情境中,会按给定的比例进行图上距离与实际距离的换算。能根据物体相对于参照点的方向和距离确定位置,会描述简单的路线图。

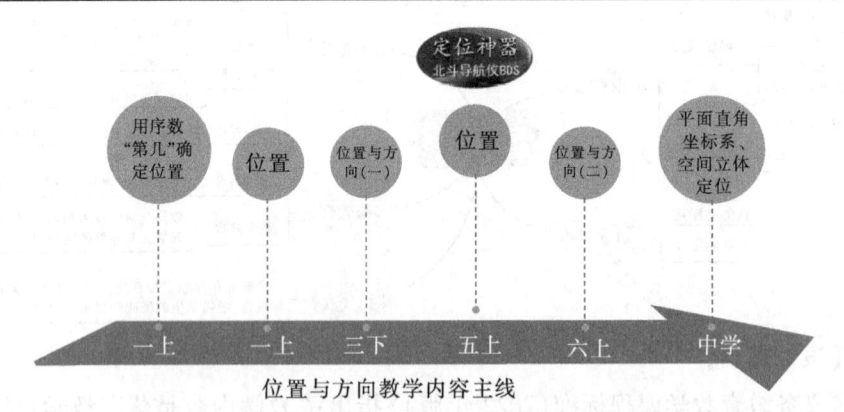

位置与方向教学内容主线

通过深度挖掘教材我们发现,其实学生用数据进行定位的认知起点在一年级学习用序数"第几"确定位置之时,在第一学段学会确定"一维空间"位置的基础上,继续学习在"二维空间"内用数对确定位置,培养创造力和想象能力。这些知识的学习都要为第四学段认识平面直角坐标系打下基础。

为发展学生的核心素养,我在教材现有的编排基础上,设计本节课的教学内容,旨在巩固用数对确定位置,并拓展学生的思维,发展学生的创新意识。本节课引导学生根据确定"二维空间"位置的经验,研究确定"三维空间"位置的方法,感受现实世界利用立体定位的作用,实现数学学科育人。

【学情分析】

学生在生活中已经能用"第几"描述物体的位置,经历了用数对确定位置的研究过程,已经掌握了用数表示位置的方法,而且还有生活中立体定位的经验,只不过这样的经验还处于表象阶段,没有形成系统的理解。因此,在教学本课时,应充分利用这些经验和知识为学生提供探究的空间,让学生通过观察、分析、独立思考、合作交流等方式,将用生活经验描述立体空间的定位上升为用数学方法来确定位置,使学生养成用数学思考问题的习惯,培养其空间观念和意识。

【学习目标】

迁移目标:巩固用数对确定位置,通过类比、迁移等学习过程,感受一维、二维、三维空间定位方法的区别和关联。

理解目标:结合具体情境,探究并理解空间立体定位的方法,感受立体定位在生活中的重要作用。

知能目标:在活动过程中,发展学生的空间想象能力、逻辑思维能力、应用创新能力。

情感目标:在活动中了解北斗导航定位系统,对学生进行爱国主义教育,增强学生的民族归属感和自豪感。

【学习重点】

1. 巩固用数对确定位置,拓展探究并理解空间立体定位。
2. 能将一维、二维、三维空间定位的方法进行关联。

【认知难点】

感受立体定位在生活中的重要作用,能将立体定位运用于现实生活。

【方法与策略】

本课的最大特点是顺应知识的形成过程,从真实情境出发引导学生回顾、运用、探究新知。本课设置"聚焦北斗,激发兴趣;自主探索,迁移建构;回顾整理,拓展延伸"几个环节,充分利用学生已有的生活经验和知识基础,经历探究确定立体空间中位置的学习过程,通过观察、思考、表达、归纳、迁移运用等学习过程,促使学生主动参与教学活动,在活动中逐步发展核心素养。

【资源与工具】

资源:北斗导航的相关视频资源等。

工具:PPT课件、直角坐标系网格纸、透明正方体盒子等。

【学习安排】

本课是单元教学中的第3课时,用1课时完成教学。

【过程实施】

一、聚焦北斗，激发兴趣

观看一段关于北斗全球卫星导航系统的介绍视频。

提问：同学们，你们听说过北斗导航系统吗？关于这个令我们引以为傲的定位神器你想知道些什么呢？

生：什么是北斗导航仪？它还有什么功能？它和 GPS 有什么区别？它是怎么定位的？是谁发明的？

介绍：今天我们就一起来探究这些问题，认识我国的定位神器——北斗导航系统。

【环节点评：我国科技事业已经发生了日新月异的变化，为培养有本领、有担当的时代新人，我们要在各学科中渗透社会主义先进文化。在此，我以北斗导航系统为题材探究立体定位的相关知识，让学生知道我国科技的发展与进步，增强学生的民族自豪感。】

【技术/学科融合：生动的视频再现既铺垫了知识，又让学生感受我国科技的发展与进步，增强民族自豪感。】

二、自主探索，迁移建构

（一）挖掘已有经验，在体系中进行知识迁移

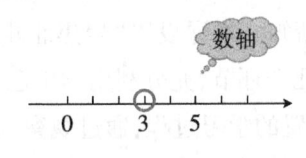

提问：一年级的时候我们就学过在一列队伍中确定位置。这是某班的孩子在排队，你能猜出谁是数学课代表吗？不好猜是不是，如果我告诉你是第三个呢？

介绍：把这列队伍看作一条线，在平面上，规定了原点、单位长度和正方向的直线叫作数轴。

提问：在这个数轴上你能快速找到 5 的位置吗？

明确：在一列队伍中一个数据可以帮助我们快速定位。

（二）从一维到二维，在活动中进行模型建构

提问：课前老师藏了一些小礼物在一位同学那里，想知道是谁吗？从左往右数

第5列,找到他了吗?

预设:不行,因为坐在第5列的人太多了。

质疑:刚才不是说一个数据可以帮助我们快速定位吗?现在怎么又不行了呢?

生1:因为之前是在一条线上找位置,而现在在一个平面上,不仅要知道列数,还要知道行数。

生2:如果要找到他,我们必须知道他在第几行。

小结:看来在教室这个平面上只告诉你一个数还不能确定位置,我们必须知道两个数。

介绍:在一条线上一个数据就可以帮助我们定位,但是平面上的一个点,我们不仅知道它的列数,还要知道行数。像这样把列数写在前面,行数写在后面,用两个数确定平面内的位置,认识吗?学生回答:数对。

数对点名游戏,巩固二维定位:请学生用数对介绍一下自己的好朋友。

生1:我的好朋友的数对是(7,2)……

教师点数对:老师也有好朋友,我希望这个数对(4,X)上的孩子成为我的好朋友。你们在哪?(学生站起一列)怎么一个数对,站起来了一列人呢?

生2:因为行数是X,有可能是第一行,第二行……

适时评价并追问:思考非常全面。还有一个数对可以表示全班同学都是我的好朋友,应该用哪个数对呢?

生3:(X,X)

生4:(1,1)、(2,2)、(X,X)……这个数对不能表示全班同学,只能表示列数和行数相同的人。

生5:我觉得可以用(X,Y)表示全班同学。

介绍:数对能帮助我们在平面内快速定位,它的功能如此强大,你知道数对背后的英雄是谁吗?

笛卡尔受蜘蛛网的启示,发明了数对,把蜘蛛网像这样平铺就成了格子图。

介绍:从原点出发引出两条互相垂直的数轴就构成了直角坐标系。

提问:你能在这个坐标系中找到(5,3)吗?请用红色标出它的位置。

【环节点评:从具体情境引入,学生回顾在数轴上和数对表示位置的方法,知道在线上确定方向用一个数据就能准确定位,在二维面上确定方向需要用两个数才能准确定位,感受在线和面中定位方式的异同点,为三维空间定位打下基础;通过找朋友的游戏加深对数对的理解,再次让学生体验数对的有序性;利用数学家笛卡尔的故事,介绍数对的来源,渗透数学文化,初步感受直角坐标系。】

(三)从二维到三维,在实践中进行数学抽象

配合课件演示并提问:把坐标纸放在正方体上,想一想,除了坐标纸上的这个点,(5,3)还能表示哪些位置呢?

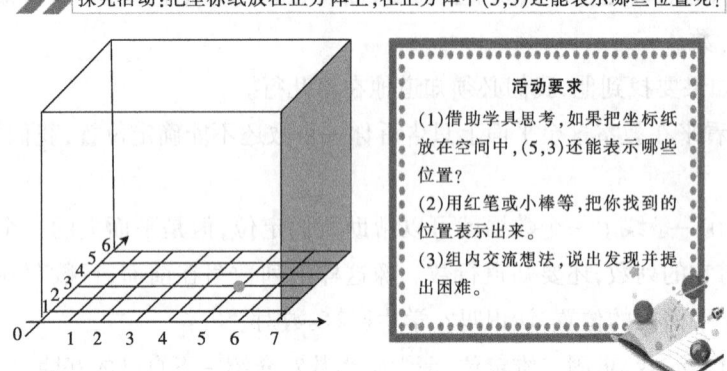

探究活动:把坐标纸放在正方体上,在正方体中(5,3)还能表示哪些位置呢?

活动要求
(1)借助学具思考,如果把坐标纸放在空间中,(5,3)还能表示哪些位置?
(2)用红笔或小棒等,把你找到的位置表示出来。
(3)组内交流想法,说出发现并提出困难。

学生汇报反馈。

生1:我发现上下底面上都有一个可以用(5,3)表示的点。

生2:这空间中一条线上的点都能用(5,3)表示。用小棒连接上下底面上的两个点,小棒上所有的点都能用(5,3)表示。

生3:超出这个正方体盒子(5,3)能表示的位置还可以无限往上或往下延伸。

小结:看来在空间中,(5,3)表示的位置就不是一个点,在我们能想象出的穿过这个点的垂线上的每一个位置都可以用(5,3)来表示。如果我要表示其中一个点的位置,除了(5,3)还需要知道什么数据呢?

生1:必须知道这个点的高度。

生2:我发现在立体空间内确定一个点的位置,需要3个数据。

生3:我明白他的意思,在空间中确定位置不仅要知道行数、列数,还要知道高度。课件展示,归纳总结:在平面内确定一个点我们要知道两个数据,但是确定立体空间内的点的位置我们除了要知道它所在的行数和列数,还必须知道它的高度,需要3个数据来进行定位。板书:我们可以用(x,y,z)来表示。

【环节点评:立体定位对学生来说是很抽象的,为了使学生对空间产生真实感知,借助透明正方体发展学生的空间想象能力,实现学生的思维可视化。活动中学生开展合作、探究,经历观察、思考、表达、归纳、迁移运用等学习过程,主动参与教学活动,增强解决真实问题的能力,树立学好数学的自信心,养成良好的学习习惯,在活动中逐步发展核心素养。】

【技术/学科融合:利用信息技术将本课的难点——三维空间定位直观地呈现

在学生面前,又与传统的学具操作结合,很好地体现了传统的教学手段和现代教育技术有效融合,助力课堂、助推学生发展的特点。】

(四)探秘北斗

提问:现在你能想象一下北斗导航仪是怎样对地球上的位置进行定位的吗?

生:北斗导航仪通过卫星确定一个地球上的点的行数、列数、高度来进行定位。

提问:是的,北斗导航仪进行的就是立体定位,高度我们很好理解,那地球表面的行和列该怎么办呢?

生:画一个大的网格图。

介绍:你跟科学家们想到一块去了。为了描述地球上各点的位置,科学家建立了经线和纬线的概念。北斗导航仪通过卫星,分别提供经度、纬度和海拔高度三个数据,精确地定位地球上的每一点的位置。关于它的定位原理以及它的优势和功能,我们通过一段小视频来了解。

课前请学习小组调查了相关知识,请学生交流汇报自己的调查结果。

(通过一段视频,介绍北斗导航系统的功能、与其他导航系统的区别和优势等。)

小结:北斗导航仪不受任何天气影响,全天候为我们服务,保障了我国的军事活动、人们的日常生活、科学研究等顺利进行。

【环节点评:了解了立体定位的方法,再让学生思考北斗导航仪对地球上的位置定位的方法就水到渠成了。】

【技术/学科融合:利用视频介绍北斗导航仪,便于学生理解其原理和作用,同时也能让学生直观感受我国科技的发展与进步。】

三、回顾整理,拓展延伸

(一)了解生活中更多定位的方法

提问:回顾这些定位方法,在生活中你还知道哪些用数据进行定位的现象呢?

学生汇报。

课件介绍:

1.在棋盘上我们用马3进4表示第3列的马进到第4列。

2.确定高铁上的座位,用到了几号车厢第几行的第几个进行定位。

3.去图书馆,要找一本科普类的书,书的编号为3-2-5,你知道这表示什么意思吗?

预设:第3个书架第2层的第5本。它用到了3个数据进行立体定位。生活中到处都会用到数据确定位置。

4.立体车位中对汽车所停位置进行定位。

预设:随着经济的发展,城市空间逐渐紧缺,人们利用立体定位,增加了立体停车场,让立体定位服务于我们的生活。

(二)在地球仪上确定位置

提问:北斗导航仪通过卫星定位,确定了一个在地球表面的位置(东经116°,北纬29°)。你能在地球仪上找到定位的城市吗?

学生通过小组合作在地球仪上找到定位的城市。

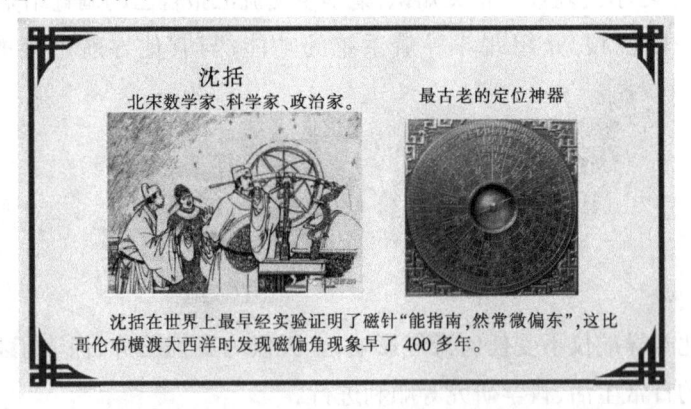

沈括
北宋数学家、科学家、政治家。

最古老的定位神器

沈括在世界上最早经实验证明了磁针"能指南,然常微偏东",这比哥伦布横渡大西洋时发现磁偏角现象早了400多年。

介绍:你们知道最古老的定位神器是什么吗?我国的四大发明之一指南针。我国古代杰出数学家沈括对指南针的原理及制法有详细的文献介绍。这比哥伦布横渡大西洋时发现磁偏角现象早了400多年。从指南针到北斗导航系统,一代又一代中国人在筚路蓝缕的坎坷历程中成就科学事业、凝聚精神丰碑,希望同学们薪火相传,传承科学精神,点亮科学梦想。

(三)谈收获与感受

提问:了解了这么多,通过今天的学习你有什么收获吗?

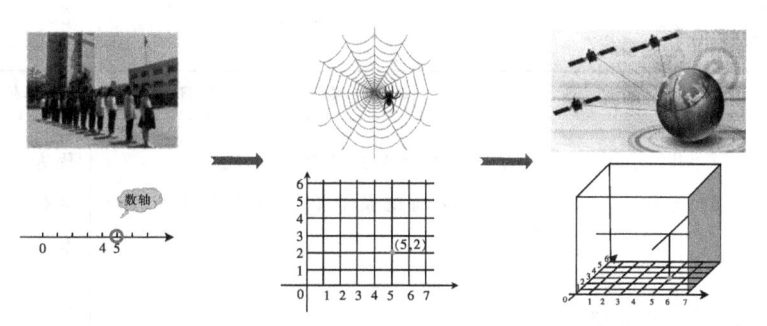

学生交流收获后,教师总结:从一维定位到二维定位再到三维定位,是数学的发展使北斗导航仪定位更精确,让我们的生活更便利。未来更先进的定位系统还要等着你们去发明和创造。

【环节点评:最后通过生活中立体定位的类似应用,让学生明白立体定位在生活中的重要作用,拓展了学生的知识面,同时激励学生为中国的科技发展而努力。】

【技术/学科融合:信息技术的恰当运用,既开阔了学生的眼界,又对学生进行了情感态度价值观教育,渗透数学文化,感受我国古人的智慧,同时又体现生活中处处有数学。】

【板书设计】

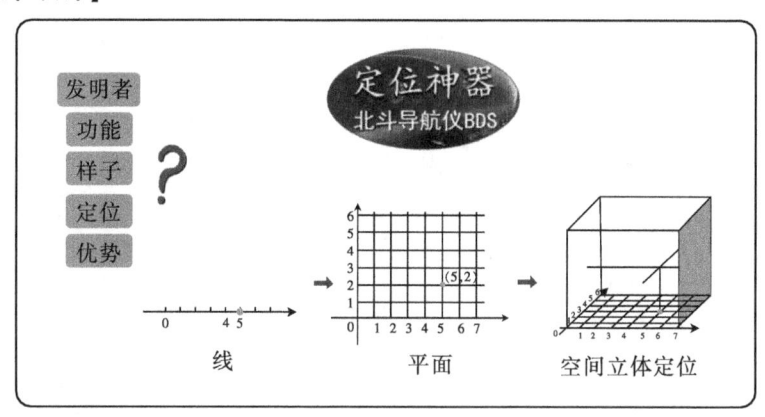

【作业设计】
1. 运用今天所学的知识为学校图书馆设计一款书籍的定位编号。
2. 课后通过查阅书籍、参观科技馆等,了解更多有关北斗导航系统的相关知识。

【学习评价】

学习目标	评价任务	评价方法	评价标准
知道立体定位的方法。	找一找生活中立体定位的现象,并详细记录它们定位的方式。	学生自评	优秀:★★★ 良好:★★ 加油:★
能将在一维线上确定位置、二维面上确定位置、三维立体空间确定位置的方法进行类比和关联。	围绕定位的发展制作思维导图。	教师评价	优秀:★★★ 良好:★★ 加油:★
了解定位系统的作用和功能。	收集世界上几种使用率较高的定位系统的相关资料,和同学分享。	学生互评	优秀:★★★ 良好:★★ 加油:★

阅读思考　学习运用　想象创造

——数学阅读《爱丽丝梦游仙境之寻找"智慧塔"钥匙》原创数学童话

刘克群

【学习内容】

拓展性学习——数学阅读。

【知识定位】

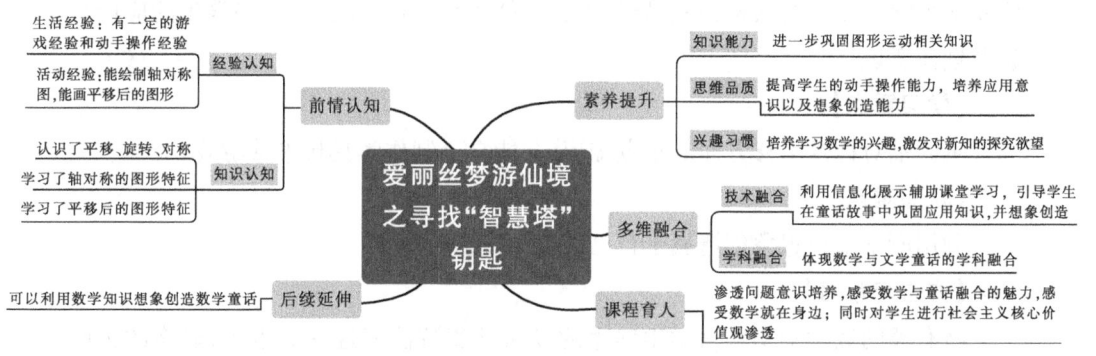

```
生活经验：有一定的游
戏经验和动手操作经验          经验认知                        知识能力   进一步巩固图形运动相关知识
活动经验：能绘制轴对
称图，能画平移后的图形                  前情认知         素养提升   思维品质   提高学生的动手操作能力，培养应用意
                                                                            识以及想象创造能力
                                 爱丽丝梦游仙境                    兴趣习惯   培养学习数学的兴趣，激发对新知的探究欲望
认识了平移、旋转、对称         知识认知    之寻找"智慧塔"
学习了轴对称的图形特征                          钥匙           多维融合   技术融合   利用信息化展示辅助课堂学习，引导学生
学习了平移后的图形特征                                                            在童话故事中巩固应用知识，并想象创造
                                                                    学科融合   体现数学与文学童话的学科融合
可以利用数学知识想象创造数学童话   后续延伸                   课程育人              渗透问题意识培养，感受数学与童话融合的魅力，感
                                                                            受数学就在身边；同时对学生进行社会主义核心价
                                                                            值观渗透
```

【设计理念】

数学阅读将数学与其他学科知识融合，激发学生学习数学的兴趣，注重课内学习向课外的延伸；在综合运用所学知识的同时，发挥学生的想象创造能力，培养学生的应用意识和创新意识，助推学生数学核心素养的发展。恰当的情感态度价值观渗透很好地体现了"立德树人"、发展学生数学核心素养的育人目标。

本堂数学阅读课以学生熟悉的童话"爱丽丝梦游仙境"为故事背景，融入学生刚学习过的关于"图形运动"方面的知识，一方面通过在故事情境中呈现轴对称及平移方面的难点知识，从而帮助学生巩固所学知识；另一方面，通过引导自制游戏卡帮助学生灵活运用知识。与此同时，通过展现学生原创的同样以"爱丽丝梦游仙境"为故事背景的自己创作的数学童话故事，激发学生学习数学的兴趣，引导学生进行想象创造，发展学生的应用意识及创新意识。

【内容分析】

四年级的学生已经学习了图形运动的相关知识，知道什么是轴对称图形，并能画轴对称图形的另一半。同时，学生已经学习过画平移后的图形，对旋转的相关内

容也有一定的了解。本课内容是拓展综合性学习,将图形运动的数学知识融入了有趣的童话故事爱丽丝梦游仙境中,引导学生综合运用知识。

【学情分析】

四年级的学生对童话故事有浓厚的学习兴趣,想象力丰富,对于童话故事"爱丽丝梦游仙境",在语文学科中已经接触并有所了解。本课将数学故事融入学生熟悉的童话故事中,符合学生的认知,有助于激发学生的学习兴趣。适时的操作有助于巩固图形运动的知识,为拓展学生的思维,引导学生自主利用数学知识创造数学童话故事,有助于培养学生的想象创造能力。

【学习目标】

引导学生欣赏数学童话故事,复习巩固图形运动在轴对称、平移方面的知识;激发学生学习数学的兴趣,并引导学生自行创编数学童话故事,发展学生的应用意识及创新意识。

【学习重点】

巩固轴对称及平移方面的难点知识,并能自己制作学具玩平移游戏。

【认知难点】

利用所学知识想象创造属于自己的数学童话故事。

【方法与策略】

将有趣的数学知识融入学生熟悉的爱丽丝梦游仙境这一故事中,静态的视频资源和动态的动手操作结合,教师引导与学生主动参与结合,引导学生回顾知识,巩固应用知识;同时,引导学生运用所学知识进行想象创造,发展学生的应用意识及创新意识。

【资源与工具】

资源:视频学习资源。

工具:正方形纸、剪刀、水彩笔及预先准备好的各种图片教具。

【学习安排】

本课时内容为拓展性学习,安排1课时。

【过程实施】

一、谈话引入

(课件出示爱丽丝梦游仙境画面)

师:屏幕前的同学们,你们好,我是刘老师,很高兴认识你们,今天我们一块上一堂数学阅读课。(板书课题"数学阅读")

师:"爱丽丝梦游仙境"这个故事你们应该很熟悉吧,可爱的爱丽丝追着小兔子比德,一起走入了神奇的仙境,发生了一系列神奇的事情。今天我们带来的同样是小主人公爱丽丝神奇的童话故事,不过这一次爱丽丝又有着怎样的经历呢?我们一起来看一看吧。

(故事配欢快些的背景音乐,每次播放配音之前先播放几秒背景音乐,也就是留出时间让学生自己先阅读)

【环节点评:通过学生熟悉的童话故事"爱丽丝梦游仙境"引入,激发学生的学习兴趣;诵读故事前预留一定的学习空间让学生自己快速阅读,有助于阅读能力的提升。】

【技术/学科融合:故事辅以配乐的讲述,让学生置身于故事情境中,激发学生的阅读兴趣。爱丽丝梦游仙境是学生熟悉的文学童话故事,与数学学科融合,能激发学生的学习兴趣。】

二、欣赏原创数学绘本故事:爱丽丝梦游仙境

(一)轴对称

1. 绘本配音朗诵
2. 回顾复习轴对称

(课件切换出单独的轴对称图形)

师:"同学们,兔子根据轴对称图形的特点,利用一半的钥匙变出了一把完整的钥匙,到底什么是轴对称图形,它有怎样的特点呢?屏幕前的你们能告诉爱丽丝吗?"

①播放学生边操作边叙述正方形、长方形、圆的折纸视频,回顾轴对称概念及对称轴的相关知识。

②辨析这个平行四边形是不是轴对称图形。

③绘制轴对称图形,小结时呈现画轴对称图形另一半的方法口诀"找、定、连"。

【环节点评:整体以"通关"的形式将所学图形运动的知识蕴含其中,有助于学生对已学知识的巩固提升。本环节又通过三个层次的内容设计,从学生已有认知出发,同时结合轴对称知识易错点及重点内容画出轴对称图形的另一半,帮助学生再次加深对"轴对称"概念的理解;巧妙简洁的画图口诀又是对学生学习方法的指导。以"通关"的方式帮助小兔子和爱丽丝完成任务,有助于激发学生的学习兴趣。】

【技术/学科融合:借助课件动态演示,让学生回顾知识,巩固所学知识。】

(二)平移

1. 绘本配音朗诵

2. 复习平移

①回顾什么是平移,把握平移的特征

(课件出示几幅平移运动图)

师:像这样,物体沿着直线运动,运动过程位置发生变化,方向、大小、形状不改变,我们就说这样的运动是平移。

②辨析画出平移后的图形运动中平移几格和间隔几格的区别

【环节点评:本环节将学生前面所学的"平移"方面的知识蕴含其中,分层次先巩固平移的特征,再通过学生配音呈现画出平移后图形位置平移几格和间隔几格的不同,再次加深对平移概念的理解,把握概念的本质。】

【技术/学科融合:借助课件动态演示,巩固所学知识。】

(三)平移、轴对称图案游戏卡制作活动

1. 绘本配音朗诵

2. 分解逐步引导学生找出三个数字成语(课件呈现成语图片)

成语一:万众一心。教师展示操作—学生联想猜测—情感教育。

成语二:接二连三。学生先想象—教师展示—猜测。

成语三:一目十行。学生想象—展示不同的操作方法—猜测。

适时小结,师:我们万众一心,即使遇到接二连三的困难,也能用一目十行的速度战胜它。

3. 引导学生学习制作图形的运动游戏卡

师:孩子们,有趣吗?你们想不想也试试,用一张纸,就用一张纸哦,通过图形的运动变换出有意思的图案。

那接下来,就把我们事先准备的正方形纸拿出来吧,水彩笔,还有剪刀,使用剪刀的时候要注意安全哦。

①讲解制作步骤

②学生自行制作(配乐)

③展示同类学生作品

④展示制作好的不同游戏卡

【环节点评:通过拼、移、折游戏卡综合运用图形运动方面的知识,在激发学生学习

兴趣的同时,给学生思考的空间,又适时对学生进行情感态度价值观教育。从观看到制作,让学生从活动的观察者走向活动的快乐体验者,从观看猜测成语到自制游戏卡,运用知识体验成功的快乐。在体验的同时,教师又注重引导学生思考画图案的位置,不同的操作方法,有利于培养学生的应用意识和创新意识。】

【技术/学科融合:通过演示自制游戏卡视频,让学生发挥自己的动手操作能力,并综合运用图形运动相关知识。】

三、引导尝试创造数学绘本故事

1. 绘本配音朗诵

2. 学生作品展示,激发创造属于自己的数学童话故事

师:难道那一切不是一场梦吗?刚才我们一起阅读聆听了小主人公爱丽丝的数学童话故事,我们从阅读开始,思考如何拿到钥匙,运用所学的知识了解了整个故事背后隐藏的数学奥秘,是不是和你想象中的爱丽丝梦游仙境不一样呢?(板书:阅读思考、学习运用)

师:那你们有没有想过创造属于自己的"爱丽丝梦游仙境",创造属于自己的数学童话故事呢?(板书:想象创造)其实,只要你相信自己能行,就一定行!听听这些同学笔下的"爱丽丝"又有着怎样的经历吧!

学生作品展示(简要叙述自己的数学童话故事作品)。

【环节点评:教师引导学生跳出故事情节本身,从故事的阅读者、倾听者走向故事的创造者,引导学生想象创造,有助于发展学生的数学核心素养。教师要注意课内学习的课外延伸,注意学生想象创造力种子的萌芽和激发,跳出知识本身,学习运用、想象创造,有利于学生的可持续发展。】

【技术/学科融合:通过播放学生利用所学知识创造的爱丽丝梦游仙境,引导学生想象创造,发展学生的应用意识和创新意识。】

四、课堂总结

师:有趣吗?同样是小主人公爱丽丝,灵活运用数学知识有了这么多不同的探险经历,老师觉得非常神奇!年级不同的学生,都结合自己所学的数学知识,运用知识解决问题,想象创造属于自己的数学童话故事。屏幕前的你们是不是迫不及待地想试试!期待你们和伙伴们的精彩分享哦!今天的课就上到这里,再见!

【板书设计】

> 数学阅读
> 阅读思考
> 学习运用
> 想象制造

【作业设计】

用所学的数学知识创造属于自己的爱丽丝梦游仙境。

【学习评价】

学习目标	评价任务	评价方法	评价标准
能正确掌握轴对称的相关知识。	正确画出轴对称图形的另一半。	学生自评	优秀：★★★ 良好：★★ 加油：★
能正确掌握平移的相关知识。	正确画出平移后的图形。	教师评价	优秀：★★★ 良好：★★ 加油：★
能灵活运用图形运动的相关知识自制游戏卡。	自行设计并利用图形运动的相关知识玩折纸游戏。	学生互评	优秀：★★★ 良好：★★ 加油：★
能利用所学的数学知识创造属于自己的爱丽丝梦游仙境。	自编数学童话故事。	师生互评	优秀：★★★ 良好：★★ 加油：★